直播

电商带货

实操全攻略

邵鹏　游淳惠◎编著

ZHEJIANG UNIVERSITY PRESS

浙江大学出版社

·杭州·

图书在版编目（CIP）数据

直播电商带货实操全攻略 / 邵鹏，游淳惠编著. ——
杭州：浙江大学出版社，2022.6
ISBN 978-7-308-22809-1

Ⅰ．①直… Ⅱ．①邵… ②游… Ⅲ．①网络营销
Ⅳ．①F713.365.2

中国版本图书馆CIP数据核字(2022)第116576号

直播电商带货实操全攻略

邵　鹏　游淳惠　编著

责任编辑	顾　翔
责任校对	陈　欣
封面设计	VIOLET
出版发行	浙江大学出版社
	（杭州市天目山路148号　　邮政编码　310007）
	（网址：http://www.zjupress.com）
排　　版	杭州林智广告有限公司
印　　刷	杭州高腾印务有限公司
开　　本	710mm×1000mm　1/16
印　　张	17
字　　数	259千
版印次	2022年6月第1版　2022年6月第1次印刷
书　　号	ISBN 978-7-308-22809-1
定　　价	68.00元

"弄潮儿"的"祛魅"与反思

——趋向成熟的直播电商行业

当大众还在质疑 5G 高速移动互联网与人工智能带来的"万物互联"时代对经济社会带来的影响时，直播电商已经成了这个时代里最强的"弄潮儿"、中国数字经济发展中的新风口和当下中国新经济发展模式的重要代表。

直播电商主要依托电子商务与直播技术，2017 年的市场规模就达到了 360 亿元。随着网络信息技术的提升，人们的网络购物能力不断提高，也有了更高的消费欲望。仅仅两年后的 2019 年，直播电商行业就实现了超过 10 倍的市场规模增长，整体市场规模达到 4338 亿元，这样的增长速度无疑让直播电商成为移动互联网时代名副其实的"弄潮儿"。2020 年全球面临新冠肺炎疫情威胁，线下的实体经济遭受了前所未有的冲击，多种商品滞产滞销，但是直播电商主打的线上销售模式却在此时成了拯救经济的"白衣骑士"，其依托电子商务平台、短视频平台等互联网平台有效地化"滞销"为"直销"。据商务部公布的信息，2020 年上半年，全国范围内的电商直播数量超过了 1000 万场，活跃主播人数超过了 40 万，参与其中的网络观众更是达到了 500 亿人次，上架商品数量超过了 2000 万件。出现这样的状况，一方面是环境催化，近年来电子商务迅猛发展，电子货币作为通货得到广泛应用，消费模式正由搜索式向体验式转型，直播电商行业正处于行业发展机遇期；另一方面是形势所逼，新冠肺炎疫情背景下，传统实体经济遭受重创，亟须在生产端与销售端间建立有效的传播途径，解决供需等信息互通问题，在多重因素助推下，直播电商驶入了前所未有的发展快车道。根据毕马威和阿里研究院 2020

年联合发布《迈向万亿市场的直播电商》报告时的预测：2020年直播电商行业整体市场规模将有望突破1万亿元，达到10500亿元，市场渗透率将达到8.6%；而到2021年直播电商市场规模还将持续扩大至2万亿元，市场渗透率也将进一步达到14.3%。用"烈火烹油"来形容直播电商这样一个异军突起的行业，再合适不过。

面对市场规模和不断涌现的财富效应，原本并不起眼的直播电商行业"汇纳百川"，吸引了品牌方、MCN（多频道网络）机构、平台、明星、网红、企业家、媒体、政府纷纷加入其中。从李子柒短视频带货到李佳琦直播带货，"品牌+KOL（关键意见领袖）+直播"的营销模式正不断刷新电商销售新纪录，该种营销模式也正从UGC（用户生成内容）向PGC（专业生成内容）转变。淘宝官方数据显示，2020年"双11"预售当晚，李佳琦这位全国顶级的直播达人，累计吸引观众人数达1.62亿。在这位直播电商领域一哥的直播间里每个月的销售额能超过10亿元，他的影响力和造富能力甚至已经远超一线明星的水平。在如此"创富神话"的带动之下，许多团队利用后动优势，以个人IP（知识产权）作为竞争力，进军直播电商行业，如杨幂、王俊凯、王一博、迪丽热巴等一众影视明星团队参与其中，又如梁建章、董明珠、郭广昌、李彦宏等一批商业大佬亲自"下场"直播带货。

2020年新冠肺炎疫情席卷全球，农产品滞销严重，供需信息形成数据孤岛，服务割裂，销售无法有效反作用于生产上游。如何借网络资源实现信息交互，尽快复工复产、重振经济活力成了当务之急。各地政府尝试将直播电商作为新的突破口，市长、县长走进直播间，为地方特产路演带货。同时，多平台开启绿色通道助力农产品销售。截至2020年2月，淘宝"吃货助农"平台通过直播销售农产品已超过300万吨；拼多多"抗疫助农"上线首日，农产品订单量突破600万单。相关统计数据显示，2021年上半年，中国农产品网络零售额达2088.2亿元。网购不仅极大地改变了民众的生活，而且已经成为中国农民脱贫致富的重要法宝。"如今，中国最流行的互联网商务手段之一是直播。在直播过程中，卖家可以实时向潜在买家介绍商品，并回答买家提出的问题。还有一部分卖家会请专业主播负责卖货并提供折扣，打造'沙发上的商店'。"①

"万物皆可带，全民皆可播"正在成为时代"弄潮儿"的座右铭。在中国，各行各业都开始尝试做直播电商。中央电视台等国家级媒体也给予了直播电商这种大力拉动线上消费的销售模式极大的肯定。在2020年"3·15"晚会上，以淘宝的直播电商平台为平台范例，以三亚市市长阿东的教科书式讲解直播带货、枝江市委常委姚迎九的rap（说唱）带货、浙江农民的助农产品一对一直接销售为直播电商范例，以云游博物馆为"云端旅游"范例，中央电视台将以上几者作为新经济发展中的典型代表加以宣传报道。同时，商务部的相关统计数据也印证了其典型性：2020年第二季度中国GDP（国内生产总值）能够突破种种困难取得3.2%的增长，数字经济功不可没，而直播电商恰恰就是"顺应网络化、数字化、智能化的趋势，激活消费潜力，创造更多消费体验"的典型范例。政府和媒体的高度认可使得直播电商迅速脱离了早期发展中野蛮自由生长的状态，开始成为全国各省、自治区、直辖市之间商业竞争的"新赛道"，成为推动地方经济发展和影响力提升的新风口。全国范围内北京、上海、广州、杭州、宁波、厦门等近20个城市迅速出台和发布了直播电商领域相关的扶持政策和行动计划，直播电商成为时下政府、企业和个人创业竞相涌入的"新蓝海"，一场影响深远的产业变革已经到来。

直播电商带来的产业变革将被如何定义？其对于商业企业和从业者而言又有怎样的挑战与机遇？在可见的巨量商机背后，未来商业发展的趋势又是怎样的？

首先，聚焦于"两点一线"的原始模型，不能简单地将直播电商等同于传统经济时代的电视导购，主播也不仅仅是伶牙俐齿的直播导购员。

其次，直播电商所面对的消费者有别于传统意义上的消费者，他们是"网络原住民"Z世代，具有更强的媒介素养与自我意识，面对海量开放的网络信息，他们在网络空间的不同传播渠道和不同消费场景中切换自如。

再次，依托于直播电商的品牌方与相关产品，在现行基础上融合信息化技

---

① 参考消息. 直播电商成中国乡村振兴"加速器"[N].参考消息，2022-1-17.

术、大数据分析，个性化、专业化、高效化定制与反馈的体验式消费模式正在逐步形成。这种个性与差异未必聚焦在产品的功能性上，更多服务于产品的调性与气质，消费者在某种程度上是在为个人的好恶买单，在为自己的情感认同消费。因此，直播电商带来了对企业获客、产品推广和销售等方面的多重效益，这种显性效益广泛吸引商家与品牌方，超 70% 的商家通过直播提升了产品销量，超 66% 的商家通过直播获得了新客户，近 60% 的商家通过直播推广了产品和服务。但是，从宏观的趋势上来看，直播电商的变革将从本质上对传统经济中产品、品牌、渠道、营销产生深刻的影响，这种影响或许将直接颠覆或重构传统的商业模式。

还有，直播电商营销模式的行业弊端已逐渐暴露。在颠覆传统商业模式之前，直播电商作为时代的"弄潮儿"，必须先要完成自身的"祛魅"与反思。2020 年"双 11"期间中国消费者协会监测发现，消费负面信息主要集中在直播带货方面，有关直播带货的负面信息高达 334083 条。从中国消费者协会监测的舆情反馈来看，直播带货的"槽点"主要集中在三个方面。一是"数据造假黑色产业链"，平台方利用从众消费心理，通过造假观看人数、销售数据等影响力指标诱导冲动消费，同时，通过直播途径销售的商品缺乏售后服务保障；二是"同业竞争灰色生态圈"，由于发展迅猛，制度规范还未成形，缺乏国家标准、行业标准、企业标准的约束，恶意刷单、花式踢馆、虚假举报等恶性竞争时有发生；三是对明星带货能力的质疑。2020 年 6 月 29 日，知名财经作家吴晓波直播首秀被"打脸"，官方宣称"累计观看 870 多万次、最高在线人数超 4 万人、引导销售业绩 5200 多万元"。然而其委托方（某奶粉品牌）回应称被收取 60 万元坑位费，最终却只卖出 15 罐，其中还有 3 罐退货。无独有偶，知名小品演员小沈阳在一场直播中仅出售 20 多单，第二天还被退货 16 单；李湘直播出场费高达 5 分钟 80 万元，结果一件貂皮大衣都没卖出去；叶一茜带货茶具，直播间观看人数"高达 90 万"，成交金额仅 2000 元；一度被看好的"直播新星"罗永浩直播 100 多天，带货金额从最高 1.68 亿元一度暴跌至 0.05 亿元，观看人数也从最高 4892 万跌到 176 万；等等。这一系列事件让明星名人"流量变现"的转化率备受质疑。

在 5G 这一"经济发展新动能"与不够完善和系统的制度规范相矛盾的背景下，"万物皆可带，全民皆可播"这句直播电商行业野蛮生长时代的座右铭令人担忧。在财富效应之下，直播电商创造了中国式的疯狂，而疯狂背后则是触目惊心的乱象和若隐若现的泡沫。前有数据造假、恶意刷单，后有各种带货"翻车"、商家赔本赚吆喝，如何科学有效布局，利用资本运营，使直播电商的"飞轮效应"在合理化、有益化规范保障下扎实稳步推进，亟须反思和探索。

于是，在 2021 年直播电商行业开始了对自身的"祛魅"与反思。"祛魅"与反思的第一步就是行业规范化、制度化。一个行业需要有自己的边界与门槛，需要有自己的责任与担当。因此，需要破除和摒弃对于"万物皆可带，全民皆可播"的迷信，努力完善形成属于直播电商行业的规范与标准，破除行业"马太效应"，打造属于直播电商行业的目标与愿景，实现直播电商产业化良性发展。

第二步，须反思直播作为一种传播媒介对于品牌方企业文化的输出与产品生产销售的反作用。放眼直播电商行业，作为重要参与者和推动力量的商业企业，在以直播打通线上线下流量、营造线上消费场景、提升线上消费体验、实现更高效的新型营销的同时，也要思考和探索其中数据资源的价值，以及借助直播完成产品、品牌，甚至产业链的升级转型。直播应该成为企业和商家数字化转型的"催化剂"，国货崛起和品牌年轻化的新机遇，以及振兴区域经济、扩大地区产业竞争力和影响力的"新赛道"。而主播作为直播电商行业中"有头有脸的主角"，应当增强社会责任意识，发挥流量优势，成为行业发展的中流砥柱，在成为视频直播领域优质内容提供者的同时，也应成为企业商家品牌成长道路上的引领者，成为企业商家与消费者沟通的桥梁与纽带，成为公众正确生活方式、消费理念、世界观、价值观的塑造者，甚至成为传播中国文化、讲好中国故事的骨干力量。

本书作为直播电商领域的专业教材，旨在培养直播电商领域从业者，帮助有志投身于直播电商行业的从业者们提升个人能力，明晰自己在行业与产业链中的责任与担当，从而合理规划人生与事业发展的路径。

本书共分七章。第一章要解决的是直播电商行业的边界与门槛问题，从历史、现状与未来趋势的发展视角帮助从业者在进入该行业领域之前建构一个清晰的行业认知和知识结构。第二章则要帮助从业者明确其在行业中的职责与定位，从宏观到微观纵向剖析直播电商在中国经济中的角色定位，阐释直播电商自身产业链的结构与逻辑，进一步分析"行业子单元"直播电商团队的微观架构。第三章则把重点放在直播电商从业者的工作实践与能力提升上，从内容定位、特点把控到内容策划、创作落地，以实践案例为支撑提供步骤化的具体指导。第四章聚焦用户分析与精准营销。网络空间背景下的消费者与大数据背景下的精准营销是直播电商行业快速发展背后的驱动力量，唯有了解用户、精准定位才能真正实现从数字化、信息化到智能化、智慧化的转变。第五章是直播电商的商业模式梳理。时至今日直播电商远不只具备带货这样单一的赢利模式，行业早已分化了各种垂直领域和细分市场，在爆发式增长的市场中赢利模式的正确选择将使从业者的事业发展事半功倍。第六章则聚焦直播电商从业者自身角色打造。如何形成个人形象 IP，实现精细化市场分析与定位、团队化决策与打造、职业化训练与培养是破除行业"马太效应"的关键之举。第七章关注粉丝和用户群体的深度运营。在以商业交易为"明线"的基础上，直播电商的背后还包含着消费者对于主播个人的情感与认同，粉丝经济和社群经济是其背后的"暗线"逻辑。

　　直播电商作为新经济时代的"弄潮儿"，作为产业竞争与发展的"新赛道"，作为传统经济变革的"催化剂"与推动者，将为这个时代的创业者们提供机会。希望本书能够为那些有志投身于直播电商行业的创业者们提供更好的指引，成为大家成功道路上的"明灯"。

浙江工业大学人文学院　邵鹏

2021 年 8 月 3 日

目　录

第一章 直播电商的现状与发展趋势

随着数字媒介与经济的飞速发展，自2016年（直播元年）以来，我国直播平台与用户规模迅猛发展壮大，直播电商正是在此背景下乘着直播快车，融合电子商务，使"直播＋电子商务"的运营模式逐渐产业化。本章第一节，从秀场直播、游戏直播、泛娱乐化直播、直播电商等方面，梳理直播与直播电商的定义和发展历程。第二节，横向对比直播电商与电视购物的差异，对直播电商构建立体化印象。第三节，聚焦直播电商的传播渠道与传播形式，结合当下常规综合类电商平台、垂直类社交平台与短视频平台等传播平台分析如何实现直播。2019年直播带货变现模式兴起，并达到高增长率与高流量转化率。在2020年新冠肺炎疫情的背景下，直播电商进一步逆势发展，成为中国经济发展中的一道亮丽风景线。当前，网络直播产业呈现蓬勃发展势头，但需要指出的是，机遇和挑战并存、困难与希望同在。第四节，就直播内容精品化、技术推动与传统媒体的深度融合、内容监管与品牌直播模型的发展趋势，针对当前直播电商面临的机遇和挑战展开讨论。

第一节 直播电商的定义与发展

习近平总书记在中共中央政治局第三十四次集体学习时强调："近年来，互联网、大数据、云计算、人工智能、区块链等技术加速创新，日益融入经济社会发展各领域全过程，数字经济发展速度之快、辐射范围之广、影响程度之深前所未有，正在成为重组全球要素资源、重塑全球经济结构、改变全球竞争格局的关键力量。要站在统筹中华民族伟大复兴战略全局和世界百年未有之大变局的高度，统筹国内国际两个大局、发展安全两件大事，充分发挥海量数据和丰富应用场景优势，促进数字技术与实体经济深度融合，赋能传统产业转型升级，催生新产业新业态新模式，不断做强做优做大我国数字经济。"[1]移动购物、直播电商无疑是我国数字经济的最大亮点。早在 2010 年，移动购物即成为移动互联网赢利的重点板块，当年中国电子商务市场交易额已达 4.5 万亿元。电子商务与直播的融合使得移动购物的市场规模不断扩大。中国互联网络信息中心（CNNIC）发布的第 46 次《中国互联网络发展状况统计报告》提到，截至 2020 年 6 月，我国总计有 5.62 亿直播用户，在网民的总数中占比 59.8%，网络购物用户达 7.49 亿，占网民整体的 79.7%。[2]通过直播实现移动购物成为居民消费、生活的重要方式之一。作为该领域中的中心角色——直播电商究竟是什么？本节将针对直播电商的定义和发展做系统阐释。

一、直播电商定义

直播电商从构词上看，由"直播"与"电商"组成，《广播电视简明辞典》一书将"直播"定义为，"在广播电视节目后期合成、播出的同时进行的播出方式"。随着互联网传播技术的发展，以及媒介形式的不断进化，直播方式业已随之发生变化，"直播"概念的内涵和外延也在不断拓宽。因此，我们可以将"直播"界定为人们为了以最快速度和最大限度还原真实场景，借助信息传播技术对现场画面和声音同时进行采集、存储、后期合成、传输，并最终以图像、声

---

① 习近平.在中共中央政治局第三十四次集体学习时的讲话.[EB/OL].(2021-10-19)[2022-4-2].http://jhsjk.people.cn/article/32258262.

② 中国互联网络信息中心.第46次《中国互联网络发展状况统计报告》[R/OL].(2020-9-29)[2022-4-2].http://www.cac.gov.cn/2020-09/29/c_1602939918747816.htm.

音、文字和图片的综合方式呈现于不同媒介平台的传播活动。

　　"电商"即"电子商务"，是使用电子设备和网络技术从事商务活动的总称，是以信息网络技术为手段，以商品交换为中心的商务活动；也可被理解为在互联网（Internet）、企业内部网（Intranet）和增值网（Value Added Network，VAN）上以电子交易方式进行交易和相关服务的活动，是利用计算机技术、网络技术和远程通信技术，实现电子化、数字化和网络化、商务化的整个商务过程。

　　从本质上讲，直播电商属于网络直播与电子商务的一个共同分支，直播电商是在淘宝、蘑菇街、京东商城、唯品会等电商平台相继推出直播业务后兴起的一种泛娱乐类直播，其广泛被用户接受并使用是在 2017 年。

　　到目前为止，学术界对于直播电商并未做出权威性的定义和解释。谭羽利从传播学角度认为，直播电商是一种以电商为基础的商业模式，利用直播媒介将用户与商品销售关联在一起。[①] 梁芷璇从社会经济学角度认为，直播电商是一种客户服务行为，商家和主播借助媒介工具，在直播间将商品向客户展示并实时解答疑问，通过增进与客户的互动，激发其购买行为。[②] 郑兴从工商业角度认为，直播电商是一种营销行为，是网络直播实时交流、互动特征在电子商务领域的应用。[③]

　　在理解"直播"与"电子商务"定义的基础上，我们认为，对"直播电商"的理解可从两种运营模式的角度切入，即为电商平台引入直播技术和通过直播平台为电商平台引流。因此，所谓直播电商，是指一种基于网络直播与电子商务发展的"直播 +X 平台"新型零售产品推广模式。

二、国内直播的发展历程

　　直播电商是随着市场经济的形成和繁荣而发展起来的。如果可以将直播电

①　谭羽利.传播学视阈下的"直播+电商"模式：以聚美优品直播业务为例[J].北京印刷学院学报,2017,25(1): 20−26.

②　梁芷璇.电商直播的传播特征、问题及对策研究[D].兰州:兰州财经大学,2019:49.

③　郑兴. 电商直播互动类型对消费者冲动性购买意愿的影响研究[D].重庆:重庆工商大学: 2019:57.

商的行为称作线上现场叫卖,那么追根溯源,可以发现中国周代即有线下现场叫卖的记载。周代《诗经·周颂·有瞽》有"既备乃奏,箫管备举"的诗句。汉代郑玄注:"箫,编小竹管,如今卖饧者吹也。"唐代孔颖达疏解:"其时卖饧之人,吹箫以自表也。"即周代卖麦芽糖的人已知通过吹箫吸引消费者来购买自己的产品。屈原在《天问》中写姜太公未被启用时,在铺子里卖肉是"鼓刀扬声",即把屠刀剁得很响,且高声吆喝,以招徕买主。宋代孔武仲在《旅枕》一诗中写道"萧条过百五,犹有卖花声",反映的也是市场上卖花的"直播广告"。先秦韩非子在《外储说·右上》中写道:"为酒甚美,悬帜甚高。"这"帜"与唐代杜牧的"千里莺啼绿映红,水村山郭酒旗风"诗句中的"酒旗"、宋代陆游的"茶烟映山起,酒帘傍堤斜"诗句中的"酒帘"相同,都是酒家打出的旗帜广告。[①] 比起以前,今天的直播电商的传播媒介和手段更先进、更丰富多彩了。

(一)2005—2008 年秀场直播带动直播营销兴起

秀场直播平台又称互联网演艺平台,是依托网页或客户端展示技术,为具有表演才艺(包括演唱、电台 NJ[②]、脱口秀等)的个人或社会组织提供的即时表演创作的分享平台,属于互联网社交和娱乐平台。

秀场直播的主要特征为:(1)内容多为演唱、表演类的视频直播;(2)受众多为付出时间和金钱的"粉丝群体";(3)用户与表演者实时互动是直播内容的重要元素。

2005 年,国内互联网行业迅速发展,各种社交和视频网站纷纷成立。9158[③]成立之初借鉴韩国的视频聊天软件十间房,力图打造一个视频交友互动平台。六间房[④]一开始做视频门户网,曾经风靡一时的胡戈的作品《一个馒头引

---

① 邵培仁.经济传播学[M].南京:江苏人民出版社,1990:255-256.

② 电台NJ,网络直播节目主持。

③ 9158是一个实时社交视频平台,内容涵盖卡拉OK与歌唱比赛,以及以笑话、体育等流行文化话题为主的脱口秀和直播表演。

④ 六间房(6Rooms)是一家新锐的web2.0视频网站,与YouTube定位一样,本身不提供视频内容,只提供一个视频发布平台,上传的内容以用户原创为主,比如家庭录像、个人的DV短片等。

发的血案》让其成为当时的流量大户。之后六间房转型，推出了视频社交和演艺秀场的六间房秀场。[①]YY语音是同时段最早为网游玩家提供队伍语音指挥的直播平台，2011年上线YY音乐，草根群体在电脑前表演自己的才艺，唱歌、讲段子，和电脑前的观众互动，观众通过购买虚拟礼物打赏给喜欢的表演者。自此，直播开始发展，形成生态产业链。

在秀场直播发展前期，平台用户规模快速增长。2017年秀场直播用户数量实现高增长，2017年年末秀场直播用户数达到3.44亿人次，环比增长22.4%。[②]2017—2020年，秀场直播用户规模呈波动态势，2018年后用户量下降。[③]2019年后，直播形式与内容逐渐多样化。尽管秀场直播模式经历多年发展，形成了较为稳定的格局，但与此同时，秀场直播内容同质化严重，市场接近饱和，加之国家对秀场直播内容的管理日趋严格，秀场直播整体在走下坡路。作为网络直播中最重要的部分，秀场直播几乎占据视频直播市场近半的份额，各平台投入大量资金拼抢头部网红和流量，除了少数头部平台外，行业普遍处于巨额亏损状态，倘若大量资本不再持续投入，秀场直播将难以为继，逐渐衰弱。

从秀场直播的商业模式看，直播平台作为平台运营商，围绕着主播和观众的需求，打造生态产业链。平台、主播、观众三足鼎立构成核心，整个商业模式围绕三者之间的资金、流量进行流转，广告、软硬件支持等是核心之外的延伸。观众作为消费者，是平台和主播收益的主要来源，观众观看主播的表演，与主播进行互动，付费充值买礼物送给主播。高颜值、多才艺的主播是平台吸引用户的关键和核心竞争力，主播依靠自己的才艺在网络上进行表演，吸引用户观看和消费。平台将用户购买的礼物转化成虚拟币，主播可对虚拟币提现，与平台按比例分成后实现最终收入；同时，运营者通过宣传推广汇聚人气和流量，吸引主播入驻和用户观看，为参与主播的打赏收入分成铺垫流量基础。

---

① 安宁.我国网络直播用户的使用与满足研究[D].武汉：华中师范大学,2017:59.

② 铁兵，陈云海.秀场直播平台发展模式研究[J].广东通信技术,2017,37(2):17-19.

③ 前瞻经济学人.2021年中国秀场直播行业市场现状与发展趋势分析　行业政策趋紧.[R/OL].(2021-3-5)[2022-4-2].https://xw.qianzhan.com/analyst/detail/220/210305-fa51264b.html.

同时，秀场直播还有其他获利模式：（1）版权二次销售，平台把精彩节目内容重新打包后销售；（2）广告植入，直播平台负责在客户端上，或直播室中，或虚拟礼物中，植入广告商广告，按展示／点击量同广告商结算费用；（3）提供会员增值服务，把会员分为主播和观众两类，会员在付费后将收获专属特权，增强主播和观众的凝聚力；（4）通过票务及演出经纪、游戏联运、教育培训、电商、周边线下活动等方式，拓展商业变现渠道。

（二）2009—2016 年游戏直播兴起

2004 年 4 月 12 日，国家广电总局就电脑网络游戏类节目的问题发出《关于禁止播出电脑网络游戏类节目的通知》，禁止各级广播电视播出机构开设电脑网络游戏类栏目、播出电脑网络游戏节目，使处于萌芽阶段的中国电子竞技行业进退两难，使中国无法照搬韩国"将电子竞技赛事包装再由开路电视转播"[①] 的商业模式。

从 2009 年到 2015 年网络直播进入新一轮的发展期，中国电子竞技选手在其中找到了一种新的发展模式，即通过网络直播、点播等获取关注度，借由个人品牌形象开设淘宝店铺等进行变现。得益于国内电竞市场的火爆，大量的资本涌入，游戏直播兴起，网络直播开启了新篇章。

在游戏直播发展的起步阶段，用户主要集中在战旗、龙珠、斗鱼、熊猫 TV 等平台。2014 年 YY 语音的游戏直播板块独立出来，更名为虎牙，标志着主流的秀场直播开始往游戏直播转型。同年，斗鱼也从 Acfun 弹幕视频网（即 A 站）中独立出来，与虎牙共同成为游戏直播的"二巨头"。2015 年，龙珠和熊猫 TV 成立，通过抢占赛事资源、重金签约人气主播、邀请明星助阵等方式，很快在游戏直播领域占据了一席之地。

游戏直播是指在特定的直播平台上面专门玩游戏并讲解游戏的主播及其团队成员，通过获得的关注量和收到的礼物来赚钱的游戏营销模式。游戏直播的主播为在直播平台上进行游戏内容直播的主播，直播内容主要为解说电子游戏

---

① 何圣捷, 薛哲曦. 直播环境下中国电子竞技俱乐部发展对策[M]//罗昌智. 两岸创意经济研究报告. 北京:社会科学文献出版社, 2019:13.

及电竞比赛的实时视频内容[①]，平台获得的融资是游戏直播的主要盈利来源。相较于秀场直播而言，游戏直播对主播的技能要求更高。为了吸引用户，平台往往会花重金签约顶尖玩家[②]，主播的签约费用和技术支持费用较高。从游戏直播的产业链来看，游戏主播的粉丝群体黏性强，粉丝经济具有较好的发展空间和机会，因此，用户稳定性是平台赖以生存的保障。截至 2015 年，根据虎牙知名主播的价目表，排名靠前的主播的签约费都高达上千万元。主播身价虽然不断被泡沫抬高，但是平台却一直处于亏损状态，不少有经济实力的直播平台为了保持高份额的市场占有率，在亏损的状态下依旧继续砸钱保持投资。[③]

艾瑞咨询的《2015 年中国游戏直播市场研究报告（行业篇）》将中国游戏直播平台用户发展分为三个阶段：2013—2014 年为初创期，这时期的主要用户是PC 端的电竞爱好者；2015 年为沉淀期，更多小众游戏的用户开始加入网络直播的队伍；2016 年为网络为游戏直播的爆发年，游戏直播平台的用户数从 4800 万激增到 1 亿。[④]2019 年至今，游戏直播行业发展进入成熟期，2020 年中国游戏直播市场规模达到 343 亿元。[⑤]

与此同时，与游戏直播相关的法律规定和行业规范也在不断完善。随着新修订的《中华和人民共和国著作权法》（以下简称《著作权法》）在 2021 年 6 月1 日正式施行，网络游戏、电竞赛事直播画面被纳入受《著作权法》保护的"视听作品"中。游戏直播作为网络直播的重要组成部分，至今仍保持活力。

[①]　艾瑞咨询.2021年中国电竞行业研究报告[R/OL].(2021-4-30)[2022-4-2].https://www.iresearch.com.cn/Detail/report?id=3770&isfree=0.

[②]　蔡凯莉. 网络直播平台的生存现状与发展策略研究[D]. 南京: 南京师范大学, 2019:97.

[③]　何圣捷, 薛哲曦. 直播环境下中国电子竞技俱乐部发展对策[M]//罗昌智. 两岸创意经济研究报告. 北京: 社会科学文献出版社, 2019:13.

[④]　艾瑞咨询. 2015年中国游戏直播市场研究报告（行业篇）[R/OL]. (2015-2-5)[2022-4-2]. hppt://report.iresearch.cn/report/201502/2316.shtml.

[⑤]　艾瑞咨询.2021年中国电竞行业研究报告[R/OL].(2021-4-30)[2022-4-2].https://www.iresearch.com.cn/Detail/report?id=3770&isfree=0.

（三）2015—2016 年直播高速成长期，直播朝向垂直化发展

从信息传播的角度来看，直播是基于场景之中的，实时连接用户与现场，具有其他媒介所不具备的真实性和实时性。相对于其他传播媒介而言，直播的后期更具难度也更局限，因此能给受众最真实的感受。直播可以融合品牌、营销、用户、交易和社区，构建线下企业与社交网络的交流互动，具有得天独厚的市场竞争力，以其强大的互动价值、场景价值、经济价值与社会文化价值为各行各业带来了一场营销革命。

目前，泛娱乐直播平台具有代表性的有一直播、花椒、映客等，这些平台社交属性强，受到众多 80 后和 90 后的追捧，发展较好。泛娱乐的直播内容比秀场和游戏直播更加多元，视频内容比文字和图像更加丰富有趣；直播场景生活化，衣食住行玩都可能成为直播的背景材料，受众的代入感极强，满足大众对直播多样化的需求；同时直播门槛低，受众与主播角色互置实现性强，用户参与度高。因此，泛娱乐直播从 2015 年以来一直保持高速发展，也被称为"全民直播"，用户群体整体上没有明显特征。

随着移动互联网的不断普及和发展，线上和线下的融合已经成为一种趋势。在此背景下，受众的使用行为和需求也更加细分化。由于受到各种市场因素的影响，专注于行业中某一细分领域的直播，因其具有的专业性与专注性、给予受众足够的信赖感，而逐渐被市场接受。这种在移动互联、受众细分的环境下垂直细分的直播被定义为垂直直播，其一般以"直播 +"的形式表现出来，比如"直播 + 教育"的 51 Talk 直播、"直播 + 电商"的淘宝直播等。[1] 随着移动直播的快速发展，生产优质内容、加强用户黏性、增强流量变现能力和创新商业模式，成为直播平台面临的抉择、挑战与机遇。在社交媒体时代，直播平台需要面对激烈的市场竞争，挖掘新资源、生产优质内容以获得持续发展。[2]

垂直化的直播平台的用户一般是各个领域的固定或稳定受众，教育、校园直播的用户多是在线上课的学生党，电商、时尚直播的用户则以女性群体为主。

---

① 安宁. 我国网络直播用户的使用与满足研究[D]. 武汉:华中师范大学,2017.

② 包圆圆. 移动直播新趋势：明星化 垂直化 社交化[J]. 新闻战线, 2016(24): 125−127.

这部分用户观看直播有明确的目的，所以用户黏性大，变现能力强。例如专注教育的"叮当教育""叮当课堂"目前专注于 K12 教育[①]，直播内容涵盖中小学全科目系列课程、全景直播趣味课程、精分小剧场创意课程、针对性精品微课等，其用户定位精准，是垂直直播在基础教育领域的典型代表。不难看出，垂直化电商市场的受众群体一般都较为集中化、固定化，有着共同的、持久的爱好兴趣。

从用户层面看垂直直播的发展态势，中国互联网络信息中心 2020 年 9 月发布的第 46 次《中国互联网络发展状况统计报告》显示，截至 2020 年 6 月，我国网络直播用户为 5.62 亿，较 2020 年 3 月增长 248 万，占网民整体的 59.8%。其中，直播电商用户规模为 3.09 亿，游戏直播用户规模为 2.69 亿，真人秀直播的用户规模为 1.86 亿，演唱会直播的用户规模为 1.21 亿，体育直播的用户规模为 1.93 亿。[②]垂直直播发展态势良好，其中，直播电商成为 2020 年上半年发展最为迅猛的互联网应用之一。

（四）2017 年至今直播市场发展成熟，直播巨头主导市场

发展至今，直播具有鲜明的时代特征：媒体功能、社交功能、电商共生。直播电商的出现激发了新生的消费力量。与传统电商相比，结合直播的电商具备产品信息透明度高、买卖双方相互信任、在实时交互中用户购买决策快等优势。随着直播电商模式的崛起，"直播带货"成为电商平台与直播平台最大的增长点。QuestMobile 的《2019 双 11 洞察报告》显示，2019 年天猫"双 11"当天在开场 63 分钟后，直播引导的成交额超过了 2018 年"双 11"全天，"双 11"期间直播带动成交总额近 200 亿元，成为推动品牌消费增长的重要商业模式。[③]同时，网络直播产业也呈现出一定的特点。

---

① K12（kindergarten through twelfth grade），教育类专用名词，是学前教育至高中教育的缩写，现在普遍被用来代指基础教育。

② 中国互联网络信息中心.第46次《中国互联网络发展状况统计报告》[R/OL].(2020-9-29)[2022-4-2]. http://www.cac.gov.cn/2020-09/29/c_1602939918747816.htm.

③ QuestMobile.2019双11洞察报告[R/OL].(2019-11-20)[2022-4-6].https://www.afenxi.com/78625.html.

1. 市场集中化

从 2008 年兴起到 2016 年"网络直播元年"后的蓬勃发展，再到 2018 年头部直播平台集中上市，网络直播产业经历了一轮大洗牌，呈现出头部化趋势，斗鱼、虎牙、企鹅电竞、触手、熊猫 TV、龙珠等游戏直播平台和 YY、花椒、映客、一直播等泛娱乐直播平台从中显现出头部平台的竞争优势。

比达咨询发布的《2019 年第 1 季度中国移动直播市场研究报告》显示，在 2019 年 3 月主要游戏直播 App 月均活跃用户数排行中，斗鱼和虎牙直播月活跃用户数分别为 3375.1 万人和 3014.5 万人，排名位居游戏直播平台的前两位，企鹅电竞也以 1176 万人的月活跃数位列第三。但在同月的中国主要游戏直播 App 用户满意度调查中，企鹅电竞拔得头筹。纵观游戏直播市场，头部化明显，斗鱼、虎牙、企鹅电竞三雄争霸。相比较而言，余下平台呈现下降势头，2019 年 3 月，杀入直播行业 4 年的游戏直播平台熊猫 TV 宣告关闭。2019 年第一季度中国泛娱乐直播 App 月活跃用户数分布以 YY、花椒、映客、一直播位列同类直播平台前四，其余平台与之差距明显。①

2. 市场细分化

为了活化存量，增强用户黏性，完善企业的商业布局，网络直播平台选择进行泛娱乐产业体系构建，连接线上线下，深耕用户市场。当直播平台作为产业链的基点和中心，从一个工具或渠道转变为消费者的一种社交娱乐生活方式时，用户的生活圈就成为各平台的必争之地。但在内容同质化、市场竞争白热化、用户重合度高且用户对平台忠诚度低的情况下，就要采用市场细分、差别化竞争和可持续发展战略，资源的多元化才是赢利的关键。因此，直播平台开始一方面在内部深挖内容的潜力和价值，增强存量用户黏性并以此为基础继续做增量，创新商业模式，激发资源活力，实现资源优化配置；另一方面与其他资源互补性企业建立战略联盟，延伸拓展出"直播＋"式的多元合作模式。但是，实施这一策略，"企业必须在某一方面具有独一无二的特征，或者被视为一

---

① 比达咨询.2019年第1季度中国移动直播市场研究报告[R/OL].(2019-6-13)[2022-4-6].http://www.bigdata-research.cn/content/201906/979.html.

枝独秀，否则就不会有所谓溢价的出现"①。

3. 秀场娱乐化

直播产业与娱乐产业联姻是当代网络直播的最大的特点。从1998年YY语音以秀场闻名以来，网络直播产业的聚焦点是商品和娱乐的有机结合，主播及其团队试图全力营造的也是从"狂欢"到"狂买"的氛围，"娱乐至死"只是表象，"买到手软"才是目的。

直播产业在不断迭代升级其技术设备的同时，传播重点也越来越向优质内容的输出转移。平台内容、对主播的偏好是用户选择直播平台的重要标准之一。头部内容是平台的核心流量入口，各平台对头部内容的争夺自然如火如荼。资金比拼、明星主播的转会引入、版权争议等都源于对优质内容的争夺，这尤其体现在复制难度较大、竞争门槛相对高、专业性强的游戏直播和泛娱乐直播中。② 因此，平台对于主播、内容IP的属性都有限制性规定，使得平台竞争呈现较强的排他性。

在发展过程中，网络直播平台的自我净化功能也在不断起作用。2019年2月，腾讯游戏牵头发布《腾讯游戏关于直播行为规范化的公告》③，发布了12条规范条例，维护了直播平台的差异化发展。从内容上看，一方面是腾讯在持股三大游戏直播平台的基础上，掌握着丰富的电竞IP资源，在保护游戏直播版权成为必然趋势的前提下，在资本的交易和资源的运营下，直播行业中的IP授权、商业模式、具体运营、后台数据等方面都存在一定程度的资源垄断；另一方面这也是腾讯作为资源沃土和行业头部企业在规范直播行业健康发展之路上承担责任的体现。④

除了直播平台，主播和用户包括政府部门、风投资本、第三方机构如支付平台、智能硬件设备企业等，也是参与直播市场的主体。近年来，直播平台对

---

① 波特.竞争优势[M].北京: 中信出版社, 2014:12.

② 廖秉宜,索娜央金.中国网络直播产业市场结构、行为及绩效分析[J].新闻与写作,2019(7):48-53.

③ 《腾讯游戏关于直播行为规范化的公告》的12条规范条例详见本小节末尾。

④ 廖秉宜,索娜央金.中国网络直播产业市场结构、行为及绩效分析[J].新闻与写作,2019(7):48-53.

垂直领域持续发力，实施"直播＋"战略，开展泛娱乐化的商业布局，几家直播市场主体均在其中发挥着重要作用。以直播平台为中心，产业链上游主要是内容提供商，如游戏、节目、活动赛事版权方以及基础设施方等，产业链下游为C端流量用户以及需要用户流量的B端商户等，不同垂直领域直播差异化渐显。

横向看，直播平台不断加大内容建设投入。从单纯的网络表演即以秀场类为主的直播走向垂直细分领域，不仅拓宽内容数量，而且提高内容质量，实现PUGC（专业用户生成内容），以优质内容引入流量。纵向看，拓宽直播产业链，探索多元化变现渠道。从传统的依赖打赏分成、售卖虚拟代币走向更加多元的商业化变现渠道，跨界运营、切入社交、直播营销商业推广、IP合作与开发、IP延伸等模式带来的收入占比明显增加。

三、国内直播电商的发展历程

根据直播电商的定义，可知直播电商是基于电子商务的整合直播流媒体形式，同时具有社交属性的新型网购方式。直播电商生态融合了多方支持，在直播电商平台化发展过程中突破多项难题，当前呈现较好的发展态势。

（一）开始阶段：多项支持

技术发展：数字化程度和供应链、物流业能力逐步加强。

政策支持：国家发改委2013年5月28日表示，13个部门将出台系列政策措施，从可信交易、移动支付、网络电子发票、商贸流通和物流配送共五个方面支持电子商务发展。商务部陆续出台《关于促进电子商务规范发展的意见》《关于加快流通领域电子商务发展的意见》《关于促进网络购物健康发展的指导意见》《商务部"十二五"电子商务发展指导意见》等一系列引导规范电子商务发展的政策性文件，以及《网络交易服务规范》《电子商务模式规范》等行业标准，助力直播电商产业生态健康发展。

市场规模：华创证券的研究报告认为，2015年直播行业具有120亿元的市场规模。艾媒咨询公布的《2016年中国在线直播行业专题研究》提到："中国网络直播平台用户数量为 2 亿，大型直播平台每日高峰时段同时在线人数接近 400 万，同时进行直播的房间数量超过 3000 个。"①"中国商务部研究机构发布的报告显示，2020 年上半年，电商直播超 1000 万场，活跃主播数超 40 万人，观看人次超 500 亿，上架商品超 2000 万种。2020 年前三季度，仅全国农产品网络零售额就达 2884.1 亿元，同比增长 4.3%。"②

（二）发展阶段：难题突破

艾媒咨询的数据显示，目前直播电商仍是在线直播行业的主要赢利模式，2020 年中国直播电商市场规模达到 9610 亿元。③ 经过行业的不断完善，在线直播正向规范化和专业化方向发展，除了专业直播电商平台，娱乐化直播平台也开始试水电商运营，结合平台固有优势推出相关产品，带动平台营收转化。

1. 供给侧突破流量难题：网红入驻，企业升级

当前，直播行业在经历了快速发展和用户激增之后，流量增速随着人口红利的减退而放缓。虽然总体规模仍在延续稳定增长态势，但是激烈的行业竞争也提高了直播流量的拓展成本。与"素人"主播相比，网红能迅速积攒人气，带来巨大流量，为直播电商平台发展带来突破性的机遇。2019 年网红的入驻使直播带货持续火爆。如入驻淘宝直播平台的网红已超 100 位，通过流量变现实现了惊人的销售额。与此同时，新生消费力量年轻化，数据显示，截至 2019 年第三季度，超过八成的直播用户是 90 后④，对网红的追捧极大地拉动了消费的增长（见图 1.1）。

① 艾媒咨询.2016年中国在线直播行业专题研究[R/OL].(2016-7-21)[2022-4-6].https://www.sohu.com/a/76600555_334205.

② 参考消息.直播电商成中国乡村振兴"加速器"[N].参考消息,2022-7-17.

③ 艾媒咨询.2020—2021年中国直播电商行业生态剖析及趋势预测[R/OL].(2020-9-15)[2022-4-6].https://www.iimedia.cn/c400/74296.html.

④ 艾媒咨询.2019Q3中国在线直播行业发展专题研究报告[R/OL].(2019-11-22)[2022-4-6].https://www.iimedia.cn/c400/66897.html.

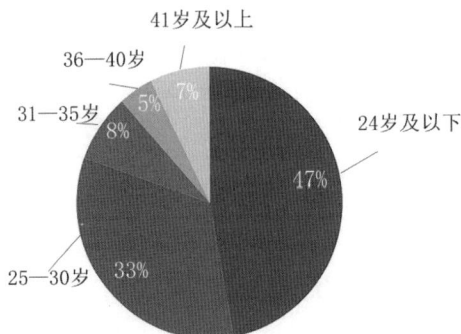

图 1.1　在线直播用户年龄分布情况[1]

新冠肺炎疫情加快中国企业进入在线化、数字化、智能化阶段的步伐，首先打破了用户固有的生活工作习惯，随之为直播和电商带来巨大的发展机遇。2003 年"非典"肆虐，带来了电子商务、在线支付、物流配送等行业的跃迁式发展，实现居民生活线上化。而此次新冠肺炎疫情的不断发酵，使得 2020 年春节假期被不断延长，倒逼各大企业加快数字化转型脚步，远程办公、在线教育等线上业务行业迎来爆发的拐点，在线化办公进程加快。而企业直播服务作为企业对内沟通和对外营销的重要线上化端口，经此一"疫"或将成为未来企业标配[2]。

企业信息化进程推进，云计算建设升级。中国公有云市场规模 2015 年后保持 40% 的高速增长，2018 年达到 479.1 亿元，云计算服务正日益成为新型信息基础设施，云 MSP（移动安全平台）、智能云、研发云、分布式云的并行发展不断降低企业的应用门槛，助力实现内部功能协同，满足多场景需求。此外，2018 年 8 月工业和信息化部印发《推动企业上云实施指南（2018—2020 年）》[3]，

---

① 艾媒咨询.2019Q3中国在线直播行业发展专题研究报告[R/OL].(2019−11−22)[2022−4−6].https://www.iimedia.cn/c400/66897.html.

② 艾瑞咨询.2020年中国企业直播服务市场研究报告[R/OL].(2020−4−7)[2022−4−6].https://report.iresearch.cn/report/202004/355/.shtml.

③ 工业和信息化部.《推动企业上云实施指南（2018—2020年）》的通知[EB/OL].(2018−8−12)[2022−4−6].http://www.gov.cn/xinwen/2018−08/12/content_5313305.htm.

提出到 2020 年云计算在企业生产、经营、管理中的应用广泛普及，全国新增上云企业 100 万家。在技术和政策的双轮驱动下，我国云计算产业欣欣向荣，将有望推动企业整体信息化水平的提高，为企业直播的发展创造良好环境。

2. 需求侧突破受众难题：下沉市场，消费增长

下沉市场是指三线及以下城市县镇与农村地区的市场，其消费群体主要为三、四、五线城市以及农村乡镇的居民。城镇化进程的加快促使三、四线城市市场扩容，加速下沉市场的消费升级。[①] 城市统计公报显示，2017 年全国三线及以下城市常住人口占比 68.4%，具有巨大的消费潜力。[②] 2014—2019 年上半年，我国农村居民人均消费支出增速明显高于城镇居民（见图 1.2）。

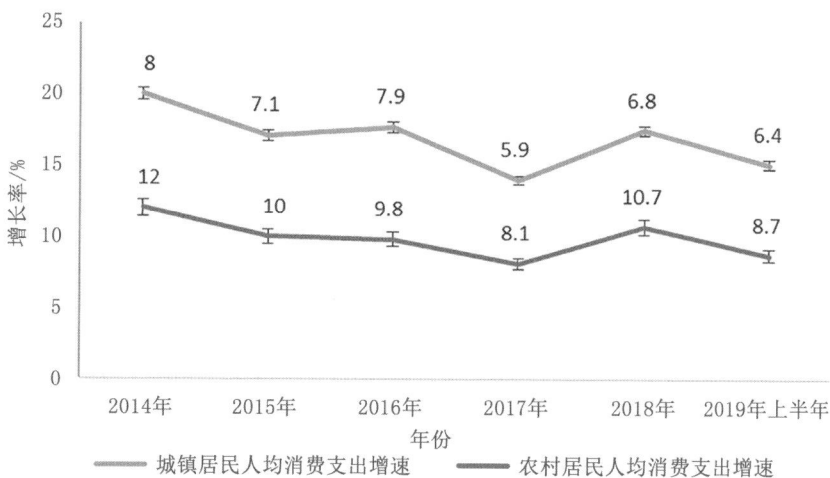

图 1.2 城乡居民人均消费增速 [③]

2018 年，三、四线城市的消费者信心指数明显增加，且高于一、二线城市，农村地区的信心指数增长尤为显著（见图 1.3）。相较于一、二线城市用户，

① 许英明.下沉市场将成为消费高速增长的主战场[N]. 中国经济时报,2019-8-9.

② 国家统计局.中华人民共和国2017年国民经济和社会发展统计公报[EB/OL].(2019-10-18)[2022-4-6].
http://www.stats.gov.cn/tjsj/zxfb/201802/t20180228_1585631.html.

③ 国家统计局.前三季度国民经济运行总体平稳 结构调整稳步推进[EB/OL].(2019-10-18)[2022-4-6].
http://www.stats.gov.cn/tjsj/zxfb/201910/t20191018_1703299.html.

三、四线城市用户的生活节奏较慢，生活压力较小。数字媒介的发展促使居民消费观念发生改变，居民更愿意选择线上消费，这为市场下沉、消费增长提供了支撑。淘榜单数据显示，淘宝直播在一、二线城市虽受欢迎，但在四线及以下城市的核心用户占比更高[1]；快手用户在西北和西南地区更具优势；抖音在三线及以下城市用户占比为52%。可见，下沉市场策略在直播电商面临一线城市流量增长困难时，具有更加重要的意义。

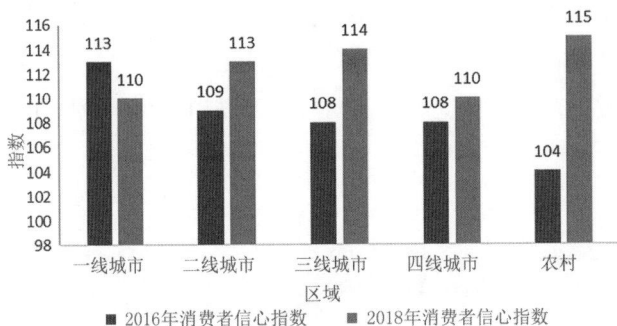

图 1.3　不同级别城市消费信心指数[2]

　　在此次新冠肺炎疫情影响下，企业通过在线直播解决了企业传统线下活动的诸多痛点。从成本角度看，大大降低了组织和人力成本；从活动效果看，突破了时间和空间的限制，相比线下有限的场地和固定的时间，线上直播只需要有一台智能手机，便可以随时传播、随地传播，从而快速实现影响范围的扩大。

3. 连接"内循环"，助力乡村振兴：直播消费助力精准扶贫

　　网络和智能设备等移动终端的普及，打破了地域、时间和信息等对传统销售渠道的限制。在传统电商重构时间制度与时间观念的基础之上，直播电商将现场交易的互动性、趣味性和真实性移植到网络市场，在降低消费不确定性的

① 淘榜单.2019年淘宝直播生态发展趋势报告[R/OL].(2019-4-22)[2022-4-6].https://wenku.so.com/d/e590c8294ec168b21b1fe69cb4041e75?src=www_rec.

② 产业信息网.2018年中国低线城市消费需求及消费能力分析[R/OL].(2019-5-9)[2022-5-19].https://www.chyxx.com/industry/201805/639059.html.

同时提升了受众消费体验，减少了消费者的购买时间和精力①，催生了直播扶贫这一新型电商模式的出现，有效缓解了城乡供需矛盾，减少了产品流通环节，让农村乡镇的优质产品可以直达消费者手中，促进了产品信息透明，增进了消费者与农村商户之间的信任，保证了产销的有效对接。在让城市居民获得优质产品的同时，增加了农民收入，实现了消费扶贫、精准扶贫。直播电商模式能够扶持当地农户打造特色农产品品牌形象，引导农产品向更优质、更安全的方向发展，促使农村地区农产品电商生态重塑、配套产业链转型等朝着纵深方向发展。农村电子商务成为解决我国"三农"问题的重要手段之一。

在振兴乡村与"互联网+"的背景下，农产品直播电商得到空前发展。如淘宝专门针对国家级贫困县开通了脱贫直播频道，帮助当地农民脱贫致富；快手开展了一系列乡村扶持计划，截至 2019 年 9 月已帮助超过 500 万户的国家级贫困县用户；部分贫困县通过"县长 + 网红 + 明星"的直播带货模式，在线销售当地特色农产品。2019 年中国电子商务大会公布的数据显示，目前电商扶贫已覆盖了全国 28 个省区市的 1016 个县，其中包括国家级贫困县 737 个，占全国贫困县总数的 88.6%。②

（三）未来预想：发展空间大

1. 打造直播平台良好生态

随着直播行业技术发展和产业边界扩大，直播平台需要开发出多元化的变现渠道和创新的商业模式。以游戏直播平台为例，游戏直播平台与游戏厂商进行联运：一方面直播平台凭借优势，为游戏提供强有力的分发渠道；另一方面也能让直播平台获得抽成。通过直播的营销优势日渐凸显，利用主播和内容的 IP 影响力，消费者边看边买，即时变现成为现实。经过前期的付费理念培养，会员数量、打赏力度都有了增长。线上线下打通延伸出的直播，更是直播平台发

---

① 李贤, 崔博俊. 国内经济大循环视角下的"电商直播"[J]. 思想战线, 2020, 46(6): 56–63.

② 科技生活圈. 电商精准扶贫, 助力产业升级：2019 中国电子商务大会电商扶贫论坛在京召开[EB/OL]. (2019–5–30)[2022–4–6].http://www.sohu.con/a/317503561.12015118/.

挥号召力、打入用户生活圈的定位陪伴工具,是实现平台与用户共同成长的可持续发展路径。

中国网络直播产业高集中度的市场结构,使得头部直播平台市场绩效相对较高,但大多数直播平台仍然处于水深火热之中,竞争十分激烈。并且,头部平台为了保持竞争优势,在技术手段、主播打造、内容生产、商业模式等方面需要不断创新。当前,要实现网络直播产业的持续发展,需要在产业布局、内容创制和版权保护三个方面优化组织结构与产业生态。

直播社交化、开放化、去低俗化发展。视频社交的方式因具有互动性、接近性、即时性、冲击性、不确定性等属性,用户参与度与黏着度较高。同时,直播软件依赖网络社交,因此社交化是其发展的必然趋势。直播平台的开放化特征,意味着其发展趋势必然不是"大而专"的单一场景平台,而是"大而全"的综合直播平台,通过开放和连接实现共赢,而非单纯或者主要依靠明星网红主播吸引流量。可以预见,对直播平台的监管将会日趋严格,直播平台将会逐步去低俗化,走出美女、暧昧经济的阴影。美女、暧昧经济之后对于互联网直播的价值挖掘,将向内容层面回归。[1]

2.结构化布局,一站式平台,国际化发展

加快直播产业布局,建立一站式平台生态。如今不管是出于平台企业自身发展的需要,还是出于满足直播用户的多元化需求,网络直播平台都将逐渐形成一站式、服务式的布局。品类扩充、跨界合作、创新多元的发展,使直播产业从秀场直播、游戏直播向泛娱乐直播,从垂直、小众向综合、大众的直播平台发展。以游戏直播为例,易观咨询发布的《中国游戏直播平台年度综合分析2019》显示,2018 年中国在线直播市场营收规模达到 376.5 亿元,在线直播用户规模达到 4.78 亿人。[2]市场前景广阔、利益丰厚的直播产业,促使平台选择将内容转向泛娱乐、一站式,打通上下游产业链,形成闭环生态,以此增强用

① 刘金松,田小军,曹建峰.直播时代:社交、网红和注意力的未来[EB/OL].(2016-1-8)[2022-4-6]. https://www.tisi.org/16294.

② 易观咨询.中国游戏直播平台年度综合分析2019[R/OL].(2019-4-26)[2022-4-6].https://www.analysys. cn/article/detail/20019304.

户黏度。游戏直播生态已经从简单的电竞直播延伸至上游的游戏、赛事、活动版权等以及下游的粉丝经济和周边衍生品，并形成闭环生态圈。

推进直播平台出海，增强跨文化传播实力。直播平台出海始于 2013 年，在 2016 年呈现井喷式增长。[①] 此类出海直播平台主要是一些以海外为主体市场的小型初创和秀场直播平台，但也不乏直播巨头布局海外。国内的直播平台市场存量已逼近天花板，而海外却有巨大的可待挖掘的市场空间。腾讯研究院截至 2017 年 6 月的数据显示，出海的目的地多为东南亚和西亚、北非地区。[②]

在"一带一路"的大背景以及资本的运作下，直播平台通过多种模式实现出海：（1）收购，如欢聚时代全资收购 BIGO LIVE；（2）组建当地工会，如小象直播在马来西亚组建和扶持本地工会；（3）直接落地，如 Uplive 在日本、中东国家进行市场扩张；（4）合并，如 MICO 与 Kitty Live 合并，又如国内直播行业的出海之路从欠发达地区逐渐突破，进军行业基础条件成熟的地区。面对海外的直播平台，如 Facebook Live、亚马逊 twitch、微软 Mixer、谷歌 YouTube Gaming，以及 Twitter 的 Periscope 等，如何在跨文化传播语境下拓展国际市场，将是中国直播平台面临的全新课题。

3. 平衡和化解技术、版权等矛盾

技术力量是直播盛行与发展的原动力与助推力。如何借助技术来推动直播产业发展，是网络直播行业的核心话题。海量的数据单靠人工鉴别显然不实际，虽然技术工具不免有漏洞，但却依然可以提供解决之道。政府监管部门要求直播平台先审后播，但以即时性为核心特点的直播如何适应要求实现平衡？即通过技术来审核直播内容，尽量做到即审即播。技术手段尤其要跟进对弹幕、表情包等的审核要求。通过技术实时筛选违规内容，发现问题及时阻断。大数据分析、LBS（基于位置的服务）、AR（增强现实）/VR（虚拟现实）/MR（混合现实）、语音识别等新兴技术不仅让直播实现了精准和高效的传播，而且技术带来的全

① 廖秉宜,索娜央金.中国网络直播产业市场结构、行为及绩效分析[J]. 新闻与写作, 2019(7): 48-53.

② 艾瑞咨询.2019年中国游戏直播行业研究报告[R/OL].(2019-7-15)[2022-4-6].http://report.iresearch.cn/report/201907/3414.shtml.

息场景和沉浸式体验，也让直播的相关服务功能的可感知度进一步增强。

版权问题是开展网络直播涉及最多的问题之一，其涉及多方主体。我国目前的网络直播平台监管相关法律规定中，并没有明确规定网络直播中的版权归属问题。网易控诉 YY《梦幻西游 2》、耀宇诉斗鱼 DOTA 直播等，都是关于网络直播行为的权利和归属的纷争。以往因为直播的商业价值没有被重视，没有相关的衍生产业价值，取证和维权过程长且艰难，而且直播可以提升游戏的知名度和下载量，因此对直播的归属权认定标准的制订没有被提上日程，但随着直播价值的提高，对于著作权和所属权的争夺会变得更加激烈。

目前，针对网络直播的著作权纷争，主要根据现行的《著作权法》处理，而《著作权法》规定的信息网络传播权并不能很好地解决现行的网络直播中涉及的多方权利界定问题。有线直播涉及的著作权没有得到明确的解释，对广播权和信息网络传播权的界定也不明确。游戏整体画面等被认为是类电影的作品，但截至目前，我国的《著作权法》中关于"电影和类电影"作品的定义和分类相对比较模糊。对于已成产业的直播来说，侵权行为的赔偿不确定，而且通常赔偿金额较违法收益来说较低且缺乏量化标准。因此当前亟须完善网络直播类作品知识产权保护的法律规定①。

附录

腾讯游戏关于直播行为规范化的公告

为了响应国家关于互联网治理的要求，加强践行社会主义核心价值观，提升腾讯所运营游戏之直播活动规范化水平，特发布此公告。本公告适用于所有基于腾讯所运营游戏组织、制作、发布直播内容的平台、机构和主播。

游戏内容与游戏直播内容存在天然的版权关联，作为直播行业及其衍生领域的内容提供者，腾讯承担其游戏内容合规运营责任的同时，也有责任推动基于腾讯游戏画面的直播内容和授权的规范化。

我们呼吁包括广大平台、机构、主播在内的直播全行业，自觉遵守国家法

---

① 廖秉宜,索娜央金.中国网络直播产业市场结构、行为及绩效分析[J].新闻与写作,2019(7):48-53.

律法规、政策要求，依法积极配合监管，恪守职业道德，自觉抵制不良行为。

我们倡导，直播全行业主动加强践行社会主义核心价值观，不断提升互联网泛娱乐新业态对社会文化繁荣发展的建设性作用。

在基于腾讯所运营游戏的直播中，严禁出现下列不良行为，包括但不限于：

1. 违反宪法确定的基本原则的；涉及国家政治、民族、宗教、地域等敏感话题的；

2. 宣传或发布违法信息、违反社会公德的信息，或不利于精神文明建设的信息，包括但不限于色情、赌博、邪教、恐怖主义等内容；

3. 通过任何方式、行为直接或间接损害腾讯游戏用户体验和腾讯游戏品牌；

4. 通过任何方式、行为冒充平台或腾讯游戏官方向其他用户散布或传播虚假信息；

5. 通过任何方式、行为散布或传播低俗、不雅信息；

6. 通过任何方式、行为散布或传播使用私服、木马、外挂、病毒、代练及此类信息；

7. 宣扬、鼓动现实世界内的血腥暴力行为；

8. 未经许可，侵犯他人隐私，泄露他人信息的；

9. 不遵守契约精神，合约期内无故单方面解约或与第三方签署影响合约正常履行的其他协议；

10. 侵害游戏厂商和内容创作者的著作权，通过任何方式损害内容创作者或版权方权益；

11. 通过任何方式或途径引起纷争，造成不良社会影响的；

12. 其他不符合法律规定、社会公德或游戏规则的言论或行为。

腾讯游戏将一如既往加强运营游戏的内容及其衍生领域规范化管理，我们将对违法违规行为坚决予以追责处罚。在此，也希望广大平台机构、主播积极响应上述要求，共同推动整个网络游戏直播产业的合规、健康、有序发展！

第二节　直播电商与电视购物的差异

2020 年受新冠肺炎疫情影响，教育直播等细分领域快速发展，整体在线直播用户规模达 5.87 亿人。在互联网发展的下半场，随着头部互联网平台的布局与垂直领域应用的发展，直播行业将迎来更加多元化的应用场景，潜在用户规模有继续扩大的趋势。2020 年中国直播电商市场规模达到 9610 亿元，比 2019 年增长 121.5%，增长势头迅猛。直播电商的火爆带动新型产业模式的兴起，重塑传统产业链。[①]

电视购物以商家营销内容为出发点，主题可以为商家品牌产品发布、商家商品介绍等，发展初期以电视媒体为主要播出平台，通过直播前预热、直播中互动以及直播后跟踪报道的形式，将多种媒体资源整合，强化宣传效果和影响力，实现电视媒体创新型广告模式。商业直播给予了电视媒体除插播录制广告外新的广告形式，这一形式结合了电话咨询，在一定程度上改变了电视单向传播的不足，也在一定程度上解决了消费者对产品的疑问，增加了消费者的信任度。

直播电商在电视购物与电子商务基础之上拓宽横向和纵向发展空间，优势涌现突出。本小节就互动性、亲民性、内容多元化三个维度，展开对直播电商与电视购物的讨论和分析。

一、互动性

电视是一种规制化的媒体，其内容审批严格，一些较为大胆的品牌传播创意很可能被"砍掉"。电视是一种单向性的传播形式，在直播过程中互动性小，观众相对是被动收看、被动接收信息，并不能与主播产生即时互动、对产品进行深度了解，而且相比于互联网营销，消费者难以深度参与品牌传播，品牌信

---

① 艾媒咨询.2020—2021中国在线直播行业年度研究报告[R/OL].(2021-3-17)[2022-4-6].https://www.iimedia.cn/c1020/77490.html.

息传播较难产生裂变，电视营销传播的成本相对较高。[①]

交互式网络视频直播系统的技术实现主要依赖四个子系统：（1）视频交互系统；（2）网络视频直播系统；（3）录像系统；（4）时移系统。其中视频交互系统支持字幕叠加、用户图像与直播内容叠加等功能，实现了互动的需求。

六度空间理论[②]认为，基于互联网技术的网络直播，创建了人与人广泛联系的虚拟社交场景。在这中间，存在着强弱关系的结合。存在于人与人之间的泛娱乐化社交关系，就是强关系；存在于直播平台的捆绑式商业关系，就是弱关系。从这个理论不难看出，直播电商就是在有需求的客户定位基础上，利用社群关系中网红主播意见领袖的粉丝群体效应，建立较强的用户信任感，从而形成用户沉淀并赋能电商转化。

实时性是直播所具有的传播特征。实时性是指，基于传播技术，直播实时传递信息，用户实时反馈信息。而且基于手机这种"带温度的媒体"，实时性不仅体现在时间上，更体现在空间上，无论身处何地，只要打开 App，主播即可直播，受众即可观看互动。

"场景五力"[③]中至关重要的一项就是社交媒体。在直播电商平台上，网络直播平台与其他社交媒体结合，使沟通变得便捷。基于共同兴趣、爱好、处境的人在新型社交关系中因为共同的偶像聚集在一起，形成虚拟社群，并共同分享信息，在互动过程中产生归属感与认同感，这有利于调动个人积极性和主观能动性。这种看似微弱的社交联系，其实就是传播学中"众多异质个体寻求有机同质"的典型。在某些时刻，这种社交关系会显露出巨大的凝聚力和价值。比如淘宝直播、红豆直播、蘑菇街直播、1688 直播等，都是在聚合私域流量的基础上，利用网红效应、社交群体的联动效应，提升直播消费的转化率。以美妆直播为例，在美狸美妆中，主播 YunuUnynN_ 在"双 11"期间与粉丝交流"双

---

① 何思延. 网络直播对品牌传播的影响研究[D].北京: 中央民族大学,2017.

② 六度空间理论指出，你和任何一个陌生人之间所间隔的人不会超过6个，也就是说，最多通过6个中间人你就能够认识任何一个陌生人。

③ 罗伯特·斯考伯和谢尔·伊斯雷尔在《即将到来的场景时代》一书中指出了与场景相关的五个技术要素：大数据、移动设备、社交媒体、传感器、定位系统。这五个要素又被统称为"场景五力"。

11"美妆购物指南和美妆心得，粉丝与之互相交流"双11"期间关于美妆的更多优惠信息。另外，粉丝通过直播中 YunuUnynN_ 分享的微博，随时关注动态，并且在直播后通过微博继续与 YunuUnynN_ 交流。

用户基于某些共同点聚合构成社交群体，主动地观看直播和用弹幕参与讨论，而且连接了微博、微信等社交媒体，使网络直播的信息既能实现点与面的传播，更能实现面与面的传播和面内的横向传播。[①]

二、亲民性

传统媒体的传播是一种制度化的传播，媒体的传播需要符合一定的政策规则。在传统广播电视直播中，主持人是经过层层把关、严密挑选的，而且要具有主持资格。主持人表达要字正腔圆，在信息传播中，必须遵循一定的编辑室规则，否则就会引起直播事故。并且，传统媒体直播中的主持人，不仅仅代表主持人自身，更体现一种组织形象，所以主持人的一言一行若不符合组织规则，损害组织形象，就极有可能会被替换，如湖北垄上频道《垄上行》栏目主持人崔建宾，因在直播中脱离原定稿件内容直播而被替换。

相对于传统媒体，网络直播中传播主体无筛选门槛，用户认可的容错率更高。直播的传播主体在直播平台上成为主播，只要个人有意愿参加，在直播平台进行相关登记后，即可进行网络直播。同时，由于移动互联网的发展和智能手机的普及，映客、花椒一类移动直播 App 带来了全民直播的概念。无论主播来自哪里，文化背景如何，都可在平台上一展才华。另外，直播中的主播更加凸显个人因素，个人魅力在很大程度上成为直播吸睛的条件，基于个人魅力的传播在直播平台上尤为重要。这一点是引起观众注意、增强观众黏性的基础。

因此，基于贴近生活的亲民性，伴随着在线直播行业逐渐规范化发展，用户信任度显著提高，用户参与度高，互动参与热情增强。

---

① 雷雪妍.媒介融合视域下,互联网电商直播实践与创新路径研究[J].中国广告,2021(3):80-84.

三、内容多元化

直播赋能，场景共情，品销合一，直播多元化＋渠道多样化，双重加码，共同打造直播内容多元化发展。直播带货成为零售落地的重要方式，电商平台探索直播带货的多种玩法，在"万物皆可播"的语境中，每个受众都能找到适合自己且喜欢的直播方式。

主播多元，内容吸引力强。以 2020 年"6·18"电商购物节为例，淘宝宣布虚拟偶像鼻祖"初音未来"正式入驻，开启虚拟主播带货新模式；李佳琦携手演员阚清子在淘宝直播间进行直播推介。据统计，2020 年淘宝"6·18"期间共邀请了 600 位总裁和 300 位明星登陆淘宝直播间。[①]演员李现、演员张若昀、联想总裁刘军、京东副总裁闫小兵则联手主持人王自健在京东"云卖货"。

形式多样，直播突破空间局限。京东曾把草莓音乐节搬进直播间，解锁云音乐节直播带货全新模式；京东入驻商家带消费者逛遍百个产业带的千厂万店，释放行业影响力；"云游"田间地头看源头好货，满足消费者更细化的需求。苏宁直播《大狮说车》涉猎海陆空如游艇、房车、飞机等全新领域。

平台多元，短视频平台、卫视平台角色重构。抖音、快手等短视频平台最初只是扮演电商导流工具角色，进军直播带货领域后，具有的流量红利使其角色重构；京东、天猫、苏宁等电子商务平台深度捆绑综艺和晚会，满足受众娱乐和购物的多重需求，同时为实现站内引流，促进品牌资产最大化构建基础。[②]

5G 时代技术赋能，滋生了内容多元、形式多样、受众体验感佳的直播，互联网的发展解构了"媒介把关"的作用。互联网的去中心化特性，激活了数量庞大的网民的表达欲望，以往被筛选掉的没有新闻价值的信息也可能在网上爆发。全民参与的网络直播更是把信息爆发推向新的高度。在此背景下的网络传播更需要"把关人"。"把关人"理论最早是由传播学者库尔特·卢因（Kurt Lewin）提

---

① 艾瑞咨询.数说6·18电商购物节报告：后疫情时代的首次狂欢[R/OL].(2020-7-5)[2022-4-6].https://www.iresearch.com.cn/Detail/report?id=3607&isfree=0.

② 艾瑞咨询.数说6·18电商购物节报告：后疫情时代的首次狂欢[R/OL].(2020-7-5)[2022-4-6].https://www.iresearch.com.cn/Detail/report?id=3607&isfree=0.

出的。他在《心理生态学》一书中提出了"渠道理论"以及把关人、门卡、把关过程等一系列概念。后来 D. 怀特把"把关人"理论引入大众传播领域，明确提出新闻传播筛选过程中的"把关"模式。他指出，社会上渠道有限，受众注意力有限，而产生的信息量是无限的，媒体应有一定的组织规则，记者在满足受众差异化需求的同时，必须遵循媒体规则，而不能有闻必录。[①]

第三节 直播电商的传播渠道与传播形式

网络直播自 2005 年兴起以来，历经了从媒介、内容到商业变现的演变过程。据艾媒咨询 2020 年数据，中国网络直播用户规模已达到 5.04 亿人。[②]伴随着行业发展以及非传媒企业入局，整个直播生态格局被重塑，网络直播内容、市场和机构出现逐步融合的现象。2019 年直播带货变现模式的兴起，以爆发式的用户增长率、高变现率和高流量转化率推动直播电商迅速壮大。2020 年新冠肺炎疫情扩散肆虐，逼迫多产业"云复工"，助推了直播电商的演进，加速了直播电商产品、市场和机构的深入融合。

"从媒介变迁史的角度，媒介融合不只是一种技术性描述，而更多是一种新的文化模式对我们日常工作和生活的强力渗透和影响，是一种新的文化养成……'媒介融合'所呈现出的是一种传统媒介与新媒介向同一轨道靠拢和并合的变化趋势，也是一种各类媒介的传统边界日益模糊的发展状态，是一个将以前所有媒介形态并入一个新的媒介生产系统中的'方程式'。"[③]直播网络是媒介融合的产物，而直播电商的出现，也使得传播形态、产品营销形态、内容的复合性拓展和媒介融合的进程不断加快。

在信息高度共享的媒介融合环境下，网络直播作为信息传播的基础性工具，

---

① 邵培仁.传播学（第3版）[M].北京: 高等教育出版社, 2015:131-133.

② 艾媒咨询.2019—2020年中国在线直播行业研究报告[R/OL].(2020-2-20)[2022-4-6]. https://www.ii-media.cn/c400/69017.html.

③ 邵鹏.媒介融合语境下的新闻生产[M].杭州: 浙江工商大学出版社, 2013: 8-9.

逐渐向传媒之外的行业拓展，并打破了原有的市场边界和结构，形成了以信息流为关联的直播产业链，产业结构和关联度"呈星状、网状发展"。可以说，直播电商呈现出一个从媒介融合到产业融合的演进过程。直播与各行业领域的融合正推动网络直播成为一种新的特殊经济形态。2019 年网红、明星直播带货兴起，高流量转化率推动直播电商成为直播产业最为重要的一环。2020 年在新冠肺炎疫情催化下，直播电商显示出强劲的生命力和渗透力，形成了新一轮社交传播的流量聚集和变现。[①] 本小节将围绕直播电商的传播特征、商业模式进行探讨，以助力各位读者更好地把握行业发展规律和趋势。

一、直播 + 综合性电商平台[②]

一直以来，线上购物都是国内消费增长的重要驱动力。以淘宝、京东、拼多多、唯品会、蘑菇街为代表的综合性电商平台，本身就拥有体量庞大的用户群和巨型流量入口。依托成熟完整的商品及服务体系，这些综合性电商平台在直播过程中更容易触发用户的消费行为。自 2016 年以来，这类综合性电商平台持续加码布局和投入直播电商。2016 年 3 月，蘑菇街布局自建直播电商小程序；4 月，淘宝紧随其后布局直播电商业务，淘宝天猫合并后，又推出内嵌直播功能的 App，满足了用户体验性消费的需求；另一综合性电商巨头京东也于 2016 年 9 月正式布局直播电商，2019 年年末新冠肺炎疫情暴发后，又推出针对商家和用户的"4+2"扶持政策。

---

① 雷雪妍.媒介融合视域下, 互联网电商直播实践与创新路径研究[J].中国广告,2021(3):80-84.

② 综合性电商平台是指为企业或个人提供网上交易洽谈的平台。企业电子商务平台是在互联网上进行商务活动的虚拟网络空间和保障商务顺利运营的管理环境，是协调并整合信息流、物质流、资金流，建立有序、关联、高效流动的重要场所。企业、商家可充分利用电子商务平台提供的网络基础设施、支付平台、安全平台、管理平台等共享资源有效地、低成本地开展自己的商业活动。

二、直播 + 垂直类社交平台 ①

致力于内容分享与传播的垂直类社交平台，拥有高黏性的精准用户，垂直化传播与直播技术的赋能，让这类电商平台的直播业务得以快速增长。作为国内最大的社交平台，早在 2014 年，微博就有意识地打造网红大 V，充分发挥意见领袖的引导作用。2019 年，微博与淘宝达成直播电商战略合作协议。无独有偶，同年小红书也推出互动直播功能，"种草"博主们开展互动分享的体验式直播进行带货，情感属性强烈的氛围促使受众消费。同时段，诞生了小红唇、波罗蜜等小众平台，它们在各自的垂直领域打造优质网红、营造真实现场购物体验，拓宽直播流量的变现渠道。

三、直播 + 短视频平台

2020 年，短视频成为传播新风潮后，被受众长期关注、获得群体赋权的网红获得了将粉丝流量快速转化为现实购买力的机会。同时哔哩哔哩（bilibili，以下简称 B 站）、抖音、快手等品牌短视频平台，大力布局电商业务，为电商主播提供不同的流量和运营支持。2018 年快手推出快手小店；2020 年推出新冠肺炎疫情直播专项现金补贴政策。2019 年，抖音推出精选好物，打通了与京东、淘宝等电商平台的购物链接通道；2020 年 2 月，抖音针对全国线下商家，推出"线上不打烊"活动，3 亿流量的直播扶持，加速了线下电商的线上迁移。

第四节　直播电商面临的机遇与挑战

网络直播是将物理上存在着距离的人和物联系起来，并利用网页技术和视频直播技术在虚拟现实平台上呈现，主要以主播来提供表演、展示，并与用户

---

① 垂直社交简单来说是对一群兴趣相投的人的交流方式的称呼，与一般网络社交相比，垂直社交中的广告和信息更有针对性，能满足用户某个方面的需求。垂直社交在电子商务领域具有一定商业价值。垂直社交平台即为垂直社交服务的社交平台。

之间实现互动，具有实时性、社交性、直观性、互动性的特点，具体分为秀场直播、游戏直播、泛娱乐直播等类型。近年来，网络直播产业呈现蓬勃发展势头，机遇与挑战并存，如何在挑战中把握机遇，在快速发展的信息社会如何抓住先机、实现平稳发展是本小节讨论的重点。

一、直播与短视频内容精品化

直播电商平台出现多年之后，开始遭遇流量紧缺的发展瓶颈，各大平台都在积极寻求变革创新以使其展现新活力，各大平台主要尝试电商内容化、内容社区化的发展模式。直播与短视频寻求变革创新，其内容横跨旅游、教育、美妆、美食等领域。近些年，以直播、短视频为代表的新媒体工具与平台层出不穷，成为广大消费者的娱乐首选，相关领域积聚了大量的流量，诞生了诸多网红，凝聚了无数粉丝。网络直播平台已成为我国网络文化的重要组成部分。与此同时，电子商务的竞争趋于白热化，赢利模式趋于稳定，亟待寻求新的增长模式，尤其对电子商务网站运营而言，越早利用直播、短视频等新媒体工具引流和变现，越能够实现运营的成功。

（一）知识类直播和短视频

知识类直播和短视频门槛和成本较低，吸引了大批创作者的加入。知识类直播和短视频内容针对性强、信息量大、实用价值高，受到用户的喜爱。同时，在创作过程中，知识类直播和短视频对创意构思、场景搭设以及拍摄技术和后期制作方面的要求相对简单。在营销推广过程中，受益于其内容丰富、包容度高和形式灵活，知识类直播和短视频能够取得较大的导流效果，便于品牌的构建。在直接面向广大消费者的过程中，知识类直播和短视频通过与其他类型的内容融合，能准确抓住消费者的消费心理和物质需求，从而实现变现。现代消费者的维权意识强，质量意识高，单一的产品推广难以打动消费者，借助直播和短视频，通过推广产品背后的相关知识，如产品的工艺生产流程、科技含量、品牌故事、创始人历程等，能够使消费者在了解相关产业的同时，提升对产品与产品品牌的认知度与认可度。换言之，知识类直播和短视频能够强化产品品牌的权威性，增强品牌价值的输出，加快消费者从产品信息认知到品牌认知最后到品牌认同的转化。

（二）产品类直播和短视频

产品类直播和短视频则是针对产品特性、功能、用法等进行的内容创作，是最为普通和常见的新媒体营销方式。结合客服部门收集到的用户反馈，借助 2 ~ 3 分钟的视频，甚至更短的视频，将产品制作工艺、流程、用法等通过视觉效果呈现在消费者面前，对用户形成强大的视觉冲击，以增强用户对产品的信任度。例如，李佳琦作为美妆产品博主，每分钟推介 1 ~ 3 款爆品，如口红、睫毛膏等，借助强大的名人效应，吸引了大批量的用户下单。同时有针对性地策划与用户关切的问题有关的专题，如使用方法等，借助直播和短视频进行科普，提高产品品牌的权威性，具有较大的影响力和收益。

（三）开箱测评类直播和短视频

开箱测评类直播和短视频则解决了用户无法亲自体验的痛点，以开箱达人为代表的知名人物或意见领袖，通过直播或短视频进行产品的开箱测试和评估，从而提高用户的沉浸度，实现产品变现转化。

（四）行业资讯类直播和短视频

随着移动互联网的兴起，人们处于信息大爆炸的时代，消费者不再满足于对单一产品的了解，有更多了解行业资讯和专业知识的需求。这一背景催生了以行业资讯为主要内容的直播和短视频。尤其是在时尚科技类行业，行业资讯能够帮助消费者获得更有价值、更加全面的知识和信息，从而为理性消费提供支撑。

二、技术推动直播与短视频发展

相较于电子商务网站以图文展示商品的形式，直播和短视频更具互动性也更加生动，消费者能因此获得极强的情景带入感和体验感。直播和短视频需要创作者发挥创意，创作出具有观赏性的内容，将商品广告植入其中，以此来汇聚流量，打动用户，激发用户的共鸣，引导用户下单消费，并借助网红等名人效应发挥引流作用。如何在直播平台中嵌入新技术，使软件与硬件齐步发展，提升直播性能，丰富互动形式，增加直播收益是一个新命题。

2015年后的秀场、游戏千播大战使得直播模式深入用户的娱乐生活，2018年后的直播电商使得直播模式深入用户的消费生活，2019年后巨头入局和居家办公日常化使得直播模式融入用户工作和生活的方方面面，因此，用户对于直播产品和服务的要求也不断提升，这给企业直播服务商带来新的挑战。在技术层面，企业直播服务商需要不断提高音视频处理技术，定制功能开发能力；在服务层面，为用户提供全生命周期解决方案和数据分析工具，帮助用户从前端获客向后端精细化运营转变，成功建立客户团队，及时反馈并解决客户问题。

三、直播和短视频与传统媒体深度融合

直播和短视频起源于2011年移动互联网技术的飞速发展，以秒拍、微视、快手和抖音为代表的直播、短视频平台如雨后春笋般出现，将直播移动短视频推向互联网历史发展的前台。在直播和短视频发展的前期，关系链的缺乏导致用户黏性不强，产品功能单一，发展受到局限。但大批企业、投资者和创造者的加入，推动了直播、短视频等新媒体形式的发展，并逐渐形成较大的市场规模，丰富了移动互联网时代的产品。2016年可被视为短视频内容创作的元年。创作者创作的内容更加多元化和多样化，展现形式更加丰富多彩，渠道融合性更加突出，接踵而至的则是电子商务对直播、短视频等新媒体工具的重视和运用。例如，京东商城在"发现频道"上新"短视频"和"直播"两个栏目，引入了PGC创作机构，随之带来的效应是销售额的几何级增长。由此可见，直播和短视频等新媒体工具的导购带货能力不容小觑。

结合电视综艺、卫视晚会等，实现直播和短视频与传统媒体的深度融合，在两者之间构建连接，互通联系，扩宽导流源，满足受众泛娱乐化需求，可以极大地提高社会和经济效益。

四、内容监管难度升级

直播具有专业性、商品性和娱乐性，直播电商野蛮生长的背后也暴露出主播素质良莠不齐、价格销量等数据造假、产品功能虚假、夸大宣传、三无产品频现与售后服务难以保障等网络商业监管的旧难题与直播电商情境中的新挑战，这让直播电商的有序发展与适度监管难度升级。

传统营销模式、线下直销模式和媒介直播模式是直播电商的主要来源（见图1.4）。互联网的发展建构起电子商务、微商、网络直播等新形式，共同催生了直播电商。随着直播电商的快速发展，这种新型营销模式的弊病也逐渐显现，直播带货的商品质量没保障、售后问题难以解决、直播平台数据频繁造假、主播虚假宣传等问题，不仅误导消费者，影响消费者的消费体验，也欺骗产品商家，损害商家的利益与信誉，更使得直播电商的营销模式难以形成良性循环，实现可持续发展。这种"带货"变"带祸"现象的频繁出现，反映出直播电商监管的不完善与不到位。

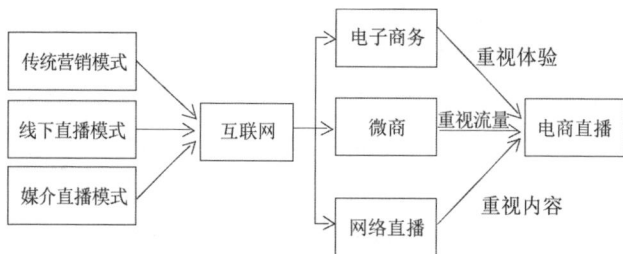

图 1.4　直播电商演进逻辑图 [①]

从需求端来看，直播电商的复杂性与多变性影响着政府监管职能的有效发挥。由于直播电商是"直播 +"的系列衍生物，因此直播带货不可避免地存在网络直播的固有弊病。从供给端来看，直播监管的立法不完善和执法不到位影响着政府监管职能的有效发挥。直播监管的立法不完善主要表现在两个方面：一是缺乏专门的互联网法律规定，二是缺乏相关的直播电商法律规定。直播

[①] 宋林霖,黄雅卓."变"与"常"：电商直播监管的问题检视与对策探寻[J].河南社会科学,2020,28(12):106－114.

监管的执法不到位主要体现在三个方面：一是商品的品质及售后存在问题，如"爆款"变"劣品""代购名品"变"山寨高仿"；二是数据存在造假问题，"刷单""买粉""刷评论"等成为行业潜规则；三是直播主体行为界定不清晰。

从品牌商来看，直播时要遵守商业诚信，不得通过黑色产业链购买"水军"等方式进行不正当竞争，要确保品牌产品的质量。

对直播平台来说，要加强自身信用体系建设，立足监管行为主体的定位，在行业、企业内建立健全、细化深化监管行为程序，将信用监管的制度功能与直播电商全过程监管、精准化监管、全方位监管的内在要求相契合，在企业内部及时调整完善监管体系，增强行业实力和竞争力，引入第三方监管机制，保障用户的知情权与选择权，不得采用虚构热度、氛围及成交量等方式诱导消费者购买产品或服务。

对平台主播来说，要杜绝购买粉丝、刷评论和为虚假劣质产品、服务代言的行为。

对监管部门来说，要进一步完善互联网法律规定，对侵犯消费者和经营者正当权益的黑色数据产业链要进行打击和处罚，加大对造假行为的监管和惩治力度。

五、品牌直播模型的未来趋势

世界经济论坛创始人兼执行主席克劳斯·施瓦布（Klaus Schwab）曾指出："新的商业模式出现，现有商业模式就会被颠覆，生产、消费、运输与交付体系就会被重塑。社会层面的一个范例是，我们的工作与沟通方式，以及我们自我表达、获取信息和娱乐的方式正在发生变化。"[①] 直播电商正是在此背景之下发展而来，发展前景广阔。现对直播电商发展做趋势判断如下。

（一）主播扶持力度加大，粉丝经济发展势头仍旧迅猛

整合平台资源，不断优化直播电商行业发展环境，推动网红经济向粉丝经

---

① 世界经济论坛.第四次工业革命早已在你身边[EB/OL].(2018-6-29)[2022-4-6].https://www.sohu.com/a/238415143_396568.

济发展。建议平台挖掘优质主播，培育主播孵化成长的完整生态圈，积极鼓励主播生产更多优质、差异化内容，增强新的主播影响力，进而实现主播反哺平台。同时，加大对垂直领域主播的扶持，形成稳定可靠的供应链。培养更多符合下沉市场消费定位的主播，继续利用三、四线城市人群长尾理论[①]拓展用户，建立粉丝与产品和主播之间的信任，增加用户黏性，提高用户变现效率。

（二）为发展农村电商新模式提供新保障

一是提供培训保障，鼓励直播电商平台与当地农民进行合作，打造草根网红主播，并对其进行直播技能培训，帮助农民商家掌握直播技能和营销方式。二是提供基础设施保障，加强农村乡镇地区物流基础设施和信息网络建设，降低农民主播直播销售门槛。三是提供资源保障，平台要为推广"网红＋县长＋明星"模式提供资源支持。

（三）整合产业链上下游共促发展

促使产业内供应链上的生产商与品牌商合作、下游主播与用户互动，深刻洞察用户需求，规划设计供货方案，提升产业链运行效率，促使上游的品牌商联合平台，与用户建立更加紧密的合作关系，实施由单次需求合作转向长期合作发展，促使下游主播在平台帮助下制作更优质的内容并最终形成版权，由主播中心化向电商平台中心化发展。通过产业链整合及重塑促进直播电商行业标准的形成，协调产业链各环节角色的分工，发挥供销全产业链的优势。

（四）探索 5G 环境下直播电商发展新模式

4G 通信技术的应用推动了直播电商模式的快速发展，但受速度和流量等因

---

① 长尾理论，英文名称 Long Tail Effect。"头"（head）和"尾"（tail）是两个统计学名词。正态曲线中间的突起部分叫"头"，两边相对平缓的部分叫"尾"。大多数的需求会集中在头部，这部分可以被称为流行；而分布在尾部的需求是个性化的、零散的和少量的需求。而这部分个性化的、零散的、少量的需求往往会在需求曲线上面形成一条长长的"尾巴"，而所谓长尾效应就在于，将所有非流行的市场累加起来就形成一个比流行市场还大的市场。

素制约，用户无法享受到更好的购物体验。5G 的出现能够使直播电商充分发挥优势。一是不断探索将高清直播、AR/VR/MR 和全息投影等技术应用到直播电商的路径，创新销售模式，为用户提供更优质、更真实的全场景和沉浸式体验，增强消费者购物时的参与感与互动感。二是加快 5G 技术下物联网的发展，提升仓储物流效率，重塑直播电商模式下人、货、场的整合互动关系。

伴随着阿里云、腾讯云等云生态和基础设施的不断完善，关键竞争要素已从技术层面转移至精细化服务层面。一方面头部企业经过多年深耕，积累了大量优质客户，行业竞争格局相对稳定。另一方面营销、教育、医疗、金融等垂直细分赛道众多，为新入局者提供了发展机会。综合来看，进入行业第二梯队及以上的企业年度营收均在数千万级别以上，在新冠肺炎疫情的影响下，业务均极度饱和；新冠肺炎疫情结束后的半年到一年时间将是关键时期，如何进行后续部署、抓住用户痛点、实现留存与付费转化将至关重要。[①]

思考题

1. 什么叫直播电商？

2. 秀场直播有哪些特征？

3. 秀场直播有哪些获利模式？

4. 如何正确理解游戏直播？

5. 网络直播产业的特点是什么？

6. 直播电商发展历程的启示是什么？

7. 应该如何规范直播电商的行为？

8. 请围绕"直播＋"展开商业想象。

9. 直播电商正面临哪些机遇与挑战？

---

① 艾瑞咨询.2020年中国企业直播服务市场研究报告[R/OL].(2020-4-7)[2022-4-6].https://report. iresearch.cn/report/202004/355/.shtml.

第二章　直播电商的运营与组织结构

直播电商作为数字时代的新兴产业形态，迸发着勃勃生机，其运营模式与组织架构也有着自身的特点。本章首先从产业链的角度出发，对直播电商上游供应端、中游平台端、下游需求端进行细致梳理，以期帮助读者了解支撑直播电商产业发展的供需关系和直播电商与不同行业的关联。其次，从直播电商中游的基本单元直播电商团队入手，详述直播电商团队的构成与分工。最后，总结直播电商前期的准备工作，证明只有做好充足的前期准备，才能顺利进行后期的直播工作。

第一节　直播电商的产业链解析

一方面，移动互联技术的发展使得视频直播与电子商务两个原本截然不同的行业出现了前所未有的融合，直播电商成为集合上游生产制造业、中游媒介内容产业和下游广大消费市场的新消费产业链综合体。另一方面，直播电商不仅在激活一个万亿级的新营销和消费市场，更使得网络消费行为兼具娱乐和社交的属性和功能，甚至直播电商产业正在依仗庞大的消费市场和细分化的消费群体，颠覆以生产制造业为主导的传统商业模式。

一、正确理解产业链与直播电商产业链

在产业经济学中，狭义的产业链是指由从原材料到终端产品的各个生产制造环节组成的完整链条，聚焦产品的生产制造环节。对于直播电商产业而言，其所涉及的产业链更多的是指广义的产业链，也就是在狭义的生产制造产业链基础上向上下游拓展延伸。这里所指的产业链，是以直播电商为中心对上下游产业进行的梳理和拓展，其本质是厘清支撑直播电商产业发展的供需关系和直播电商与不同行业之间的关联。我们通过挖掘价值链、企业链、供需链和空间链四个维度的内涵[1]，寻找直播电商产业发展的客观路径和规律，了解调控产业发展现状与趋势的"无形之手"，在宏观上掌握不同行业企业之间的结构关系与价值属性，从而为企业宏观战略决策提供理论支持，在微观上通过采集分析产业链不同环节的反馈信息为企业运营决策提供现实依据。

直播电商是以直播为渠道达成营销目的的电商形式，是数字化时代背景下直播与电商双向融合的产物。[2] 但是，从产业链角度来看，无论是新技术的应用与迭代，还是直播平台、MCN 机构的介入，都不能从根本上改变直播电商的核心与本质。直播电商依然是一个由"人""货""场"三大核心要素构成的商业体系，这与传统电商没有本质区别。具体来讲："人"——消费者；"货"——商品与服务，背后的提供者包括商家、品牌及供应链；"场"——平台构建的交易场所，包括交易场景及交易服务。传统电商，无论是最早期的 B2B（企业对企业），还是发展过程中不断涌现的 B2C（企业对消费者）、C2C（个人对个人）、O2O（线上线下）等，电商起到的最核心的作用从未改变，即搭建具有高信度的平台，连接供给侧与需求侧，最终达成交易。在实现这一基础作用的过程中，电商的商业体系包含三大核心要素，即"人""货""场"。

直播电商虽然在一定程度上正以直播为手段重构"人""货""场"三要素，但是其核心产业链依然是由"货"供应端、"场"平台端和"人"消费端

---

① 赵京文.电商直播发展态势及广电媒体应用建议[J].视听界,2020(4):9-14.

② 前瞻经济学人.2021年中国直播电商行业全景图谱[R/OL].(2021-6-2)[2022-4-6].https://baijiahao.baidu.com/s?id=1701417667113102605&wfr=spider&for=pc.

构成，并由此形成了直播电商产业链的上中下游，以及与传统电商相类似的"人""货""场"三要素齐备的商业模式，也就是"人"在"场"中与"货"匹配，并达成交易的模式。

二、产业链上游：供应端

直播电商的本质是"电商"，电商的核心是在以供应端为中心的物流、售后和支付等方面具有全方位需求的系统化领域。这是一整套的为供应端服务的网络基础设施。也就是说，从产业链角度看，直播电商和传统电商都是为供应端厂商、品牌商、经销商等上游行业企业提供服务的生态系统的一部分。

那么，直播电商主要适合服务哪些上游的供应端行业企业呢？虽然电商和直播电商当前覆盖的行业范围越来越广，几乎可以涵盖我们衣食住行的方方面面，但由于线上交易对于物流、支付和售后等方面不同层次的需求，电商服务的上游供应端品类并不平衡。从直播电商行业目前发展现状来看，上游供应端的主要品类包括服装、日用品、食品、美妆四大类。近年来，虽然直播电商已经在房地产、汽车、珠宝奢侈品领域拓展，但是这些消费品未必能够适应直播电商的行业特点。对于直播电商的消费者而言，主播和直播间的氛围成为影响消费的重要因素，而这种情绪调动下的"激情消费"模式，似乎更适合支付数额较小的快消品，它们普遍具有交易便捷、物流便利、售后也更容易通过线上物流系统得以保障的特点。因此，在消费模式上，快消品行业领域的厂商、供应商、经销商更乐于积极对接电商平台，为其提供货源，对接 MCN 机构或主播，确定直播内容方案，引入直播平台进行内容输出，最终引导消费者在电商平台实现变现转化。电商平台、直播平台、MCN 机构 / 主播为主要受益者，其收益一般来自按成交额的一定比例收取的佣金。

在整个直播电商产业链中，上游的厂商和品牌商担负着提供货源、提供产品物流和售后保障的作用，而经销商和原产地往往负责提供广告营销需求、制订直播内容方案等（见图 2.1）。在生产制造企业主导的模式中，直播电商和平台更多承担的是传统广告营销企业和媒体企业的职责，也就是服务上游生产制造企业，完成营销内容的产制、审核与播出，并通过最大限度地吸引目标受众，扩大产品和品牌影响力，达成销售任务。

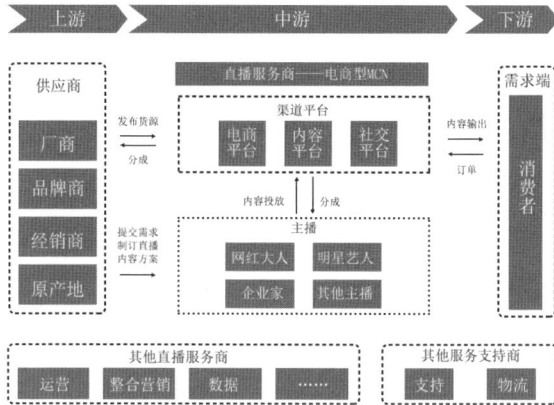

图 2.1　中国直播电商行业产业链示意图

（图片数据来源：前瞻产业研究院）

不容忽视的是，在政策支持和新冠肺炎疫情倒逼的双重作用下，互联网给传统产业的赋能无处不在，参与直播电商行业上游的企业类型不断增多，产品种类不断增加。整体来看，目前直播电商已经覆盖了全部行业。建立以国内大循环为主体、国内国际双循环相互促进的新发展格局这一政策，为直播电商行业发展提供了重要的政策支持和发展契机。在新冠肺炎疫情期间，以直播电商为代表的线上消费新模式对人们的消费潜力起着巨大激发作用，成为复工复产、驱动经济复苏的重要力量。尤其是在当下，直播电商快速发展已经使其成为提振地方经济和拉动消费的新增长点。如何拓展产业链上游，服务好更多不同类型的行业企业已经成为直播电商的重要使命和担当。

从目前直播电商行业对于不同产品品类的渗透率来看（见图 2.2）：服饰鞋包、美妆护肤是当前渗透率最高、发展最为成熟的品类；而生鲜、家电数码正在成为直播电商领域渗透率快速增长的领域；家居家装、图书音像、汽车、本地生活则成为直播电商行业未来发展的潜力所在。当然，行业发展也经历了一个先易后难的过程，物流、支付和售后相对简单的行业企业，更容易被直播电商行业所覆盖，而大宗商品作为区别于快消品的新品类，将成为直播电商行业持续快速健康发展的重要突破口。

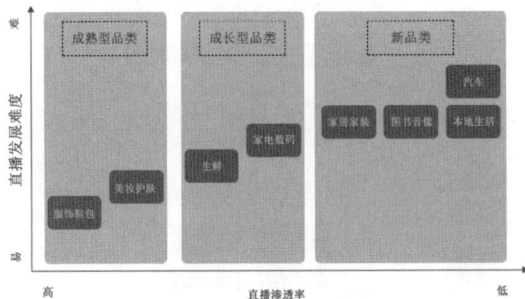

图 2.2　主要品类直播渗透率及直播发展难度

（图片数据来源：前瞻产业研究院）

三、产业链中游：平台端

直播电商产业链中游其实并不仅仅是平台，也包括了直播服务商、渠道平台（主要分为电商平台、内容平台、社交平台三类）以及主播和拍摄编辑团队（见图 2.3）。在该领域中，直播服务商主要有谦寻、美 ONE、宸帆等；电商平台主要包括京东、淘宝、拼多多、小红书、蘑菇街、唯品会、苏宁易购等；内容平台包括抖音、快手、B 站、虎牙等；社交平台主要包括微博、微信、QQ 等；主播则以李佳琦为代表。

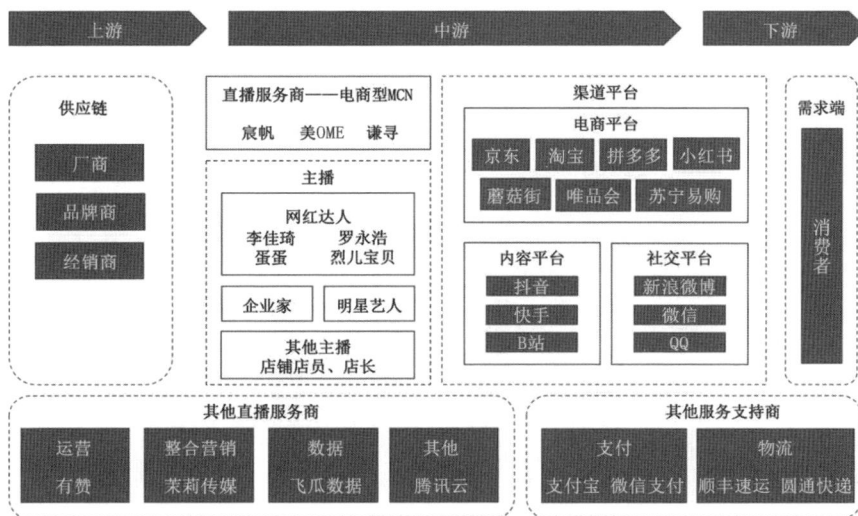

图 2.3　中国直播电商行业产业链生态图谱

（图片数据来源：前瞻产业研究院）

　　直播电商产业链中游的发展也是一个循序渐进的过程。2016 年被称为中国"直播元年"，300 多家网络直播平台在这一年如雨后春笋般诞生，直播用户数量也快速增长。[①] 而此次，遭遇流量瓶颈的电商平台也正在积极谋求变革，一种更具互动性、更加社区化和娱乐化的新消费模式正在酝酿之中，而直播平台恰恰成为创新消费模式最好的"试验田"。

　　随着直播行业的快速发展，越来越多的电商平台、内容平台、社交平台采用直播的形式推进自身的发展，直播电商的中游产业链基本成形，行业进入高速发展期。2018 年，头部短视频平台也开始加入直播电商行业，在用户习惯养成和商家的共同推动下，直播电商带货交易总额飞速增长，2019 年达 4168 亿元，并在 2020 年年初迎来爆发性增长。[②]

　　从产业链中游的直播平台的竞争格局来看，在活跃用户数据上，头部平台

① 　智研咨询.2020年中国直播电商行业市场规模预测：预计2020年行业总规模达到9610亿元[R/OL].(20220−5−24)[2022−4−6].https://www.chyxx.com/industry/202005/866453.html.

② 　前瞻经济学人.2021年中国直播电商行业全景图谱[R/OL].(2021−6−2)[2022−4−6].https://baijiahao.baidu.com/s?id=1701417667113102605&wfr=spider&for=pc.

淘宝、拼多多、抖音处于第一梯队（见图 2.4），MAU（月活跃用户数量）较高。

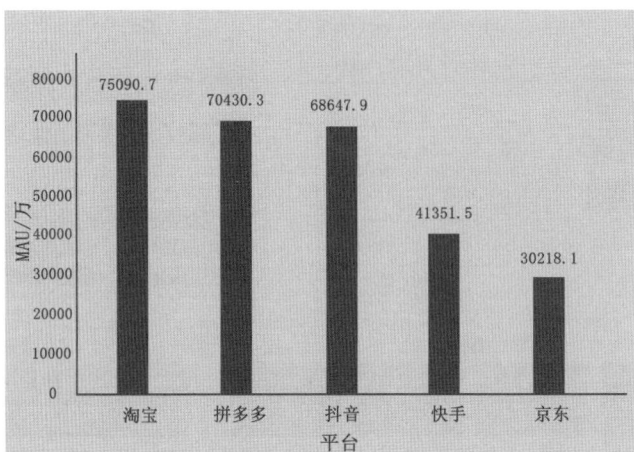

图 2.4　2021 年 5 月主要直播电商平台 MAU 对比

（图片数据来源：前瞻产业研究院）

2021 年各平台用户活跃度处于较高水平。以 2021 年 5 月为例：电商平台中，淘宝作为电商头部平台 MAU 稳居第一，达 75090.7 万，拼多多、京东 MAU 分别为 70430.3 万、30218.1 万；内容平台中，抖音 MAU 处于较高水平，达 68647.9 万，快手 MAU 为 41351.5 万。[①]

从市场不同平台的差异和平台占有率来看，淘宝、抖音、快手是我国直播电商行业主要平台，从用户数量、平台占有率上看，淘宝占有较大优势。中国消费者协会发布的《直播电商购物消费者满意度在线调查报告》调查数据显示，使用淘宝直播的消费者占比为 68.5%，经常使用淘宝直播的消费者占比为 46.3%，淘宝直播处于绝对领先优势；其次为抖音直播和快手直播，使用用户占比分别是 57.8% 和 41.0%，经常使用的忠实用户占比分别是 21.2% 和 15.3%（见

---

① 搜狐网.2021 年中国直播电商行业市场竞争格局分析 淘宝、抖音、快手三大平台竞争激烈[EB/OL].
(2021−6−22)[2022−5−27].https://www.sohu.com/a/475655124_473133.

图 2.5)。① 从市场成交额看,抖音 GMV(成交额)要高于其他两大平台。总体来看,淘宝、抖音、快手三大平台竞争激烈。②

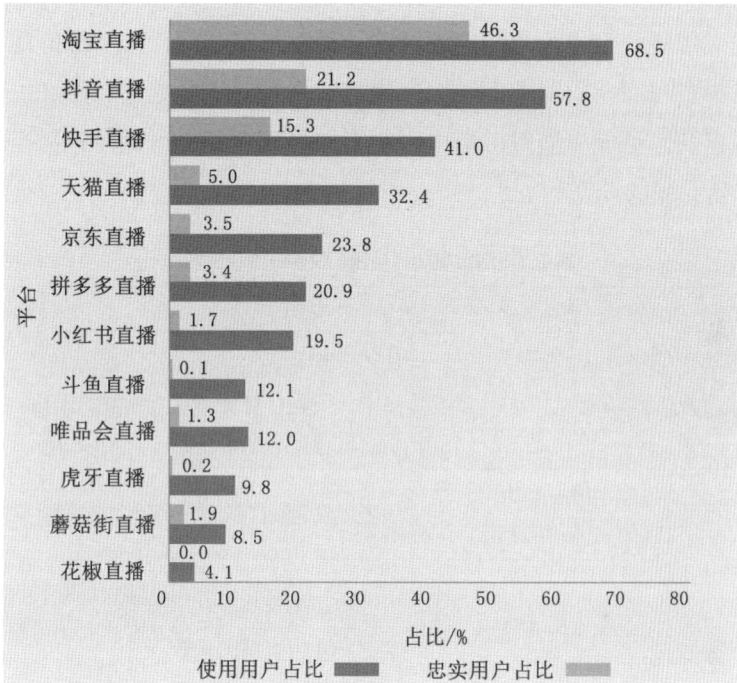

图 2.5　中国直播电商购物平台占有率

(图片数据来源:前瞻产业研究院)

　　同样是直播平台,淘宝、快手与抖音之间的竞争其实是有差异的(见表2.1)。淘宝直播因其电商身份而具有更强的商业性,同时也增加了电商与直播之间的融合度。而快手与抖音作为短视频社交媒体时代崛起的新生力量,社交与内容创作成为其吸引流量的核心竞争力,直播电商则成为其流量变现的重要

① 中国消费者协会.直播电商购物消费者满意度在线调查报告[R/OL].(2020-3-31)[2022-4-6].http://www.cca.org.cn/jmxf/detail/29533.html.

② 刘元臣,殷祥棕,宗琪,等.浅谈网络直播在粉丝经济时代下的营销策略及模式[J].大众投资指南,2019(4):70.

手段。因此，在直播电商的产品品类和带货模式上，淘宝、快手与抖音的差异十分明显，大量淘宝直播的参与者是电商平台中的卖家商户，也就是说上游生产制造企业直接参与直播，主动承担产业链中游的部分职能。而快手和抖音则以网红达人带货的模式为主，这种基于社交、情感联结，甚至价值观认同的销售模式在一定程度上颠覆了上游生产制造业企业的主导地位。网红主播不仅是带货的渠道商，更成为消费市场中影响力和号召力的中流砥柱，甚至成为孕育新产品和新品牌的"沃土"。

表2.1　淘宝直播、抖音、快手三大平台对比

平台	淘宝直播	快手	抖音
平台属性	电商	社交＋内容	社交＋内容
电商载体	站内成交	淘宝、天猫、有赞、京东、拼多多、快手小店	淘宝、天猫、京东、抖音小店
带货 KOL 属性	头部主播高度集中代表主播：李佳琦	代表主播：散打哥	代表主播：罗永浩
带货商品属性	淘宝体系内全品类，价格区间广	高性价比的白牌商品较多，产业带直播比重较大	美妆和服装百货占比高，商品价格集中在0~200 元，有一定知名度的品牌
带货模式	商家自播和达人导购模式	达人直播、打榜、连麦等	短视频＋直播
转化率	很高	较高	中等
客单价	低中高	中等	较低

（表格数据来源：前瞻产业研究院）

平台的不同属性造就了网红主播与达人们的角色差异。不过在互联网时代，网络空间的影响力与号召力无远弗届。网络空间的头部主播们成为产业链中一股可以与直播平台相抗衡的力量，他们跨平台拓展、全网带货，并日益成为直播电商行业最具决定性的力量。2021 年 1 月，新腕儿、果集数据联合发布《2020

年度直播带货之王榜单top50》，数据显示（见表2.2）薇娅、李佳琦两位主播带货超金额百亿元，分别带货386.88亿元、252.43亿元。[①] 排名第十的为快手主播猫妹妹，销售额为26.51亿元，与第一名薇娅相差约360亿元，可见头部主播体量差距较大。

表 2.2　2020 年度直播带货之王榜单 top10[②]

排名	平台	主播	销售量 / 万件	销售额 / 亿元
1	淘宝	薇娅	27140.07	386.88
2	淘宝	李佳琦	18726.97	252.43
3	快手	辛巴	8568.42	86.67
4	淘宝	雪梨	3250.91	66.80
5	快手	蛋蛋	5562.79	47.90
6	淘宝	烈儿宝贝	3075.91	40.78
7	快手	贺冬冬	1151.12	39.39
8	快手	散打哥	835.44	34.74
9	淘宝	陈洁	2334.74	30.48
10	快手	猫妹妹	6506.64	26.51

（表格数据来源：前瞻产业研究院）

从主播销售额集中度上看：2020 年，前三名主播销售总额达 725.98 亿元，占直播电商总规模的 5.90%；前五名主播销售总额达 840.68 亿元，占比达 6.84%；前十名主播销售总额达 1012.58 亿元，占比达 8.23%（见图 2.6）。[③]

[①] 网易.2020年度主播top50出炉，薇娅带货386亿，李佳琦252亿，罗永浩20亿[EB/OL].(2021-2-4)[2022-4-6].https://www.163.com/dy/article/G212AEDJ0531KHEM.html.

[②] 网易.2020年度主播top50出炉，薇娅带货386亿，李佳琦252亿，罗永浩20亿[EB/OL].(2021-2-4)[2022-4-6].https://www.163.com/dy/article/G212AEDJ0531KHEM.html.

[③] 前瞻经济学人.2021年中国直播电商行业全景图谱[R/OL].(2021-6-2)[2022-4-6].https://baijiahao.baidu.com/s?id=1701417667113102605&wfr=spider&for=pc.

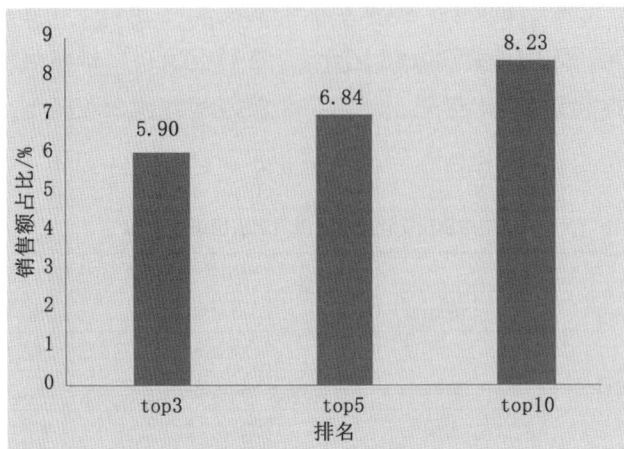

图 2.6 2020 年中国直播带货主播销售额占比

（数据来源：前瞻产业研究院）

Top50MCN 机构数据显示（见表 2.3），淘宝尽管主播数量最少，只有 11 人，但是无论从 MCN 机构年均 GMV 还是主播平均 GMV 来看，都远远高于其他直播平台。从年均 GMV 来看，淘宝 MCN 机构的年均 GMV 达 40.2 亿元，而小红书仅有 1211 万元；从主播平均 GMV 来看，淘宝主播平均 GMV 达 3.7 亿元，小红书尽管主播数最多，达 99 人，但主播平均 GMV 仅有 12.3 万元，远低于淘宝。[①]

表 2.3　2020 年中国直播电商 MCN 机构 top50 榜单

平台	项目			
	平均主播数	MCN 机构年均 GMV	主播平均 GMV	代表主播
淘宝	11	40.2 亿元	3.7 亿元	谦寻——薇娅
				美 ONE——李佳琦

① 前瞻经济学人.2021年中国直播电商行业全景图谱[R/OL].(2021-6-2)[2022-4-6].https://baijiahao. baidu.com/s?id=1701417667113102605&wfr=spider&for=pc.

平台	项目			
	平均主播数	MCN 机构年均 GMV	主播平均 GMV	代表主播
抖音	71	1.1 亿元	150.4 万元	泰洋川禾——陈赫
				聚匠生活馆——胡海泉
小红书	99	1211 万元	12.3 万元	摘星阁——Doubleiice
				仙梓文化——优咪 Yumi

作为直播电商产业链中重要的一环，MCN 机构的核心竞争力在于对网红的孵化、运营以及高质量供应链的打造。现阶段，头部 MCN 机构都开始把加强供应链能力作为重要发展方向，其主要有三种不同的打造方式。方式一：孵化自有品牌。成功孵化自有品牌可以建立较强壁垒，规模化培养主播，并弱化对于单一头部主播的依赖，代表机构有美 ONE、如涵、宸帆。方式二：组建高配供应链团队。头部主播组建专业的电商运营、售前售后、仓储管理，甚至物流配送团队，保证服务质量，加强履约能力，代表机构有美 ONE、谦寻。方式三：自建供应链基地 / 平台。如此能够提高产品供应商与主播之间的沟通效率，对渠道资源与主播资源双向赋能，代表机构有谦寻、辛有志严选。

四、产业链下游：消费端

作为产业链下游的消费端，直播电商用户的消费习惯正在加速养成，用户和市场规模都在快速增长。中国互联网络信息中心从第 45 次《中国互联网络发展状况统计报告》开始披露中国直播电商用户规模。在新冠肺炎疫情期间，用户线上消费习惯加速养成，直播电商已经成为一种广泛受到用户喜爱的新兴购物方式。2021 年 2 月，中国互联网络信息中心发布第 47 次《中国互联网络发展状况统计报告》，根据报告：截至 2020 年 3 月，我国直播电商用户规模为 2.65 亿人，增长迅速；截至 2021 年 12 月，我国直播电商用户规模达 3.88 亿人，占网民整体的 39.2%。[①]

在下游消费市场，年轻女性为我国直播电商产品消费主力军。淘宝、抖音超六成用户为女性。从用户性别比例上看，女性群体是我国直播电商下单用户的主力军，占比达 53.8%，男性下单用户占比达 46.2%。从我国三大直播电商平台下单用户性别比例上看，淘宝与抖音女性用户占比超 60%，快手主要用户群体以男性为主，女性用户群体占比仅为 41.7%。[②]

从下游消费市场的用户年龄结构来看，中青年用户为直播电商的主要消费群体。相比快手、淘宝，抖音的用户更加年轻化，直播电商观看用户多为 95 后及 00 后人群。

在消费市场的空间分布上，直播电商的消费市场趋于下沉，越来越多的用户来自三线及以下城市。具体来看，淘宝直播下单主要用户分布在三线及以下城市，其次为新一线城市，占比分别为 44.9%、25.8%；抖音下单主要用户分布在三线及以下城市，其次为新一线城市，占比分别为 46.3%、23.7%；快手下单主要用户分布在三线及以下城市，其次为二线城市，占比分别为 54.1%、22.0%。[③]

不少研究认为，直播电商的消费者受到冲动性消费、从众性消费和物质占有欲等非理性心理影响较大。因此，直播电商表面上是在技术推动下的营销传播效果的一场革命，互动式营销推动电商平台不断在线上进行实时互动，加上产品的店铺链接及优惠券、红包随手可点，消费者由此拥有了边看边买、边玩边买的娱乐性购买体验，而实质上直播电商背后商业模式变迁、传播手段和效果变革，展现的是对于消费者心理需求和细微变化的精准把握。

---

① 中国互联网络信息中心.第47次《中国互联网络发展状况统计报告》[R/OL].(2021-2-3)[2022-4-6]. http://www.gov.cn/xinwen/2021-02/03/content_5584518.htm.

② 前瞻经济学人.2021年中国直播电商行业全景图谱[R/OL].(2021-6-2)[2022-4-6].https://baijiahao. baidu.com/s?id=1701417667113102605&wfr=spider&for=pc.

③ 前瞻经济学人.2021年中国直播电商行业全景图谱[R/OL].(2021-6-2)[2022-4-6].https://baijiahao. baidu.com/s?id=1701417667113102605&wfr=spider&for=pc.

第二节　直播电商团队架构

直播电商团队作为整个产业链中游的基本单元，其运营与组织架构是整个直播电商行业中不可或缺的一环。可以说在没有 MCN 机构和供应链时，直播电商的发展源头就是由一个个零散个体组成的直播团队。虽然，直播电商行业发展迅猛，MCN 机构与平台都开始深度介入直播电商领域，但是小团队却越来越难以生存，很多个人主播因为自身实力和运营问题都开始向平台和 MCN 机构靠拢，寻求合作机会。成熟的直播团队能够助力自身团队的运营与架构，但直播团队彼此间的竞争依然残酷。作为从业者，如果自身不了解直播电商团队的运营与组织架构，不了解团队中不同岗位之间的分工与职责，将在未来行业的淘汰赛中处于劣势。

一、直播电商活动的流程

一场规范的直播电商活动需要经历策划、筹备、开播以及后期复盘四个主要步骤。

（一）策划

这主要是根据自身资源条件和平台特点及资源配置情况，有针对性地策划和设计直播的主题和内容等。直播电商的直播活动主要涉及主播的定位和产品选择，以及赢利模式等。

（二）筹备

这主要是根据策划方案、选品、主题和内容，明确开播时段、流量和流量的来源、直播推广、实施计划等事项，还包括开播前的海报制作、营销推广、流量引入、产品样品、物流准备和内外协调等工作。

（三）开播

主播要按照计划时间、节目流程开播，要注意调节开播节奏、调动粉丝情绪，并积极进行互动。场控则负责开播前的软硬件设备调试和在直播的时候协调直播人员，注意直播间信息反馈，直播活动的组织协调和互动，不让不相关的人或事物进入镜头，以及解决直播现场出现的各种各样的问题等。

（四）后期复盘

每场直播过后，直播团队需要对直播活动的流程进行梳理，对直播数据和人员进行分析、评测，对前期方案的执行程度展开评估、分析，对直播期间的用户反馈进行总结，以便在后期的直播电商活动中进一步完善。

二、直播团队架构

要在直播电商的行业竞争中掌握优势和主动权，尤其要实现长期可持续的发展，就需要有一支专业的团队，展开高效的团队协作。一般而言，根据直播电商在直播前期中期后期的运作流程，还可以根据内容将具体工作分解为产品运营、活动策划、内容编导、主播和场控五部分（见表2.4）。

表 2.4　直播电商流程与职能划分

步骤	环节	内容
1	产品运营	营销任务分解、货品组成、品类规划、结构规划、陈列规划、直播间数据运营
2	活动策划	商品权益活动、直播间权重活动、粉丝分层活动、排位赛机制活动、流量资源策划
3	内容编导	商品脚本、活动脚本、销售套路脚本、关注话术脚本、封面场景策划、下单角标设计、化妆服饰道具等
4	主播	熟悉商品脚本、熟悉活动脚本、做好复盘、总结话术、总结节奏、总结情绪声音
5	场控	直播设备调试、直播软件调试、保障直播视觉效果、发券表演等配合、后台回复等配合、数据即时登记反馈

一般而言，一个初级的直播电商团队，需要由运营和主播两人积极配合。运营这一角色尤为关键，需要完成包括营销、运营、策划、商务、场控和技术保障在内的绝大部分工作。而主播除了要能说会道、长相漂亮、富有亲和力，还要具有专业知识、文化素养和个人风格，因此在完成每天的直播任务之外，还需要不断学习、总结经验，提升直播水平。

当然，更专业的团队可能会根据需要对运营和场控工作进行整合，并独立设置策划、拍摄、剪辑等岗位，适当增加主播人数，实现直播的轮班制，还要防止人员流失，随时应对突发情况。一流的专业团队，甚至可以根据需要对五个步骤环节，进行独立的人员配置，这样做不仅可以使责任明确到人，而且相对独立的工作职责也能够使团队成员发挥自己的优势，将工作做专做深。同时，还可以根据直播电商团队业务开展的不同阶段，适当增加人员配置，并以主播人数增加为标准提高运营、策划和场控的人力配置（见表2.5）。

在宁波亮剑互娱影视文化有限公司（以下简称亮剑互娱）中，一般的直播团队基本上由组长、主播、副播、运营、短视频运营等角色组成。不过，亮剑互娱旗下典型直播电商团队——太平鸟直播团队的组织架构更为完善，太平鸟直播间作为全国服饰自播排名第一的直播间，相较于普通直播间多了服装搭配师、中控、场控、投手等角色，直播间的总体运营模式也更为完整。因此合适的高效的组织架构，无疑可以为直播间赢得更多发展的可能和机会。

表2.5 不同配置的直播电商团队架构一览表

岗位	初级	基础	进阶	高级	顶级
运营／个	1	0	0	0	1
策划／个	1	1	0	0	2
编导／个	1	1	0	1	3
场控／个	1	1	1	1	4
主播／个	2	2	1	2	4

三、团队人员职责

团队各部门（人员）的相关职责如下。

（一）运营团队

运营团队负责商品运营和活动运营两部分工作：商品运营方面主要负责商品的提供、挖掘产品卖点、产品知识培训、商品的优化，侧重于对接上游生产企业需求，为直播电商团队拓展业务来源，为主播提供相关企业和商品信息；活动运营方面则主要负责搜集活动信息、进行活动策划与活动执行，侧重于对接中游平台机构和下游消费者需求，通过广泛的市场调研，展开活动的规划与策划工作，保证活动拥有较高的吸引力和正流量。

（二）策划团队

策划团队主要负责直播电商的方案策划、流程设计和执行工作，其工作职责主要有制订直播的策划方案、按直播策划方案执行直播活动，以及协调直播团队和其他部门的工作。

直播电商的策划和执行可以从直播目的、直播计划和直播实施三个方面入手：直播目的包括通过直播引流、塑造品牌形象；直播计划包括直播形式、直播场次、直播时间和主题的选择；直播实施包括预热阶段的引流和导流，主要是为了吸引更多的观众，并完成观众向消费者的转化。

（三）场控团队

场控团队的主要职责是负责把控直播现场、执行直播方案，在运营和直播之间进行协调。具体职责有调试电脑、手机、摄像头等直播设备，调试包括OBS、直播伴侣在内的直播软件，控制中台，监测直播实时数据以及传达直播通知、福利等信息。

（四）主播团队

主播是直播的直接执行人，是直播活动中的核心，在一定程度上决定产品能否在直播间畅销。

主播这一角色贯穿直播的整个环节，是直播过程中关键性的存在。在直播前期，主播需要深刻把握直播活动的脚本内容、节奏、产品特性，同时要了解直播的要点信息、直接及间接的粉丝福利。在直播的中期，主播要积极与用户互动，活跃直播间气氛，在引导新粉关注的同时维护老粉丝忠诚度，并且要时刻注意自己在镜头前的表现。中期环节作为直播过程的关键环节，主播主要要做好产品的介绍、展示和营销工作，以期获得较好的直播成绩。在直播后期，主播需要负责直播结束后的复盘和维护工作。譬如，在粉丝群定期发布主播信息、宣传海报、粉丝福利（小礼品、优惠券）等，以维护粉丝关系。主播还需要注重产品宣传、营销和展示，收集粉丝的反馈信息，积极地解决粉丝提出的问题，以增强和维护粉丝群体的信任。同时，还要多了解粉丝群体的需求、喜好，增加与粉丝群体的互动，通过关系的维护促进交易的达成。

一般有一定实力的直播电商团队会给主播搭配副播、助理等相应岗位。副播负责协助主播直播、与主播进行配合、说明直播间规则。助理负责配合直播间所有的现场工作，包括灯光设备调试、商品摆放等。助理更多起辅助性作用，协助主播开展直播，参与策划直播的内容，在各大平台发布直播预告，有时也会在直播间充当副播的角色，与粉丝进行互动并进行引导。

四、直播电商工作的日常流程

直播电商工作的日常流程在不同公司可能会有所不同，但在总体上大同小异，此处以某一家为例进行分析、说明。

（一）每日工作流程

14点至14点半，获取一次店铺相关的活动、资源、节奏信息。

15点前，上报前一天直播数据，更新并在客户群内分享3天前直播数据，更新并封锁 7 天前直播数据。

15 点半前，提报次日（或次日后的下一场）直播的审批单。

16 点前，发布次日（或次日后的下一场）直播预售，并上好链接，在钉钉群内公示同步。

17 点前，审定主播次日（或次日后的下一场）直播的大专题和小主题。

17 点半至 18 点，获取一次店铺相关的活动、资源、节奏信息。

（二）跟进事项

客户交办的临时事项。

上级领导交办的临时事项。

周报、月报中提出的问题。

（三）播前准备

开播 2 小时前，检查直播间卫生和产品陈列，并于钉钉提报检查结果及完善后的结果。

开播 1 小时前，检查电脑垃圾文件，有无恶评软件，更换当日所需的结算信息及公告文本。

开播 1 小时前，检查主播是否正常到岗，并跟踪解决。

开播 30 分钟前，检查主播是否熟悉当日流量构成、直播目标、活动机制、产品机制、权益、规则等。

开播 15 分钟前，检查是否都做好样品准备、推流准备。

（四）播中控制

约定开播点，检查主播是否执行推流，推流画面、声音是否正常。

开播 5 分钟内，监控主播是否能够迅速进入状态并执行计划，如有问题，快速解决。

开播 10~15 分钟，检查直播是否进入直播精选，预估当日直播流量，若预估值低于计划值，则第一时间实施应急流量机制。

开播 30 分钟内，跟踪同时在线人数和互动情况，超过计划值时，点击粉丝推送。全程监控主播的仪表仪态、表达状态、讲解互动、引导宣传、行为举止，发现问题要第一时间矫正，情节严重的调拨其他主播顶班。

（五）每周工作流程

每周三前，完成上一周周报并在群内分享。

每周五前，分析和总结当周形势和经验教训，调整下一周任务、计划、周期、运营细节。

每周至少组织一次主播见面会，根据当前工作需要总结过去，探索下一步工作主题、计划、路径和内容等。

（六）每月工作流程

每月 26 日前，完成下一个自然月的任务、计划、周期、运营节奏制定，在钉钉报批，审核通过后同步至客户沟通群，并组织相关主播进行会议学习。

每月 5 日至 7 日，完成上一个自然月的复盘报告，并根据复盘结论，调整当月任务、计划、排期、运营节奏。

根据品牌需要及业务进展，组织项目成员与客户的沟通会。

根据团队需要，组织对主播的直播基础能力、专业能力、品牌与产品知识能力的培训。

（七）季度工作流程

每季度第一个月的 20 日前，完成上一季度的总结报告。

每季度至少对直播间进行 6 次包装优化，至少对直播间进行 2 次布景优化。

（八）年度工作要点

每年度第一个月的 20 日前，完成上一年度的总结报告。

第三节 直播前的工作准备

直播前需要周密安排和精心策划，如果期待主播完全依靠临场发挥，那么直播"翻车"的可能性将大大增加。对于日趋专业化的直播电商行业而言，直播的前期工作准备必不可少，它主要包括直播目标策划、内容策划、直播间流量获取、直播间直播选品、直播间设备准备、直播脚本准备等工作。

一、直播目标策划

直播策划需要考虑各方面的因素，譬如：开播的目标是什么？什么时间开播观众更多？一个主播能够控场多长时间？直播多长时间不至于让观众感觉疲惫？主播的人设能够吸引哪些观众？又有哪些产品能够符合这些观众的需要？要回答这些复杂的问题，需要进行细致的调研分析，并有针对性地进行规划。

网络直播与电视节目在内容创作上存在着很强的共通点。电视节目需要思考我们以什么样的内容吸引哪些受众，而这些受众又有着怎样的收视习惯。直播也需要思考同样的问题，也就是直播以什么样的内容吸引受众，怎么把内容传播给受众，即直播的内容策划与流量获取。

二、直播内容策划

在探讨直播内容的策划前，首先要明确内容策划的三点原则：全局性、协调性与独立性。全局性原则是指内容策划不能凭一己好恶，而要依据整体进行全方位思考，对其中出现的问题需要进行有效的解决。协调性原则是指策划需要协调团队多部门、不同维度的利益诉求。独立性原则意味着做直播内容策划时既要进行全方位的考虑和多维度的协调平衡，又要形成自身长期稳定的特色与优势，从而更好地为整体系统提供服务。

在具体的内容策划上，可以依据以下几个基本点展开。

（一）围绕特定主题门类

直播内容策划必须紧紧围绕主题，它涉及账号的定位、主播的人设，也涉及上游和下游市场的现实需求。因此，根据主题选择一个适合自己的角色定位和有广泛市场前景的内容方向，进行长期的可持续的内容输出，可以不断积累各种资源，进而打造账号的垂直度和主播的专业性。

（二）围绕重要时间节点

围绕每年的重要节假日、重要活动展开内容策划，是直播电商也是传统媒体在内容策划上的一贯策略。譬如，情人节、中秋节、国庆节、"双 11"，这些时间节点是受众时间相对充裕、消费积极性普遍高涨的时间段，当然也是直播电商比拼最激烈的焦点时刻。因此，可以针对每年固定的重要时间节点提前做好内容策划。

（三）围绕焦点、热点事件

直播内容策划可以围绕社会焦点、热点事件进行思考，现在流行的说法叫"蹭热点""蹭流量"。传统媒体则将其称为对焦点、热点事件的持续追踪。焦点和热点事件受众的关注度高，直播电商如果能够与焦点热点事件顺势进行对接，形成完美结合，无疑对服务上游的产品营销和拓展下游的消费市场有着极大的推动意义。

（四）围绕受众反馈需求

关注受众反馈和受众需求是传统媒体内容策划中的优秀经验。虽然受众反馈相对较少，且反馈延时较长，但传统媒体对于受众的反馈和需求却极为重视，往往会通过市场调查等方法获知受众的需求和喜好，然后积极调整内容以迎合受众需求。如今，在直播过程中，获取受众的反馈信息较传统媒体更为迅捷和便利，信息本身也较为直观。

一般来说，直播电商团队搜集反馈信息的办法主要有以下两种。一是可以积极采集分析同类型直播领域的受众的需求，这些需求信息可以为内容策划指明方向、提供启示。二是团队也可以直接在受众粉丝群体中通过点赞、评论、下单等信息寻求反馈，还可以在直播中通过主客互动、网友交流或主播直接提出诉求等形成获知反馈。比如主播直接对观众说："各位直播间的朋友们，下次你们想要看什么样的内容呢，可以在公屏上打出来或者私信我哦！"然后，根据粉丝反馈的热度高低进行一系列的内容策划。

三、直播间流量获取

直播需要做宣传和预告，做好宣传和预告的意义就在于可以吸引更多潜在的用户来看直播。直播预告可以在微博、微信等多种渠道进行。譬如，罗永浩直播卖货之前，就在微博上进行了多天直播预热，使其直播在开始前就已经积累了大量的人气。在直播间流量获取上，可以从公域流量、私域流量和站外流量三个方面展开。

（一）获取公域流量

公域流量指公共的流量，不属于自有资源，是网络营销推广所追求的流量。不过公域流量因其公共性而受到了平台的限制。因此，在追求公域流量过程中，必须合理、合法、合情，稍有不慎便会受到平台限制甚至被封号。获取公域流量主要是指通过符合官方和平台的规则所要求的方式，运用直播封面和标题（特价限量秒、限时抢、满减优惠、抽奖、发红包等方面）吸引受众，这类似于大街上开店的店招和门面，将直接影响曝光点击率，像在百度贴吧、抖音吸引到的流量都属于公域流量。另外，巧妙运用系统算法规则，提升直播权重可以获得更多推荐位和展现机会，也会因此获得更多的公域流量。

数据显示，罗永浩每次直播约有40%的直播间观众来自公域的流量。[①]吸引公域流量的主要方式，就是在直播标签、封面和标题上进行直播预热。

---

① 青瓜传媒. 直播流量获取秘籍[EB/OL].(2020-7-27)[2022-4-6].http://www.opp2.com/206137.html.

1. 直播标签

这是指各个直播间在发预告时需要对直播内容进行标签化处理，每个标签都对应细化的小流量池。但是很多运营往往会按照常规大分类去选择标签，事实上这样会导致直播内容无法进行精准分发，最佳做法其实是按照具体的直播细节去选择标签。例如，美食类直播，可以根据直播的具体内容细化到"中餐"或是"西餐"，这样细小的标签产生的直播效果可能会比"美食"这个大标签产生的效果要好得多。除此之外，还需注意标签的变化，不同时间标签下的流量池也会发生变化，因此标签的选择并非一劳永逸，而应该顺势而变、因事而变。对于头部主播们来说，"每日上新"可能是一个比较稳定的标签，但是对于大部分中腰部主播来说，每个月至少要重新调研一下该月什么标签最热门。

2. 直播封面

直播封面的设计也在很大程度上直接影响内容和流量的吸引力。在预告、预热乃至开播环节，运用得当的封面图往往会达到很好的引流效果。封面图设计的最大要点就是特色鲜明，在这个信息爆炸的社会，只有真正具有特色的内容，才能吸引用户的点击。

3. 直播标题

这是吸引流量的又一方式，用户的第一眼往往很重要，标题其实跟封面图在设计上是一个思路，重点就是新颖，有视觉冲击力，并且要能清楚反映直播的主题，一个独特而简明的标题能吸引不少的流量。

（二）获取私域流量

私域流量，简单地说就是自有流量，QQ、微信、微信公众号上的粉丝都属于私域流量。如果某段时间的直播间流量极其不稳定，那么极有可能就是因为私域流量比较少，全靠大盘流量在支撑，那么在大盘流量不景气的时候，直播间的流量自然就会跌得比较厉害。说白了，要培养并维护一批忠实粉丝，在抖音或是快手这类短视频平台，不断产出垂直内容是培育私域流量的绝佳方式。拿罗永浩来说，他的直播频率为一周一次，除去直播的日子，平时罗永浩也会不断发表短视频内容积累粉丝，其中有些短视频内容虽然是软广告，但是经过团队的精心设计，依旧能收获大量粉丝与"路人"的点赞，长此以往，私域粉丝会变得更加忠实，"路人"也将逐渐转化为粉丝。还有一些主播会通过建立粉丝群的方式维护私域流量，日常不直播的时候，会通过在群内与粉丝进行沟通或交流以达到活跃粉丝加深关系的目的。

（三）获取站外流量

提前在直播后台生产预告及链接，可以自行在直播前半小时以及直播过程中进行分发，吸引更多流量，让一场直播发挥更大的价值。获取站外流量的大小，会影响站内直播频道的实时排名。

四、直播间直播选品

直播电商能否成功，如何选品至关重要。有观点认为，直播电商"七分看选品，三分靠播品"，合适的选品是直播电商成功的重要支撑。从直播电商的产业链环节来看，选品事实上是产业链中游与产业链上游的对接，上游的供应链才是直播电商产业的核心，并不是所有的产品都适合直播电商，也不是所有的直播电商都适合经营相同的产品。不同的产品需要寻找适合自己的主播，而不同的主播也需要根据自身的形象定位选择适合自己的产品。这样才能保证直播不"翻车"。

（一）直播间选品步骤

直播电商的选品需要有清晰的逻辑和充分的调研。那么应该如何准确地为直播电商进行选品呢？从流程来看，可以通过提升产品本身、塑造主播人设和明确市场定位三个步骤来完成。

1. 提升产品本身

并不是所有的产品都适合直播电商的销售模式，选品需要以市场调研数据为基础，切忌盲目尝试。在直播电商行业，服饰鞋包、餐饮食品、日用百货、美妆个护四大品类最受欢迎，而数码家电与家居家装等大型产品，由于产品具有一定的特殊性，并非十分适合直播形式。选品意味着对于细分行业和赛道的选择，也意味着直播电商团队的发展潜力和上升空间，对选品要格外谨慎。

2. 塑造主播人设

在现实的直播电商场景中，能够卖服装的主播未必能够卖得动彩妆，能够带货彩妆的主播未必能够卖数码产品，卖得动数码产品的主播也不一定能带货箱包鞋具。主播的人设对于直播电商选品至关重要，就像在大多数人的印象中，李佳琦擅长带货彩妆、罗永浩更适合销售数码产品，而一些知识分享类主播则很难突破卖课程、卖会员的瓶颈。所以，一定要根据主播的自身条件和知识储备进行选品，主播"翻车"往往不是因为主播的人气流量或者直播效果，更多的是选品出问题所导致的。

3. 明确市场定位

直播电商的市场定位为选品提供了更为清晰明确的指向，短视频平台因用户的广泛性，其直播主要针对下沉市场。譬如，在抖音，直播电商45%的商品价位处于49~110元，今日头条则有45%的商品价格位于79~199元，成熟的直播带货模式可以带动更多亲民低价商品的热销。[①] 因此，选品需要注意产品的价格定位，可以根据直播电商行业的整体价格定位进行有针对性的选品。（见图2.7）。

---

① 前瞻经济学人.2021年中国直播电商行业全景图谱[R/OL].(2021-6-2)[2022-4-6].https://baijiahao.baidu.com/s?id=1701417667113102605&wfr=spider&for=pc.

服饰鞋包	日用百货	餐饮食品	家居家装	护肤美容
T恤 59~148元	管道疏通剂 30~69元	扇贝 59~99元	增压花洒 35~72元	面膜 69~158元
连衣裙 99~258元	收纳箱 36~99元	桃 35~120元	增压水龙头 29~82元	精华 88~299元
休闲鞋 99~298元	抹布 18~49元	芒果 25~57元	防水补漏胶 32~88元	香水 36~99元
休闲裤 79~189元	不粘钩 26~33元	龙虾尾 75~119元	床单 60~270元	牙膏 30~85元
内裤 69~99元	垃圾袋 17~49元	饼干 20~69元	凉席 69~169元	眼霜 89~259元
短袖 65~151元	置物架 30~96元	牛排 37~180元	打火机 48~128元	美白淡斑霜 79~159元

图2-7 2020 年 7 月电商各个重点品类热销单品及重点定价区盘点

（图片数据来源：App Growing 自营电商版）

（二）直播间选品策略

根据以上分析可以将直播电商的选品策略总结为以下几点。

1.选择符合主播特色标签的货品

短视频作者开播时可以选择与以往作品内容相关的产品，产品与作品相关性越高往往能得到越好的直播效果。选择与主播个人标签相呼应的产品也是选品的一大策略，如体育达人可以卖运动产品，主播的专业性可以让消费者对其荐品拥有更大兴趣。

2.差异化选品，覆盖不同需求

合理的选品结构可参考"秒杀引流款＋大众化潜力爆款＋高客单价限量稀缺款"这一口诀，选择不同价位的商品，以覆盖不同层级消费群体的需求，选品的多样性能够最大限度满足用户的个性化需求。

3.高客单价商品充分利用赠品和低价刺激

对于决策周期长、客单价高的商品来说，更具吸引力和实用性的赠品将为消费者带来额外的购买动力。

（三）直播间的爆款选品

在商品销售中，销量很高甚至供不应求的商品被称为爆款。产品前期的挑选和推广是决定产品能否成为爆款的关键因素。挑选一个好的产品往往是直播成功的开端。

爆款产品有三个核心点。

其一，流量。爆款可以为直播电商吸引更多的流量，从而有效地将流量转化为成交量。同时，爆款的流量和交易量往往成为支撑直播电商持续良性发展的动力和基础。

其二，从众。商品买的人越多自然越是好的商品，因此跟随大家行事应该没错，这是消费者的一个基本的判断逻辑。相信很多人都会选择一些人气很旺，很多人买过且评价不错的商品。同时一个爆款产品的成功，可能会在推高直播电商人气的同时形成一种晕轮效应，也就是"光环效应"，消费者觉得主播推荐的其他商品也会有相应的质量和性价比，从而延续此前的从众判断，购买主播推荐的其他产品。

其三，质量。不管是爆款产品还是一般产品，质量是其核心，商品本身才是销售活动的主体。要有好的商品，才会提高性价比，吸引更多顾客，从而打造出更多的爆款。

抓住这三点，直播电商就有可能通过推出爆款产品形成一系列的连锁式销售反应，使得直播销售额呈几何级快速增长。

在爆款的选品策略上，有以下三点经验可以参考。

1. 产品猎奇性

如果产品足够猎奇，而且外观独特、使用广泛，最重要的是大部分用户都能够轻松消费，就很容易成为爆品，毕竟直播下沉市场的用户占比最高。

2. 针对需求

想让用户购买你的产品，产品一定得满足用户的需求，可以是功能性强、可以是能够带来不一样的体验等，如此才能让用户有强烈的购买欲望。

3.快销产品

直播带货过程中日用百货及男装女装所占的比例是最大的，二者加起来占到了 81.51%，可见，快消品是非常热销的品类，因此选择一些快消品也就比较容易推出爆品。

五、直播间设备准备

"工欲善其事，必先利其器。"直播电商看似门槛不高，但随着行业竞争日趋激烈，软硬件设备也日趋高端化和专业化。

（一）直播间必备设备

1.手机／电脑

目前，直播电商团队的主流设备是手机，手机是当前最受欢迎、最方便，也是最节省预算的直播设备。如果缺乏漂亮直播外景或新手主播预算不足，那么一般都是采用手机进行现场直播。但是，手机的型号、配置不同，也会直接影响直播呈现的效果。在重视手机性能的同时，也要注意手机摄像头的色彩还原度、直播流畅度和稳定性，以及手机的声音效果。部分直播团队会倾向于选择有 3.5mm 音频接口的手机（见图 2.8），因为声卡直播接口大部分是 3.5mm 的，这样可以省去转接线路的步骤，也避免多转接带来的音损。

图 2.8　3.5 mm 音频接口手机

　　另外，选择手机直播时，最好准备至少两台手机，并且在两台手机上同时登录直播账号，其中一台作为备用。考虑到手机直播电池的续航能力问题，在进行直播前可以进行直播测试，衡量直播应用的耗电量，以确保直播不会因为手机的续航能力不足而中断。

　　部分专业直播电商团队则更倾向于选择专业的高清摄像头进行直播，因为该类摄像头本身具有美颜效果，更有微调自动曝光等功能，也能够更好地展示产品的细节。对与之搭配的电脑虽然没有太高的硬件配置要求，但最好是最新款的，而且台式电脑一般会比笔记本电脑具有更高的稳定性。

2. 麦克风

　　为了提升音质，麦克风也是直播电商的必备设备之一。麦克风在音频设备中主要起到收音和放大声音信号的作用，对于经常在室内直播的主播团队可以选择灵敏度高的电容麦克风，而多做室外直播的主播团队则需要选择具有更强抗噪能力的动圈麦克风。

　　部分专业的数字电容麦克风可以通过麦克风底部的 USB Type-C 接口连接手机、电脑、平板等移动设备，从而为直播提供更为清晰、细腻的声音品质（见图 2.9 ）。

图 2.9　具有 USB Type-C 接口的麦克风产品

3. 手机支架

当主播使用手机直播时，可以利用手机支架来支撑话筒和手机。如此不仅可以对其进行角度调节，还可以将之固定在一些物体表面，形成类似跟拍的拍摄效果（见图 2.10）。另有部分多功能手机支架不仅可以实现多机位同时直播，还集成了补光灯功能，方便一些低预算的直播团队迅速起步。

图 2.10　多功能直播手机支架

（二）直播辅助工具

1. 美颜补光灯

美颜补光灯可以在保证直播间光线充足的同时，使主播形象呈现出更好的状态，主播在直播时可以选择支架加上大光圈环形补光灯。

2. 棚拍补光灯

对于直播电商团队而言，直播间灯光的作用非常重要，是除了镜头外，直接决定画质高清与否的第二大因素。棚拍补光灯主要是用来给商品补光，让商品在展示时能更加清晰地展示出细节和特点。不过对于不同的货物，补光灯的配置和打光的方位都有讲究（见图 2.11）。

图 2.11　落地补光灯（左）和桌面补光灯（右）

3.声卡

主播想要活跃直播间的气氛，可以使用声卡。声卡可以用来播放音乐、声效等，使得手机直播的内容更加饱满、观众的想象更加丰富。考虑到直播电商单场直播活动的时长，有时需要一个张弛有度的直播氛围，尤其是在促单环节，如果没有气氛音效植入，难免少了点抢购氛围。选购声卡时需要注意其功能是否能够满足主播人数（见图 2.12）、手机电脑双平台直播以及电量续航和直播主题等方面的要求。

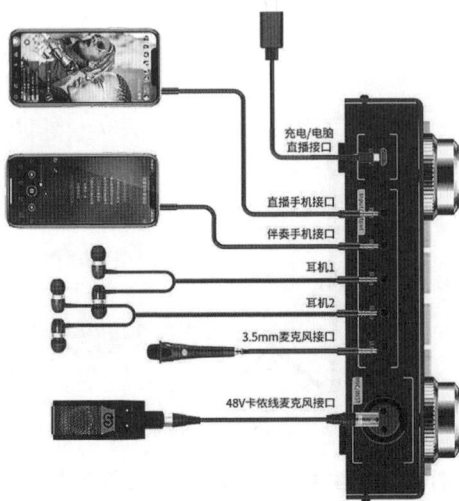

图 2.12　支持双人直播的调音台声卡

4. 提词器

因为直播本身具有实时性，因此提词器对于直播频率高、直播内容丰富的主播而言是必不可少的装备，如若没有，主播容易"卡壳"或遗漏关键信息。提词器显示的内容可以包括产品名称、构成成分、使用人群、优惠活动、抽奖规则、后续活动信息等各种台词。

对于一些预算较少的直播电商团队，简单的主播手卡和白板也可以起到提词器的作用，编导或助理可以根据直播计划提前准备好卡片信息，根据直播进度不断翻页提示主播。预算充足的团队可以用专业的提词器或将大屏幕电视作为提词器。

以上是直播电商团队必备的直播工具和一些辅助工具。但是，随着直播电商向着更加专业化的方向发展，越来越多的直播团队开始购买专业的单反相机和高清摄影器材作为自己的直播设备。亮剑互娱作为国内领先的电商 IP 孵化平台，直播设备十分齐全，主要有索尼高清相机、环形灯、柔光灯箱、补光灯、顶灯、中控电脑、场控电脑、漫步者音箱、麦克风、备用电源，以及经常变换的场景或背景，拥有超强性能的直播设备可以为直播观众带去更好的观看体验。

六、直播脚本准备

（一）什么是直播脚本？

脚本是指使用一种特定的描述性语言，依据一定的格式编写的可执行的文件。在戏剧影视行业，脚本指戏剧表演、电影电视拍摄等所依据的底本。

在直播行业，脚本不仅为直播的内容也为直播的流程进行了大致的设计和规划，有的甚至要对直播的时间、场景、商品展示和主播角色设计、台词、动作、情绪的变化等进行细致的刻画和规范，从而确保直播能够朝着预设的方向和效果有序推进。

直播脚本可以分为整场直播脚本和单品直播脚本两类。整场直播脚本以整场直播为单位，对直播流程与内容进行设计和规范。单品直播脚本以单个商品为单位，对单品进行解说，突出商品的功能、特色和卖点，也可以被理解成"宝贝讲解"。

（二）直播脚本的重要性

在直播过程中，不少电商团队表示，直播主播十分容易受现场粉丝的评论和行为影响，直播节奏也会时常跟着粉丝的言行走。因此，许多时候一场直播结束后往往无法达到期望的效果，甚至在粉丝的带动下脱离了店铺需求，完全忘记了直播的真正目的。而在直播脚本的编写过程中可以预先设想直播过程中的各种情况，有效预防直播过程中出现的各种问题，确保直播任务的顺利完成，实现直播目标。可见，直播脚本在直播过程中无疑具有举足轻重的作用。

其一，确定直播主题。脚本确定了本场直播的主题和目标，整个直播流程和事项就更加有明确的重点、核心，也更有方向感，不容易跑偏跑乱。

其二，引导直播内容。由于脚本对直播中主播角色、台词、动作、表情、情绪和商品及其展示等提前进行了设计、刻画和规范，就可以避免发生忘词、忘产品介绍、忘情绪控制等情况，从而保证本场直播能够有条不紊地进行。

其三，调控直播节奏。优秀的脚本会对整场直播的内容、流程和节奏进行把控，在什么时间、空间该做什么会有明确说明，甚至把产品收割放在哪个时段进行等都会有所预设，整场直播会比较高效，节奏会比较紧凑，粉丝的黏性也会比较高。

其四，规范直播流程。脚本可以帮助直播团队避免一些突发情况发生。脚本对直播流程要进行严格规范，一般不允许临时插入同主题、商品和目标不相关的人、事、物，要保证预先充分考量直播的时间、空间、利益点以及直播人员的安排。

其五，预想直播后效。优秀的脚本的设计和写作不仅要充分考虑直播现场的传播和营销效果，而且需要考虑直播之后可能产生的长尾理论，即直播后的"生态链"——对各项资源的综合利用，从而实现直播效益的最大化。

（三）整场直播脚本的要素

直播脚本有着自己的模式，并非可以随心撰写，一个完整的好的直播脚本主要包括以下几个要素。

其一，明确的直播主题。主题是直播脚本的灵魂，是直播活动中所要表现的中心思想。主题是一个直播脚本必不可少的部分，整场直播若失去主题就意味着失去了行动的指南。因此，任何一场直播在直播前的脚本中都应该明确主题。

其二，明确的店铺需求。直播脚本需要明确店铺在一场直播中的目的和需求是什么。是在某个阶段结束回馈粉丝，是需要及时推出某个商品或服务，还是在某个重要时间节点进行大规模商品促销？需要根据不同的直播需求进行有针对性的直播脚本设计和写作。

其三，明确的直播受众。受众是直播电商的劝说对象，既是直播信息的终端，又是商品消费的终端。因此，必须在直播前对可能的受众或消费者的数量、特征、消费偏好等做好调研，明确粉丝画像，从而做到有的放矢，实现直播的精准推送，达到最好的直播效果。

其四，合适的直播预算。预则立，不预则废。做好预算也是确保成功的一个关键因素。不同的直播，商家的直播预算也会有所不同，有的出手大方，有的锱铢必较。但是如何用最低的预算获得最佳的直播效果，应该是每一个直播商家在设计直播脚本时需要重点考虑的问题。

其五，合适的直播节奏。一场受欢迎的直播，其直播节奏必然有快有慢、转换自如，拥有合适的直播节奏就意味着直播成功了一半。脚本可以提醒主播在直播间要有主场感，要牢牢掌控直播的主动权和控制权，不让粉丝带节奏。

以亮剑互娱旗下太平鸟直播间为例，主播跟运营人员在开播前商量好用手势和特定的话术来提醒主播，卖得不错时可以"卡"一波库存，提示再讲解一遍才开价，从而提高销量。有时会把运营人员当作加库存的老师，现场互动加库存提升粉丝热情度，当主播说到特定的词语时，运营人员能够做到集体烘托氛围，这就很好地把握了整个直播间的节奏。

（四）单品直播脚本的要素

单品直播脚本，即针对单个商品的直播脚本，产品卖点和主播互动内容是其关键要素。对产品卖点需要结合消费者、竞争对手、产品三个方面因素进行提炼，我们可以称之为产品卖点提炼三原则。

以服装直播为例，主播解说商品应该从服装的尺码、面料、颜色、板型以及搭配等角度进行切入；同时在整个直播过程中，还需与粉丝不断进行互动，积极回复粉丝的提问，诸如"身高165厘米，体重46千克穿什么码合适""衣服起球吗"此类的问题；有时还要适当与同类服装进行比较。因此，在单品直播脚本的设计和撰写时应充分考虑这些要素，从而保证直播过程的顺利有序进行以及直播目标的成功实现。

（五）直播间预热策略

在直播电商中，不少主播本身就积聚了大量人气，在直播时备受关注。当然这样的主播是少数，更多的主播人气平平。那么对于这些主播而言，进行直播间的预热就必不可少，充分的预热能够有效提升直播间的热度，从而获得较高的流量。利用直播文案预热是直播间预热的一大策略，一个有趣的文案往往能够吸引大众的注意力。当然，直播文案预热也分多种类型，包括个人简介文案预热、站外文案直播宣传预热，不少直播电商还采用视频植入的方式进行预热，等等。以下是一些具体的直播预热方式。

1. 个人简介文案预热

在直播前，更新个人简介信息，包括昵称和简介。例如：可以在昵称中提示"今晚 5 点完美日记专场"；也可以以文案的形式提醒用户直播时间，比如"每周三、四直播间定时'宠粉'"。简介是观众了解直播最简单明了的方式。

2. 站外文案直播宣传预热

例如，在微博、微信、小红书等第三方平台进行直播预热是不少主播选择的方式。李佳琦等知名主播经常会在微博进行直播预热宣传，在提前告知粉丝直播时间的同时预告直播产品。李佳琦曾在微博账号中发布直播预热文案："濛主 @ 王濛 来咯"。利用明星的知名度作为直播间卖点，吸引大量粉丝涌入直播间。因此直播电商在发布直播预热文案时，不妨大方展示自身亮点，以此吸引更多用户。

3. 短视频预热直播

开播前发布短视频预热，是主播最基本的直播预热动作。可以多发几个预热短视频，在视频中告知观众包括粉丝开播时间和内容，引导用户进入直播间。

4. 纯直播预告

发布这类直播预告视频主要是为了让粉丝知道开播时间，直接真人出镜告诉粉丝开播时间和内容即可。不过，对于陌生观众而言，如果直播预热视频没有令人动心的地方的话，依然很难吸引他们。因此，不妨在视频中放入"诱饵"，这个"诱饵"诱惑性一定要大，这样才能勾起用户的好奇心。例如，直播间将在直播过程中进行抽奖，奖品是手机、护肤品等，有了这样的"诱饵"，就十分容易吸引未关注直播间的粉丝进入。

5. 视频植入预告

直播植入预告类似于广告植入，就是在日常发布视频时植入直播预告，让用户在不知不觉中就记住直播间名称及直播时间和内容。但是，想要让用户定点进入直播间，预告一定要有吸引力，最好在视频最后定格直播预告海报，直观地告诉用户开播时间和内容。

6. 拍直播片段视频

这种方法类似于花絮，就像很多电影放映前会给出一些小花絮，让观众对成片感兴趣。拍直播片段发短视频也是一样。如果在上一场直播中就下一场中的好玩的事情，截取画面发布短视频，就可以为下一场直播造势引流。

7. 付费预热

除了自然导流到直播间，还可以通过短信、付费平台为直播间导流。

8. 其他直播预热方式

（1）开启同城定位。开启同城定位能够吸引更多同城粉丝进入直播间。

（2）定期直播。就算前期直播时观看人数不多，也尽量坚持每天直播或者每周直播3~4次，这样做的目的在于提升直播权重，获得平台对直播间的流量推荐。

（3）设计好看的封面和标题。好看的直播封面和有吸引力的标题能够吸引更多人进入直播间。

（4）分享直播二维码。开播时，将直播间二维码分享给粉丝和好友，并鼓励他们进行二次转发，为直播间吸引更多人气。

思考题

1. 如何正确理解产业链与直播电商产业链?

2. 直播电商主要适合服务哪些上游行业和企业?

3. 何谓网红主播?如何正确看待网红主播的带货能力?

4. 如何正确认识直播电商用户的消费习惯?

5. 直播电商活动的主要流程和步骤有哪些?

6. 主播需要具备哪些素质和能力?

7. 如何准备直播的前期工作?

8. 决定产品能否成为爆款的关键因素有哪些?

9. 选择爆款商品的策略和经验主要有哪些?

10. 直播脚本的重要性体现在什么地方?其作用是什么?

11. 单场直播脚本的要素主要有哪些?

12. 具体的直播预热方式主要有哪些?

第三章　直播电商的文案与策划创作

本章第一节率先从微观的角度出发，分析、归纳直播电商内容生产的五大要素或模式的特点，以及不同生产要素或模式之间的融合与贯通；再结合时下火热的直播电商平台，探讨这些直播电商平台上在"人""货""场"三个维度上各有什么策略和特色；最后通过分析主播的话术，探讨主播如何在直播间打造各式经典台词，给用户留下深刻印象。第二节则围绕直播策略展开，直播前品牌方要明确直播目标，直播团队要深耕用户诉求与需求，根据用户特征和需求，构建直播场景，为用户带来沉浸式的购物体验。第三节则针对实际的直播技巧进行探讨，探讨主播如何能够充分发挥他们的语言技巧，说服消费者。

第一节　直播电商内容的特点

一、直播内容生产的关键要素

所谓直播电商，即主播以视频直播这一新型传播形式向用户推荐并展示商品，从而实现"品效合一"的新兴电商形式。借助直播平台，用户可以自主地进入特定的场景，和主播以及"在场"的其他用户展开即时互动，获取商品的相关信息，在集体狂欢中获得体验感的满足；同时，直播间的观众也在主播的引导下，逐渐达成对品牌的认同，通过购买行为来实现自己的认同。

如果说场景和互动机制是直播电商的骨架，那么内容则是直播电商的灵魂。用户能够持续观看直播、留在直播间，甚至是主动地分享直播，离不开优质内容的吸引。没有优质内容的直播营销是无源之水。[①]移动通信技术的提升和各类网络直播平台的普及，使得直播电商的准入门槛看似降低，而实际上，这对直播内容的制作水准有了更高的要求。一场直播带来的产品销售量、品牌曝光量以及私域流量的转化量，很大程度取决于直播的内容。

然而，在讨论内容创作之前，必须先厘清网络内容生产的三个关键要素或模式，即 UGC、PGC 和 OGC。一般认为，Web 2.0（以论坛、blog 为代表）与 Web 3.0（以社交媒体为代表）的相继流行，主要归功于 UGC。随着移动互联网与多屏、跨屏技术的发展，网络内容创作又被细分出 PGC 和 OGC。在内容为王的网络环境下，激烈的竞争也引起很多人讨论 UGC、PGC 和 OGC 到底谁才是主流。

（一）UGC

互联网时代，亦称"我时代"，人人都可通过网络平台来表达自己。"大众媒介'一呼百应'的'第四种力量'和神奇魅力已经渐行渐远，越来越多的人不再通过传统媒介去获取信息，他们开始远离报纸的版面、电视的频道，而选择通过网络获取新闻和信息。他们沉醉在自己的传播世界中，对那些知名评论员、批评家和记者的声音置若罔闻，更别说一般的小人物；他们对任何事情都有自己的观点和见解，并急于表达出来，没有谁是意见领袖。这是一个众声喧哗的时代，也是一个躁动不安的时代。"[②]UGC 就是使用者基于某些专业知识而生产的与商品相关的内容（图文、音乐、影片等），并通过平台展演或传播给网络受众。在 UGC 的模式下，使用者不再只是单纯的观众和消费者，同时也是内容的

---

① 程明,杨娟.实时在场、深度卷入、构建认同：论网络直播中的直播营销[J].广告大观(理论版),2017(3):42-47.

② 邵鹏.媒介融合语境下的新闻生产[M].杭州:浙江工商大学出版社,2013:56.

生产者和传播者。如国外的 YouTube、MySpace 与国内早期的优酷、土豆,当下流行的短视频 App 如抖音、快手、美拍,直播视频如映客、花椒等,都是成功的案例,使用者独立完成创作并在平台公开分享,平台工作者仅需审核、协调和维护秩序等。

根据内容类型不同,其主要依托的直播平台也不尽相同。有主打"颜值 + 才艺"的 YY、9158 以及六间房三大门户;有主打游戏直播的代表平台斗鱼、虎牙和龙珠;还有在社交软件基础上诞生和运营的直播模块,比如微博、陌陌、QQ、映客等社交 App。UGC 在诸如游戏、美妆、生活等方面都有一定涉猎,除却主播自身的优势,新奇也是一大看点。斗鱼曾经出现一个肥胖人士直播睡觉达到 8 万人围观、一位女主播直播睡觉达到 13 万人围观的现象。①

此外,主播身份的特殊性也为 UGC 主导的直播创造吸引流量的看点基础。2020 年年初,受到新冠肺炎疫情影响,许多偏远地区和贫困地区的果蔬、农作物滞销,为解决销售难题,各地市长、县长竞相以网络直播卖货的形式,为地方或家乡土特产代言,开启了一轮"县长直播带货热"。2020 年 3 月 10 日,山东菏泽单县县长张庆国现身拼多多助农主播间,向消费者介绍鲜鸡蛋,当天卖出鸡蛋 60 万枚,约 38 吨,预计为农户带来 44 万元以上的收入。与此同时,县长们还采用"吃播"方式吸引粉丝,有过多场直播经验的山东济南商河县副县长王帅在为红心萝卜做直播时,现场啃起了萝卜,有网友称,"看到县长啃萝卜,我买了","县长都吃的醋,我放心下单了"。②

(二)PGC

相较于 UGC,PGC 是指较为专业的内容生产者,按照类似电视节目拍摄制作的方式进行生产,并在内容的传播方面依据网络和新媒体的传播特性进行调整和修正的模式。这些内容,除了在网络和新媒体平台播出外,还能在传统的电影电视媒体上进行商业宣传。PGC 具有专业性、深度性、特色化和垂直化等

① 贺洪花.国内网络直播平台内容生产模式的嬗变研究[D].长沙: 湖南大学,2018.

② 吴涛.县长、企业CEO纷纷直播带货,要抢李佳琦饭碗? [EB/OL].(2021-8-2)[2022-4-24].https://mp.weixin.qq.com/s/LsZpyjaDUnFSbcs_6xJIEw.

特点，内容质量也更有保证。同时，专业团队运营下的内容生产更有利于提升内容质量、平台的知名度，吸引用户观看并实现用户导流，能为实现知识付费提供可能性，也为后续的衍生产品和 OGC 模式开发打下基础。不同于普通网民以个体为单位的 UGC 创作，网红背后往往都有专业团队运作支持其生产内容，且随着资金流的投入，其内容的生产更偏向于专业化，即具有 PGC 的属性。典型案例就是网红 Papi 酱融资 1200 万元，从 UGC 转型 PGC。

以 PGC 为主导的代表性直播平台，是淘宝直播。2019 年起，淘宝直播将直播类 PGC 作为重点发力方向，同时在培养头部主播上也进行多方布局。淘宝直播在 2019 年第一季度宣布，计划在 PGC 领域培育 10 家年收入过亿元的 PGC 机构、10 档观看量过亿的超级 IP 节目，推动超过 100 家地方电视台触网联动，并在"6·18"大促中上线官方节目《猜画夺宝》《超级带货官》，以及画画赢红包、主播带货大 PK 等独具特色的互动玩法。① 其中，《超级带货官》是全网首档带货网红养成类直播综艺节目，节目以 PGC 为内容生产模式，以电商平台作为传播载体，构建了"内容—渠道—变现"的新型行销手段，节目播出期间，屡破平台各项纪录。专业的 PGC 制作团队，更能够实现品牌商家所追求的"品效销"协同。PGC 在内容制作、资源整合、内容营销等方面与 UGC 相比有更多发展的优势。

（三）OGC

OGC 是指通过具有一定知识和专业背景的行业知名人士生产内容，并给予其一定报酬的内容生产模式。生产主体大多为公司、企业、机构与运营团队等，其对于内容产出有严格把控，其内容产出在满足用户对内容的多方面需求的同时，通常也是一种商业行为。以 OGC 为代表的网站，如各大新闻站点、官方视频网站等，更强调内容生产者的职业身份，最大限度地对生产者进行过滤，维持传统媒体"把关人"的角色，确保内容品质性、准确性和吸引力，其内容主要由内部自行创造和从外部花钱购入版权组成。因此，OGC 机制一定程度上限制

---

① 长风."抖快"迎战淘宝直播，PGC+私域流量会是好出路？[EB/OL].(20220-8-12)[2022-4-24]. https://mp.weixin.qq.com/s/GF2UWccKIJRv51T75rS_sg.

了普通使用者的参与，其互动性相对受限，生产成本也相对更高。

　　代表 OGC 生产模式的平台也有不少，如在奥运期间可以观看奥运现场直播的央视频。2020 年 1 月 27 日起，央视频对武汉的火神山、雷神山医院工地进行了慢直播尝试。在 2021 年的东京奥运会期间，央视频依据新媒体平台特性推出了会员制。东京奥运会央视频呈现包括开闭幕式和 33 个大项在内的所有场次完整信号直播，总直播场次超过 7000 次，总时长突破 3500 小时。[①]

　　UGC、PGC、OGC 这三者的诞生，是一种渐进式的演化。UGC 的主体是一般的使用者，通过平台提供的功能来发布创作内容，慢慢累积经验，等到了解市场变化、发展方向与自我定位后，逐渐转变成 PGC。PGC 相较于 UGC 在内容上更加专业，且随着粉丝数量不断增长，会更加重视内容产出的质量与数量，进而组建专业团队，提高工作效率，发展成"目的性营利"的模式。当知名人士成为签约、有报酬的内容产生者时，就变为职业生产内容的人。他们依靠以往积累的人脉和人气，以流量为基础，导入其他赢利方式，逐步实现"流量变现"。这三者之间既有密切联系又有明显的区别。大致上可以从生产专业性程度、是否有金流、有没有平台签约合作的对象等角度来区分，具体关系如下（见图 3.1）。

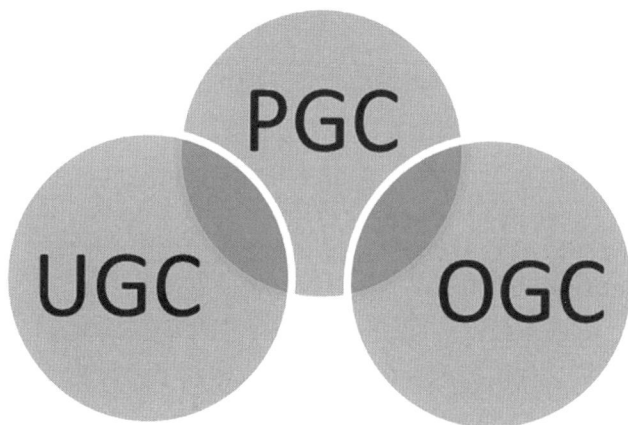

图 3.1　PGC、BGC、UGC 三者关系

---

① 李雪昆. 大小屏看奥运，收视究竟多热[N]. 中国新闻出版广电报,2021-8-2.

1.UGC 和 PGC 的区别

两者差异主要体现于生产主体是否有内容产出领域的专业知识，是否在相关领域具有一定的知识背景和工作资历。如果一个网络平台的 PGC 和 UGC 产生交集，也就意味着该部分的专业内容生产者，既以专业身份在平台贡献具有一定水平和质量的内容，同时又是该平台的用户，如微博的意见领袖、科普作者和政务微博号等。

2.PGC 和 OGC 的区别

两者以是否将内容输出作为职业并领取相应工资报酬作为区分的标准：PGC 大多将之作为自身业余爱好，出于本身兴趣而进行内容创作，义务贡献、输出自己的专业知识；OGC 则更偏向于以职业为前提，内容制作生产链上的每一环的创作都属于职业行为。当然，PGC 和 OGC 两者之间也有交集，例如一部分专业内容生产者，本身既有专业身份，同时也以提供相应内容为职业，例如媒体平台的记者、编辑，他们拥有新闻的专业背景，且也以撰稿、投稿、宣发为职业获得一定报酬。

3.UGC 和 OGC 基本无交集

UGC 和 OGC 的交集相对较少。在一个平台（网站）上，用户和提供商总是相对的，既是该平台的用户也是该平台产业链上的提供商的情况可能有，但比较少，当前并没有典型的案例可供参考分析。

基于上述三者的介绍与对比，不难分析得到：PGC 内容生产模式的规模是三者中较小的，由于内容生产需要在前期投入大量人力、时间和金钱成本，如果没有稳定收入就难以维持作品的质量与数量，但是有报酬的 PGC 则又会被归类到 OGC。

在内容生产模式的不断创新与淘汰中，也出现了另外两种生产内容要素或模式，即 PUGC、BGC（品牌生成内容）。

（四）PUGC

当互联网内容生产也发展成为一个产业，一部分优质的 UGC 就会往内容生产的职业化方向迈进。PUGC 是指专业用户以 UGC 形式产出的相对接近 PGC 的专业内容。PUGC 模式是从 UGC 和 PGC 模式发展中逐渐演化出来的全新生产模式。PUGC 同时满足社交及媒体特性，内容生产介于 PUGC 和 UGC 之间。过去以 UGC 为主要模式的媒体平台也逐渐发生变化，最具代表性的就是 YouTube 与 B 站。它们从过去的 UGC 转变成为 PUGC，成为较集中的社交型内容网站，其中 B 站就在内容战略上明确表明转型做"建设 PUGV（专业用户生产视频）社区"。

PUGC 结合了 UGC、PGC 的双重优势，有 UGC 的用户广度，有 PGC 产生的专业化内容深度，集两者大成以更好地吸引、沉淀用户。喜马拉雅 FM 是典型的 PUGC 生产模式平台，目前该平台已有 400 万名注册主播，其中有 8 万名认证主播，既包括罗振宇、郭德纲、王自健、韩寒等 6000 位投身音频"微创业"的自媒体大咖，又有采采、窦超等诸多喜马拉雅 FM 孵化的"声音大咖"，他们共同创造了平台内 2000 万条有声内容。此外，最早实现 PUGC 生产模式的手机移动端直播平台之一的红人直播，致力于挖掘新人、打造"平民明星"，其平台定位也立足于"素人"，即给予每一位奋斗的"素人"有展现自我的空间和机会，它的 slogan "轻松一点，随时随地 show 出你的生活态度"也体现了这一特点。①

（五）BGC

品牌是指消费者对某类产品、服务及其系列的认知程度，是品牌拥有者的产品、服务或其他优势能为目标受众带去同等或高于竞争对手的价值。BGC 能够为受众提供品牌与产品、服务的相关信息，目的是建构品牌在消费者心目中的权威形象。BGC 有三个关键点——"what""who""why"，即介绍什么（介绍产品）、谁来介绍（权威专家）、为何介绍（鼓励其成为生活方式）。产品是一个生产型企业得以长久存在的基础，产品的销售是其运行之轴，而多种营销策略通过精准寻找目标用户，挖掘潜在客户，最终实现产品出售。因此，介绍

---

① 贺洪花. 国内网络直播平台内容生产模式的嬗变研究[D].长沙:湖南大学,2018.

你的产品时，首先要从两点考虑：（1）你的产品能为客户提供什么样的价值？（2）什么样的客户最需要你的产品？ 在考虑关键点的同时还要注意，在介绍产品的同时不能光顾着立足于销售方自卖自夸，而要立足于消费者群体，从品类领域出发设身处地告诉消费者其最关心的、最实用的信息，使其信任，并实现购买、体验和好评，真正有益于消费者群体的生活，进而促发消费者群体的主动传播。

专业的 BGC 能够向用户有效传递品牌理念和态度，成功的品牌传播最终能够促进销量提升、强化消费者忠诚、助力产品的延伸与创新。品牌粉丝是通过消费行为与分享联结在一起的，每一个品牌都有一批忠实的粉丝，他们通过购买行为建构起身份区隔，与普通消费者区分开，在品牌粉丝圈中达成身份确认与共识。[①]

因此，传统电视购物节目中的"硬核式"产品介绍的表达方式已经不适用于直播活动，采用新颖、有价值的品牌内容和趣味性与互动性并行的直播表达方式才能更容易获得用户的青睐。

1. 直播电商为品牌传递理念搭建新平台

在 2021 年 3 月的"奥粉节"，奥克斯品牌方打造"平台 + 品牌 + 明星 + 粉丝"的四层矩阵，与京东联动，将公域流量转化为私域流量，打破常规的直播模式，以综艺化玩法取代以往的带货价格战。奥克斯品牌方秉持"不忘初心 勇敢向前"的态度，围绕"就当 30 是空气"展开直播，还邀请了契合品牌态度的流量明星袁姗姗来到直播现场为粉丝发放福利。整场直播轻松有趣，态度鲜明，潜移默化之中向用户传达了品牌理念，打破了以往单一的情感营销。用户不仅了解了产品信息，还感受到了品牌的温情。

2. 直播电商为品牌宣传发售提供新途径

2021 年"五一"期间，巴黎欧莱雅品牌方联手抖音开启了一场独特的品牌活动。此次巴黎欧莱雅品牌方使位于上海的全球首家线下旗舰店和在抖音的线

---

① 燕道成,李菲.场景·符号·权力：电商直播的视觉景观与价值反思[J].现代传播(中国传媒大学学报),2020,42(6):124−129.

上旗舰店同步开始营业，以开业为契机，在抖音开启了"抖音超品日"主题活动。基于用户向往假日出游的心理诉求，借助于抖音社交互动玩法，巴黎欧莱雅品牌方设计了包括"足不出户游巴黎"抖音线上贴纸等活动，用户只要拍摄契合主题的短视频就能够参与其中。据统计，巴黎欧莱雅品牌方此次"双店齐开"的活动总 GMV 超 2200 万，自播单场 GMV 破 300 万。

3. 直播电商为品牌流量变现创造新方式

2021 年 7 月 20 日，郑州持续暴雨，运动品牌鸿星尔克向河南洪灾区捐赠了 5000 万元后，话题"鸿星尔克的微博评论好心酸"一度登上微博热搜，阅读量达到 10.5 亿人次。在这一舆论现象背景下，鸿星尔克的线上直播间也迎来了前所未有的关注度，网友们在其淘宝直播间的"野性消费"行为引发的网络热议以及鸿星尔克的董事长现身直播间劝诫理性消费引发的热议，使鸿星尔克再度登上微博热搜榜。频繁出现在微博热搜榜的鸿星尔克因此持续受到网络用户的关注，吸引了更多的用户参与直播，短时间内形成品牌方引流的闭环。根据新抖数据，截至 2021 年 7 月 24 日下午，鸿星尔克淘宝直播间直播时长超过 53 小时，直播间销售额超 1 亿元，总点赞数达到 1.48 亿。

根据前述对于 UGC、PGC、OGC、PUGC、BGC 的内容生产模式的介绍，可以看出这五种内容生产要素或模式在概念定义上有交叉重叠之处，也有明显的差异。本书对 UGC、PGC、OGC、PUGC 在创作生产者、制作门槛和成本、内容、商业价值、属性等方面进行对比，并举出代表性媒体平台（见表 3.1）。直播电商的市场环境变化快，直播电商平台的内容生产也一直在发生变化，在各类直播电商平台上，都可以看到 UGC、PGC、OGC、PUGC、BGC 这几类内容生产要素或模式。

表 3.1 UGC、PGC、OGC、PUGC 比较

项目	内容生产模式			
	UGC	PGC	OGC	PUGC
创作生产者	非专业的普通用户	专业的团队	专业的团队	内容生产者，拥有一定的粉丝
制作门槛和成本	较低	较高，需要专业知识与技术	较高，需要专业知识与技术	较高，兼具 UGC 与 PGC 优势
内容	内容简单，一般直播主题以日常生活分享或个人才艺表演为主	内容较复杂，具有专业知识、技术	内容专业，直播内容由团队创作打造	内容专业且多元化
商业价值	低，不以营利为目的	较高，靠内容赢利	较高，靠内容赢利	较高，靠流量赢利
属性	社交属性较强	媒体属性较强	媒体属性较强	同时拥有社交及媒体双重属性

二、直播电商的平台

在新冠疫肺炎情期间，直播电商成为推动各行业复工复产、刺激消费、促进传统行业数字化转型的重要动力和渠道。2019 年至今，直播电商创造了爆发式增长：以淘宝、京东为代表的电商平台不断重构"人""货""场"三者关系，从而提高交易效率和品牌忠诚度；以快手、抖音为代表的短视频内容平台不断拓展"短视频 +X"，实现直播视频与剪辑视频双线融合发展；以小红书为代表的社交平台不断辐射，引入直播，打造"分享 +X"模式，助力自身发展。

（一）淘宝

淘宝作为国内用户最多的电商平台，2016 年推出淘宝直播，打造"边看边

买"的内容导购社交平台。淘宝直播一直将自身定位为"消费类直播"①。知瓜数据显示，淘宝直播2020年直播数超2589万场，全年上架商品数超5000万件，淘宝直播成为首个爆发式增长的新经济平台。淘宝直播平台推出以来，先后涌现了李佳琦等一批头部主播（指带货能力最强的主播，实力、业绩处于主播群体的头部）。据淘宝官方公布数据，2019年"双11"当天淘宝直播成交额超200亿元。②

作为淘宝头部主播，李佳琦使部分淘宝用户从对单一品牌忠诚转变为对特定KOL忠诚。我们正处在一个泛口碑时代，口碑在很大程度上成为推动消费者形成购买决策的关键信息。同时，借助巧妙的话术——比如耳熟能详的李佳琦的那声"Oh, my god（我的天啊）"等——打造鲜明的IP，头部主播建立了独一无二的用户心智，获得了用户的消费信任。以李佳琦为例，在2019年的妇女节，他的直播间在线直播观看量达170万，推出的4色口红实现3分钟断货，销售面膜7000多套。

在"货"方面，淘宝直播在产业链上有很大的优势。淘宝本身作为一个电商平台，能够有效地使电商产业上游的供应商与下游的消费者实现精准的对接。对于商家来说，淘宝直播可以降低经销、流通、门店成本，是一个更加高效迅速的销售渠道。同时，消费者的需求与意见可以在直播间直接反馈给商家，上游供应商可以直观接收，促进其更有效地调节生产水平、产品功能和运营能力。此外，就直播入口、商品购买、售后服务等一系列购物体验而言，短视频平台需要与淘宝、京东等电商平台展开合作，才能实现有效协同链接。因此，对于抖音、快手来说，其销售板块的产业链，仍有很大的完善空间。

（二）抖音

2018年"双11"期间，抖音开通购物车功能，开始初次尝试电商直播，当天GMV突破2亿元，售出商品达到了10万件。由于供货链还未完成，抖音通

---

① 郭全中.中国直播电商的发展动因、现状与趋势[J].新闻与写作,2020(8):84-91.

② 中信证券.2019电商直播行业专题研究[R/OL].(2019-12-31)[2022-6-22].http://ishare.iask.sina.com.cn/f/6wW8I5zxtoh.html.

过对接淘宝、天猫、京东等电商平台，成了电商平台的最大淘客。相较于快手用户，抖音用户的消费水平似乎更高一些，一、二线品牌希望在进行直播带货的同时，依然能够保证品牌价值。因此，众多品牌对于抖音能够实现其"品效合一"的效果方面，给予了高度期望。

但是，从"人"来看，抖音在直播电商领域缺乏一位标杆性网红人物，无法借助网红主播本身的私域流量为品牌方带来带货流量。淘宝有李佳琦这位顶级主播，快手有辛巴、散打哥等主播，因此，抖音寻找和签约网红主播是行业形势所趋，也体现了其为主播群体树立标杆的需要。2020 年 4 月 1 日，抖音新晋主播罗永浩在抖音完成了直播首秀，累计观看人数 4800 万，交易金额高达 1.1 亿元，这是当时抖音直播的新纪录。随着罗永浩入驻抖音开启直播带货后，越来越多的明星也入驻抖音。根据飞瓜数据，明星朱梓骁 2021 年 3 月直播 GMV 高达 2.5 亿元，仅次于与罗永浩，登上了飞瓜数据的带货主播榜 top 2。

从"货"来看，随着用户兴趣以及消费欲望增强，越来越多的品牌将抖音作为重要品牌宣传和销售的渠道，并投入大量的营销费用。飞瓜数据《2021 上半年短视频及电商生态研究报告》指出，相比 2020 年下半年数据，抖音 2021年上半年的推广品牌数环比增长 93%，珠宝文玩销售额环比增幅最大，达到了 619.31%。同时，抖音在带货领域的发展也吸引了铜师傅、五芳斋等传统品牌入驻。① 无独有偶，在 2021 年的 7 月份，新的消费主题"支持国货"形成，品牌方紧随热点，抓住流量红利。在鸿星尔克、汇源等国产品牌向河南洪灾区捐赠引发网络热议后，抖音品牌自播榜中，鸿星尔克品牌官方旗舰、汇源旗舰店位列总榜前二，销售额双双突破亿元。

（三）快手

快手 2021 年 7 月份直播电商大盘 GMV 达到了 164 亿元，相比有着"6·18"活动的 6 月份增加了 3%。2021 年 7 月 3 日，雅鹿品牌在快手开始直播，从零粉丝起步，仅仅用了 10 天，便实现了 500 万元的 GMV，可以看出快手粉丝潜

---

① 飞瓜数据.2021上半年短视频及电商生态研究报告[R/OL].(2021-7-30)[2022-4-22].https://mp.weixin.qq.com/s/QL2jSS8TzzdXpIwHfE6pmQ.

力较大。

2018年4月份，快手携手用户猫控小明君推出第一场电商直播。这场电商直播正式开启了快手电商的1.0时代。2019年5月，快手形成电商交易闭环，通过低门槛开店、严格商家管理等方式提升消费体验，并不断增强自建、扩建能力，快手电商正式升级至2.0。[①] 2020年，新冠肺炎疫情加快了快手电商升级至3.0的步伐。在新冠肺炎疫情期间，快手电商发布商品，新增动销商家创历史新高，并带动100万+家商家实现复工复产。也是从2020年开始，快手围绕"人""货""场"不断优化升级，推出一系列政策扶持商家、优化平台，形成了竞争壁垒。

从"人"来看，快手形成了头部、腰部、底部主播携手均衡发展的良好态势。快手电商的主播生态与其他平台主要的区别在于：头部主播凭借强大的私域流量实现不俗的带货成绩，但腰部和底部的主播也可以获得良好的发展。同样，凭借强社交特性和社区氛围，快手电商形成了独特的"老铁经济"，主播和用户之间的信任让"老铁经济"的社交黏性强。以快手红人辛巴为例，此前其深陷舆论争议，带货频率逐渐降低，但他依旧凭借2021年7月份一场直播带货金额近7亿元的业绩，位居榜单第二，"老铁经济"下，其带货实力仍不可忽视。

从"货"来看，快手布局"源头好物"和"产业带"，与京东以及国内外一线大品牌展开深度合作。秉持着平等普惠的价值观，不仅快手主播覆盖了从一线、二线城市到偏远乡镇，其直播电商的产品也涉及游戏、美妆、美食、教育等多方领域，特别的是，源于快手用户多元的消费喜好，珠宝、奢侈品等高客单价产品也在快手获得不俗的销售成绩。"源头好物"立足于消费者角度，谋求"以更低价购得更好产品"，快手出售商品多采取工厂直销、品牌直销、产地直销等直销模式，从供应商源头保证产品品质。飞瓜数据显示，2021年7月份，快手的前四大热卖分类分别是服装配饰、珠宝配饰、美妆护肤、美食饮品。"产业带"立足于供应方角度，为了更好地服务商家，快手从2019年开始在特色产业聚集地设立产业带直播基地。2019年9月，快手首个服饰产业带落地临沂，当

[①]　齐朋利.快手电商在"人货场"端的优化升级路径[J].传媒,2020(17):27−29.

年，临沂全市全平台直播电商交易额超 100 亿元。[①]

（四）小红书

作为年轻人互动"种草"、分享生活的平台，凭借独特的内容生态，小红书搭建了一个社区式的平台。2020 年 11 月 30 日，全球知名的消费者洞察和策略咨询公司凯度 TNS 在其官方社交媒体上，发布了对中国数字广告市场的研究报告，小红书被评为中国市场广告价值最高的数字媒介平台。凯度 TNS 的调查发现：对小红书的广告表现出"消极态度"的消费者比例，是所有数字渠道中最低的（24%）；消费者对小红书广告的消极评价的总量也是最少的。[②]

相较于淘宝、抖音、快手，小红书入局直播电商的时间较晚。小红书是依托垂直类内容优势上线直播功能，加快内容流量变现的。2019 年 11 月，小红书宣布它的互动直播平台进入内测阶段。在 2020 年 4 月后，小红书陆续推出了100 亿流量计划以及 KOC（关键意见消费者）连接计划，聚焦视频创作者、直播创作者以及泛知识、泛娱乐品类创作者，对这些创作者实现定向扶持，自此正式进入直播电商领域。基于自身特色，小红书"社交 + 电商"的模式似乎为直播带货带来了另一种可能。与淘宝等电商平台的模式不同，小红书以消费者信赖的达人为主导，达人对品牌 / 商家的选择，在一定意义上决定了消费者群体对品牌的态度和最终的选择，而达人又会通过消费者的反复购买与其建立连接，超出原本品牌与消费者群体的关系，形成基于该平台的又一"消费模式新闭环"。

从"人"来看，在"社交 + 电商"的直播模式中，达人扮演着重要的角色，通过达人的推荐、分享等内容形式，用户完成社交"种草"、直播"拔草"、分享"晒草"的整条链路。2020 年 10 月 21 日，时尚美妆博主付鹏在小红书进行了首场带货直播，此次直播时长近 5 小时，累计人气值高达 2 亿，总观看人数约 74

① 凯度TNS.Media Reactions 2020：后疫情时代的媒介投资策略[R/OL].(2020-11-30)[2022-4-24]. http://ww.sohu.com/a/435731974_727813.

② 凯度TNS.Media Reactions 2020：后疫情时代的媒介投资策略[R/OL].(2020-11-30)[2022-4-24]. http://ww.sohu.com/a/435731974_727813.

亿，最高同时观看人数破 17 万，位居当日小红书站内人气榜和带货榜第一。^①

从"货"来看，小红书直播带货的品牌与用户关注的焦点商品相契合，主要以美妆为主，同时也会有护肤、食品等品类。根据 2021 年小红书美妆护肤品类行业洞察报告，小红书聚集了一批最活跃的年轻美妆用户，其美妆护肤整体人群画像中，都市白领占比最高，他们的年龄层次分布在 25~35 岁，分布在一、二、三线城市，高收入、高消费，对美妆、护肤品类需求最大。^②通过直播带货的形式，达人可以对产品进行专业科普，帮助观众理性选品。小红书的直播分为互动直播和带货直播两种直播形式，小红书社区里的直播具有强烈的创作者个人色彩，对于粉丝来说更真实、更亲近，他们基于对创作者的信任参与到直播中，这是小红书直播带货的差异化特色。

三、直播电商内容类型

随着观看直播带货的消费者认知不断升级，直播带货也逐渐撕掉这种"纯带货"标签，出现了"直播带货+"的新模式，包括"直播电商 + 综艺""直播电商 + 公益""直播电商 + 泛娱乐营销"等类型。

（一）直播电商 + 综艺

直播电商带来的巨大红利与流量，让许多传统电视台与网络综艺节目也开始搭建与直播电商之间的桥梁。2016 年，随着电商平台的直播功能逐步上线，直播电商崭露头角，许多综艺节目与头部主播展开合作。

2020 年 4 月，湖南卫视慢综艺《向往的生活》在西双版纳展开录制，节目将直播间直接搬到了节目中的"蘑菇屋"，由何炅、黄磊、张子枫、彭昱畅、宋威龙、汪苏泷一起为西双版纳的果农直播带货，帮助果农们销售滞销的当地特产。该场直播数据显示，9 类当地特色农产品上架即售罄，总销售额达 520 多

---

①　李沁.社交+电商，直播带货的另一种可能[J].现代广告,2020(11):31-32.

②　卓尔数科.2021年小红书美妆护肤品类行业洞察报告[R/OL].(2021-7-20)[2022-4-22].http://max.book118.com/html/2021/0929/700605/013004013.shtm.

万元，惠及西双版纳 195 个村庄的 1750 名村民。[①]

同年 4 月，东方卫视《极限挑战》第六季通过一场特别的公益直播，雷佳音、岳云鹏、王迅、贾乃亮、宋小宝参与其中，为 6 款农副产品直播销售带货。宋小宝扭秧歌，雷佳音拼说唱，岳云鹏上演唱歌教学，这场直播具有综艺的娱乐性，兼具直播的互动性，加之几位主播的流量，一时间吸引了 4000 万人观看，场面十分火爆。据统计，该场直播共计销售农产品 26.5 万件，销售额达 661 万元。

综艺与头部带货主播的双向合作，不仅让直播电商突破了原来单一的传播渠道，也让直播的内容更加戏剧化，撕掉了单纯"带货"的标签。

（二）直播电商＋公益

2020 年 4 月 6 日，在新冠肺炎疫情态势转好的情况下，中央电视台与淘宝发起了一场主题为"谢谢你为湖北拼单"的公益带货直播，这场直播派出了"国家级段子手"朱广权和美妆带货达人李佳琦。当晚"朱广权李佳琦直播"话题冲上热搜第一，网友亲切地称呼他们的组合为"小朱配琦"（小猪佩奇）。这场极具创新意义和"出圈"意义的直播，吸引了超 1000 万人次观看，总观看人数多达 1 亿人次，共售出了 4000 万余元的湖北商品。在"小朱配琦"带货直播中，我们看到了以朱广权为代表的主流文化和以李佳琦为代表的亚文化之间的碰撞与交融，在大屏和小屏的跨屏互动之间实现新媒体与传统媒体的深度融合。

（三）直播电商＋泛娱乐营销

从 2019 年直播电商的爆发式增长后，直播的新玩法也不断被解锁。直播模式也似产品投放，都会经历"诞生—成长—高潮—衰老"的周期，在直播赛道上的主播、商家，需要不断创造、尝试新的直播模式去满足用户的新需求，使用户不断产生新鲜感。一直以来，行业和科技不断赋能真人主播，为他们打造鲜明的 IP，盘活主播的私域流量。2020 年 3 月 18 日，京东开启了跨次元直播的

---

① 唐瑞峰.媒体电商催生行业快速变革[J].新闻战线,2020(10):14-17.

新篇章，汰渍新品洗衣凝珠在京东直播发布，虚拟偶像洛天依与当红明星任嘉伦同场直播带货。这场二次元电商直播，迅速引发二次传播，吸引双方粉丝迅速涌入直播间。泛娱乐营销与电商直播结合，将搭建全新品牌营销场。[①]

四、直播电商的内容优势与特色

保罗·莱文森指出，媒介是不断变化发展的事物，每种媒介都有自身的优势与劣势，新媒介的出现基于媒介不断需要新的形态与形式来适应发展。[②] 因此，"新的传播革命爆发后，人类在旧的传播革命中所使用的传播手段不会被随之抛弃，而总是以一种新的面貌又出现在新的传播活动之中。它们的生存与发展似乎并不遵循优胜劣汰、物竞天择的法则，好像更符合互动互助、共进共演的原理"[③]。从传统的电视购物再到直播电商，这个过程实质上是在新媒体时代的背景下，对电视购物进行的拓展与升级，直播电商基于电视购物，在内容呈现上又有新的突破和延伸。

（一）从单向传播走向双向沟通，实现借势营销

在电视购物转向直播电商的过程中，受众的角色也从作为接受者的电视观众变成了作为参与者的平台用户。在移动互联网时代，随着通信技术的不断提升，各个平台都尽可能地适应并满足用户的个性化需求。在电视购物时代里，用户更倾向于结合自身需求去寻找相关的产品和信息，而直播电商正是基于互联网的特性，主播、用户、商家三者依托直播平台进行即时互动与交流，疑问与诉求可以在直播间即时沟通和解决，用户的需求也可以获得有效的反馈。

电视购物往往根据设定好的商品展开推销，导购员面对镜头进行单向信息输出，市场反馈时效性较差，导购员往往难以及时更新播出的内容。而在直播电商中，虽然产品以及内容也是预先设定好的，但是通过用户的实时评论，主播可以

---

① 风清.京东直播首创电商泛娱乐营销新模式[J].大众投资指南,2020(10):1-2.

② 莱文森.人类历程回放：媒介进化论[M].重庆:西南师范大学出版社,2017.

③ 邵培仁.论人类传播史上的五次革命[J].中国广播电视学刊,1996(7):5-8.

迅速调整直播术语和更新货源，并结合社会热点借势进行营销。

（二）从信息输出走向情感联结

约书亚·梅罗维茨指出，印刷媒介去除了信息大部分的表象形式，更多地传递抽象信息，而电子媒介在传递抽象符号外，还包含着大量表象信息，能够传递个人化、私密化的幕后信息，因而具有"后区偏向"的特点。这意味着，从内容层面上看，电视购物与直播电商最大区别在于：电视购物通过事先安排好的主持人、广告、宣传片、节目，对消费者采用狂轰滥炸式的灌输手段；而直播电商则通过主播在线分享生活、聊当下热点等互动方式，先与用户建立亲密的粉丝关系，从情感上让用户对自身产生认同感并促成支持行为，在此基础上再向用户传递商业信息，从而达到商业变现的目的。[①]

当用户打开手机随机进入自己喜欢的主播的直播间时，可以看到主播们不仅会介绍用户需要的商品信息，还会进行试吃或者分享自己的生活，比如在李佳琦直播间，我们可以看到李佳琦和小助理的日常玩笑，狗狗 Never 一家向用户拜拜，或是明星来直播间试吃、分享他们的护肤心得等。再如，2020 年 4 月，白岩松积极响应"拯救实体书店"，在抖音进行了个人直播首秀，直播中他与网友积极互动，分享自己的阅读体验，为用户解读品质图书，并以亲笔签书的方式为书店带货。直播间的用户留言表示白岩松在直播中说的每一句话都是金句，都很有哲理，能给人带来新鲜感，与人形成强共鸣。

（三）剧本式的表演引导

在某种程度上，直播间是通过打造极具戏剧效果的砍价事件来向观众展示优惠的可信度。欧文·戈夫曼在其著作《日常生活的自我呈现》中将个人与社会的关系比喻为一种"表演"，他将社会环境概述为舞台，认为个体在社会中不过是"为获得观众的认可"，个体在"表演"的过程中，会使用包括语言、神态、动作等信息符号对个体的形象进行控制，塑造出一个能被广为接受的形

---

① 田智辉,解益坤.从电视购物到直播电商：逻辑演进与未来发展[J].传媒,2020(17):15-18.

象。①"在这个表演过程中，作为情绪行为表达方式的面部表情越真诚、越强烈，越能够吸引他人，可以在无意识间将他人的情绪记忆激活。演员的表演就是一个以自身的情绪表达去触动观众的情感过程，演员所呈现的喜怒哀乐等情绪越真诚、越强烈，就越能够引发观众的共鸣。"②

抖音、快手等短视频平台开始在优质内容视频创作者的数量上有显著优势，主播事先与商家制定好表演的"剧本"，在直播之时刻意营造戏剧性的冲突，将消费者带入情景中。以抖音拥有近900万粉丝的网红衣哥为例，他以"全网最低价"闻名，在他的直播中经常能看到他与品牌方工作人员现场"砍价"的画面。在为珀莱雅带货之时，他直接将产品价格从2000元降为269元，并一再声称是亏本销售。③

五、创造经典台词，塑造差异性

做好直播电商不是一件轻松的事情。对于主播来说，他不仅需要有一定数量的粉丝、过硬的专业能力，还需要有"标签化"的语言风格，从而创造经典台词，继而打造独特的个人风格和人设，在消费者心智中留下独一无二的印象。顶尖电商主播李佳琦之所以能够成功吸引众多消费者购买商品，是因为他能够玩转有声语言，打造经典台词，激发受众的购买欲望，从而在众多的直播中脱颖而出。2019年1月，李佳琦一句"Oh, my god"在抖音爆火"出圈"。其后，他的影响力从淘宝延伸到抖音、微博等。

（一）语言简洁明快，专业性强

在信息爆炸时代，用户更偏向于选用经过加工的语言来了解商品。李佳琦成为主播之前，在巴黎欧莱雅专柜销售的岗位上经过系统的培训，并通过了层

① 戈夫曼.日常生活中的自我呈现[M].黄爱华, 冯刚, 译.杭州:浙江大学出版社,1989.

② 邵鹏.媒介记忆理论[M].杭州:浙江大学出版社,2016:281.

③ 王若涵.被遮蔽的选择自由：传播学视域下对电商直播带货现象的反思[J].新媒体研究,2021,7(1):118-121.

层考核，学习了有关于化妆、直播和销售的技巧。这让他既有丰富的美妆知识，还能根据不同受众的职业、性格等，从丰富的美妆产品中挑选出最适合的推荐给受众。以口红为例，他能够用精准的专业用语，如质感、色调、饱和度、叠涂等，在短短的一分钟内向用户输出口红的各种卖点和独特之处，满足用户的信息需求。[①]进入直播间的用户多数具有强烈的消费欲望，李佳琦的语言风格以密集的信息输出为特色，介绍商品不拖沓、不赘述，短小精悍的句式较为口语化，更容易被观众理解，也能够让用户在最短的时间内获取有用的商品信息，促成其快速形成购买决策。

（二）重复关键词，有轻有重

"买它！""Oh, my god！"在李佳琦一连串不断重复的标志性的吆喝声中，其直播间5分钟就卖出了1.5万支口红。在有声语言的传播中，重复关键词可以提升有声语言的能量，有效提醒听众注意信息焦点，集中用户的注意力，从而提高听众对其的关注度。[②]与此同时，通过重复关键词，可以使用户形成独特的心智，当其在其他社交平台看到相关的文字或者语音，能够自然而然地与主播的形象产生联系。此外，当在直播间听到李佳琦喊出"买它"，用户会不自觉产生紧张感，不自觉地与其他的消费者一同加入产品的抢购过程。

重音突出在有声语言的传递中也十分重要。在推荐国货花西子散粉时，通过对"限时""最""轻薄""哑光""超级细腻"等词汇的重音进行突出，李佳琦让消费者在短短几分钟内，了解了产品的功效、成分、活动等。对于本身对此款产品有需求的消费者而言，自然是不会错过直播间的价格福利。而对于本身第一次听说这个国产品牌的消费者而言，主播的这段轻重有别的台词，也可以帮助消费者迅速认识产品，达成理想化的对品牌的基础认知。

---

① 徐嘉敏.美妆短视频的传播特点与受众心理：基于李佳琦案例分析[J].新媒体研究,2019,5(13):51−53.

② 陈双玉.英语广播新闻的有声语言特征及其传播效果[J].长江大学学报(社会科学版),2008,31(6):149−150.

（三）输出富有感染力的情绪化语言，营造亲近感

经典台词的创造，离不开艺术化的包装。富有感染力、煽动性的情绪化语言往往能使女性受众受到暗示与传染，以李佳琦直播间的常用语展开分析，感叹句"Oh, my god""我的妈呀"，或是简短的肯定句"我也要买一支""好好看哦"等，再加上"少女的春天""小精灵在跳舞""港女必备"等暗喻、借代等修辞手法，赋予口红作为符号的意义价值，创造了在"能指"与"所指"之间的联系，使受众在产生丰富联想的同时接收这些符号的意义，产生购买欲望，完成购买决策。[①]

让·鲍德里亚提出，物的效用功能并非真基于自身的有用性，而是某种特定社会符号编码的结果。[②]在消费社会中，随着经济水平的提高，消费者购买产品的原因不再局限于产品本身的实用性，也包括附在物品上的象征性符码的意义。因此，主播对商品进行情绪化包装，展开艺术式说服，建构起人们的身份认同，能够激发消费者深层次的购买欲望。

情绪化的语言也能够拉近主播与消费者之间的距离，在屏幕前营造亲近感。"情绪可以是不为人知的内心变化，也可以是呈现于外部的行为表达。"[③]从一开始的"Oh, my god！""买它！"，李佳琦侧重于展现他"口红一哥"的身份；那么到现在的"所有女生"，李佳琦换了一种情感的表达，力图能够照顾到所有来直播间的消费者——所有女生，似乎不论你是学生还是白领，不论你是18岁还是50岁，只要来到直播间就不会被忽略，并有机会找到适合自己的产品。

---

①　陈双玉.英语广播新闻的有声语言特征及其传播效果[J].长江大学学报(社会科学版),2008,31(6):149-150.

②　鲍德里亚.符号政治经济学批判[M].夏莹,译.南京: 南京大学出版社,2015.

③　邵鹏.媒介记忆理论[M].杭州: 浙江大学出版社,2016:280.

第二节　直播电商的策划与策略

　　一场成功的直播带货离不开缜密的策划。对于品牌来说，无论是自播还是与 MCN 机构合作，首先要明确直播的目的是什么，要明确一场直播能够为品牌带来什么，是明确的销售额增长、品牌传播，还是流量沉淀？而对于直播团队来说，如何能够在最短的时间内吸引用户，促使其下单，这和他们制定的直播带货策略息息相关——是以理服人还是以情动人？同时，直播团队也要精心布置直播带货场景，从微观的场景呈现到宏观的场景选择，都要悉心洞察消费者的需求和喜好。

一、直播电商内容策划的目标

（一）长期目标：沉淀和经营流量，盘活私域流量

　　品牌走上"直播带货"这条路时，必然会面临要选择怎样的直播平台这个问题，这关系到品牌流量的获取。以抖音为例，不少企业选择通过抖音的品牌号，直接在抖音上营销品牌和推广产品。在策划直播的过程中，企业除了要考虑单次的投放量以外，也有越来越多的品牌开始思索要如何完善从引流到转化，整个链路中的消费体验，以及如何实现流量的沉淀。品牌不断变化直播内容，尝试以新颖的营销手法来吸引眼球，并激发消费者的购买力，他们逐渐摸索到直播大促营销的秘诀，就是品牌方既要发力获取流量，也要思考如何有节奏、有策略地沉淀和经营流量，将公域流量有效转化为私域流量，同时盘活私域流量。

　　在 2021 年"6·18"的销售期间，薇诺娜完成了抖音品牌旗舰店的装修升级，在品牌旗舰店挂上了直播预约，尝试召回抖音品牌号积累下来的用户。对于品牌来说，除了从公域向直播间引流，品牌旗舰店的直播预约用户召回，有着重要价值。基于此前抖音品牌号的经营，这群用户在抖音生态内，已经对品牌建立了很深的好感和互动意向，对于加快直播间的转化而言，其重要性不言而喻。从"6·18"活动的营销结果来看，薇诺娜的目标达成了，直播预约召回率高达

70%，召回用户的转化率达到了69%，且召回用户的客单价，对比直播间普通用户高出12%。此次活动也证明，薇诺娜成功地在抖音建立起了高价值、高转化的长效品牌阵地。[①]

品牌对于内容阵地的打造，一方面能够实现流量的沉淀，另一方面也能促成粉丝运营的精细化。以肯德基为例，其首先利用品牌旗舰店的知名度打造出了粉丝运营阵地；再以每天开播＋周期性活动的方式，让用户形成固定的观看习惯，沉淀并培育一批品牌的资深粉丝，进而培养粉丝直播买券、App／线下消费的认知；同时，通过对粉丝特征进行大数据画像描绘，肯德基借助影视IP／节日主题等多元内容为直播有效引流。2021年的"6·18"大促正好覆盖六一儿童节，借助于品牌旗舰店功能，肯德基紧跟营销热点，将"宠粉"与小黄人IP相结合，并推出"六一哈哈哈哈桶兑换券"宠粉福利，来迎合儿童节的节日氛围。这一营销方式吸引了许多年轻的粉丝用户抢购。[②]

（二）内容企划目的

1. 以销售为导向

伴随着媒介技术的动态演变，从电视直播购物、电子商务再到如今的直播电商，从"人找货"到"货找人"，直播者通过网络平台实现了相关产品和服务的推销。直播电商又被称作"直播带货"。"带货"一词本身就暗示着强烈的销售意图，该词源于互联网，其本质是以互联网为平台，以社交媒体为载体的网红经济，也是当下新经济的组成部分。[③]

在进行直播电商策划时，如果明确本场直播是以"带货"为主要目标，那么无论是选品还是直播间脚本等安排，都要以实现最大销售转换为目标。比如选品搭配要精心设计，平衡好引流款、利润款、主推款、次推款等；在脚本企划

① 萧拙.揭秘6·18生意经：品牌在抖音找到增长都有哪些"正确姿势"[EB/OL].(2018-8-15)[2022-4-24].https://mp.weixin.qq.com/s/Av5RIZq4HijmTdh2RfQTkw.

② 萧拙.揭秘6·18生意经：品牌在抖音找到增长都有哪些"正确姿势"[EB/OL].(2018-8-15)[2022-4-24].https://mp.weixin.qq.com/s/Av5RIZq4HijmTdh2RfQTkw.

③ 魏然.网红经济热现象分析[J].理论观察,2016(9):54-55.

上，则要寻找产品的卖点，用最短的时间在消费者心中确定位置。这就是广告营销学中的定位理论。在美国著名营销专家艾·里斯与杰克·特劳特看来，定位从产品开始，产品可以是一种商品或是一项服务，甚至也可以是一个人。定位针对的对象不是产品，而是目标客户，企图在目标客户的头脑置入鲜明的产品定位，目的是确保产品在预期客户头脑里占据真正有价值的位置。[①] 同时，也包括提前设置好的优惠措施，如发红包、优惠券，还有精心设计直播术语，刺激用户的消费欲望。

以新东方创始人俞敏洪为例，2021 年 11 月 13 日，他首次直播带货推荐了 2019 年出版的自传《彼岸风景》一书。由于当时的新东方处在"双减"政策的舆论风波中，俞敏洪的首次直播带货引起了媒体的广泛关注，直播中他积极与用户进行问答互动，取得带货 1.5 万册的成果。

2. 以品牌传播为导向

直播电商具有"现场 + 同场 + 互动"的特点。伴随着移动通信技术的升级，它是以往内容电商的高级形态和最新形式，以多维度的内容和更紧密的互动与用户建立起更难为可贵的"信任感"，促成"品牌认同"。De Chernatony 将品牌认同定义为"一个品牌独特的、核心的思想，以及品牌如何将这种思想传达给利益相关者"[②]。直播带货一方面能够高效地销售商品，另一方面凭借这种新型的形式帮助企业建立品牌形象，传递品牌价值，真正实现了"品效合一"。

2021 年 12 月 27 日，喜茶在微信视频号上开启了直播首秀——"小憩茶话会"。这场直播不仅给用户提供了必备的"爆款限时折扣"和"周边礼品"，还让门店店长、门店设计师和产品研发亲身出镜，将喜茶的门店设计内涵、产品背后的故事、爆款产品的秘诀向用户娓娓道来。不同于其他品牌在抖音或淘宝进行直播，在路径选择上，喜茶以微信视频号作为连通器，连接了朋友圈、公众号、小程序的流量，实现了微信生态的全域联动；在传播策略上，喜茶打造了"以品牌沟通为主，带货为辅"的内容直播新形式，以"品牌化"和"精品化"为

---

① 陈培爱.广告学概论[M].北京:高等教育出版社,2014.

② 王晓彦. 店铺认同与店铺印象的一致性研究[D].长春:吉林大学,2011.

策略前提打造直播内容，收获了 20 多万的观看量和不错的销售成绩，实现了"品效合一"双丰收。

诚然，直播带货能够高效率地实现"品效合一"。但是，倘若直播团队没有充分策划好直播活动，进而导致"翻车"事故，品牌就有着"品效双失"的风险。2019 年 10 月 29 日，李佳琦在直播带货不粘锅时，鸡蛋在该不粘锅中处处粘锅，使得直播现场十分尴尬。事后，李佳琦在微博上为此次"翻车"事件做出了解释。但因为此次"翻车"事故，不仅用户对李佳琦的信任下降，还对事件中的不粘锅品牌的品质给予了否定。

二、制定直播带货策略

（一）理性诉求策略

进行前期的直播策划，直播团队需要从多维度找到产品的卖点，这与广告学中的广告诉求异曲同工。广告诉求，俗称"卖点"，是信息传播者利用多种创意途径，将要传达的产品利益或形象表现出来，从而改变信息接收者的思维或者观念，并在传播信息中改变消费者对相应活动的动机，或影响他们对产品的态度。广告诉求策略是宣传产品或服务的策略，它展现广告的核心价值与理念，是决定广告胜败的关键。搭载不同的诉求方式，广告打动和说服不同的受众，进而促成受众的观念和行为的变化。[1]

直播中的理性诉求策略，指的是对产品进行客观的冷静的事实阐述或者对产品特征进行比较，如阐释产品的特点、用途、使用方法等产品的事实性信息，使受众进行理性思考，在权衡利弊以后被说服并进一步采取购买行为。[2]

对于带货主播而言，他们的工作职责是销售，因此必须将产品介绍放在首位，向用户介绍产品的功效、价格、质量等。李佳琦是出身品牌专柜的美容顾问，对于各种美妆产品有丰富的知识储备与独到见解。以介绍一支口红为例，

---

[1]　丁俊杰,张树庭.广告概论[M].北京:中央广播电视大学出版社,2001.

[2]　怀明.理性广告和情感广告对消费者品牌态度的影响[J].心理学动态,7(1): 56-59.

他能够用最短的时间将产品信息和价格信息传递给用户，用精准简练的专业词汇概括口红的各种卖点，包括色调、质感、上色度、适用场景等，阐述口红的实用性价值，配以夸张的动作和俏皮的神态，给受众带来视觉和听觉的双重体验。[①] 此外，随着当下对"科学护肤"概念的提倡，如"早 C 晚 A"（这里指白天使用含原型 VC 及 VC 衍生物的护肤品，晚上使用含 A 酯、A 醇、A 醛或 A 酸的护肤品）等，消费者对美妆或护肤产品的成分认知需求逐渐提升。在直播间，主播使用包含专业话术的语言，可以增强信源的可信度，提升对观看用户的说服效果。李佳琦对护肤产品的语言描述会围绕着产品的原料成分展开，如在介绍某款面膜时，表示产品"当家抗老成分玻色因，再搭配四肽 –9"，"主要成分还有新西兰国宝级成分麦卢卡蜂蜜"，用科学方法来介绍护肤的专业名词，有助于提高用户对直播主播的信任度。

（二）感性诉求策略

感性诉求策略，是着力于受众心理或情感上的变化，通过传递产品精神层面的意义（如品位、流行等）及其暗含的象征意义，使消费者在接收到信息后能够产生愉快的心情，还能获得情感上的归属，对品牌也能够产生积极态度和强烈认同。[②] 这种表现策略，是以人们的喜怒哀乐等情绪，亲情、爱情、友情等情感为基础，由主播对直播间用户诉之以情，激发人们对真善美的向往，并使用户移情于物，对主播介绍的产品产生好感，最终发生相应的行为变化。直播间推荐化妆品、护肤品、美容仪器或食品时大多采用这种直播内容策略。直播间采用感性诉求策略推荐产品，一般都需要辅以一些能够引起用户共鸣的情感元素，例如明星、充满节日氛围的直播背景、令人激动的气氛等。

在广告中使用情感诉求策略主要有三种手法，分别是幽默感、亲切感、恐惧感。这些手法在直播带货中依然适用。

---

① 徐嘉敏.美妆短视频的传播特点与受众心理：基于李佳琦案例分析[J].新媒体研究,2019,5(13):51-53.

② 陈东.不同广告诉求方式下的消费者品牌感知价值与品牌认同的关系研究[D].成都:西南财经大学,2014.

1. 幽默感

幽默感可以有效缓减受众精神上的疲劳。来到直播间的用户并非只有购物的目的，在日常生活中，用户已经接触到大量的广告信息，如果直播间的产品推荐文案过于呆板、生硬，只会让用户选择离开。主播幽默的话术技巧或有趣的小互动，可以让用户更加沉浸式地参与直播。神经营销学之父戴维·刘易斯从神经科学视角对消费主义进行研究，他通过用仪器测量大脑对电视幽默广告的反应实验得出结论，被测试者在大笑或微笑时，血管受到压缩，这使更多的血液被挤入大脑，促使大脑分泌内啡肽，从而唤起受众积极的情绪反应，给受众带来愉悦的情感体验。这将在不经意间推动被测试者对品牌产生积极的态度，进而提高对产品的购买意愿。此外，实验还发现，广告中带有的喜剧情节会使受众的注意力变得更为集中。诸如之前作为李佳琦直播间嘉宾的金靖，其本身是喜剧演员，自带幽默搞笑属性，每次的直播都充满欢声笑语，直播间的弹幕刷屏不断：有网友评论"感觉自己在看明年春晚小品，赚到了"；更有网友产生错觉"是李佳琦来到了金靖的直播间吧"。欢快热闹的直播现场，让用户心甘情愿地为李佳琦和金靖推荐的产品买单。

2. 亲切感

亲切感主要是指向直播间的用户传递积极的、温馨的、愉快的情感体会。富有感染力、煽动性的情绪化语言往往能使女性受众受到暗示与传染，李佳琦的口头禅，比如感叹词"Oh, my god""我的妈呀"，或是简短的肯定句"买它""好好看哦"等，再加上"少女的春天""小精灵在跳舞""港女必备"等比喻、借代等修辞手法，赋予口红作为符号的意义价值，从而在"能指"与"所指"之间搭建沟通的桥梁，直播间的用户一方面通过这些内容产生丰富的联想，另一方面也接收到并肯定了这些符号意义，最终产生购买欲望。[①] 情绪化的语言能够迅速地拉近与观众间的情感联系，会让用户感觉自己在直播间获得了主播独一无二的重视。直播间的亲切感还来源于用户与主播之间形成的"拟态人

---

① 陈双玉.英语广播新闻的有声语言特征及其传播效果[J].长江大学学报(社会科学版),2008,31(6):149-150.

际关系"。一般来说，主播在固定的场景出现，以一种固定的模式与人设生产内容，会让受众日益熟悉。同时，像用户的好朋友般的好物分享形式，对受众来说，不仅带来似亲人般强烈的亲切感，还能在一定程度上起到缓解孤独、纾解郁闷的陪伴作用，加深直播用户对主播的依赖与信任。

3. 恐惧感

恐惧诉求就是塑造一种恐惧感，是一种极为有效的说服策略。比方说，可以通过陈述不使用推荐产品的不良后果，警诫人们防止不良或不幸结果的发生，给人造成一种心理上的震撼或恐惧，以刺激消费者情绪，激发心理反应，进而促使消费者改变态度以及形成行为意向。但是，对恐惧诉求的运用也并不是万无一失的，只有把握适当的"度"，才能发挥震撼人心的力量。一般来说，在运用恐惧诉求时需要注意以下几个问题：（1）广告所营造的恐惧程度要恰到好处、适可而止；（2）恐惧诉求要符合消费者的思维习惯；（3）广告应能提供消除恐惧的方法或途径。①

（三）潜意识诉求策略

利用潜意识诉求策略进行直播劝服的目的是让消费者轻松地接受推荐信息，并激发其内心深处潜在的消费需求。传统的理性诉求和感性诉求，以明确的卖点为出发点，针对消费者的显性需求，这种信息传递主要遵循从意识到潜意识的模式。但是，潜意识诉求是上述两种诉求方式的升级，是对用户需求更深层次的摸索，通过对消费者的潜意识需求有针对性地分析、提炼，激发消费者的潜在需求，进而促使其态度改变并最终产生购买行为。根据调查发现，72%消费者的购买行为是受朦胧欲望支配的，只有28%的购买行为是受显性需要制约的。② 各个直播间的产品同质化严重，而一个直播间内也往往会出现同属性产品，用户对产品的挑选很难基于"独特的销售主张"，用户是在直播间热烈的氛围下，主播诱导性的直播术语中，最终出于某些朦胧欲望，做出了购买决定。

---

① 邹宏, 王福娟.浅谈广告中的恐惧诉求[J].商场现代化, 2007(1):129-130.

② 何静.从潜意识理论看广告中的"拜物情结"[J].青年记者,2010(36):48-49.

亚伯拉罕·马斯洛的需求层次论将人类的需求分成生理需求、安全需求、社交需求、尊重需求和自我实现需求五类，同时马斯洛的需求金字塔还将自我实现界定为个人的最高需求。[①] 我们可以将消费者的需求分为实用需求和非实用需求两类，在非实用层面的需求，除了社交、尊重和自我实现这三种常见的需求，有些需求出于潜意识。对于有些人来说，拥有即等于占有。因此，对于消费者来说，他们能够从购买商品中获得快感。[②] 由朦胧欲望转化为明确购买的行为，有赖于直播中场景和内容的矩阵作用。

"精致穷"，是年轻人群体中普遍存在的一种生活方式和生活态度。这个理念表达的是每个人都可以也都应该过上一种高水准的生活，穷并不代表你可以降低你的生活水准，从而将不消费与不会生活画上了等号。伴随着媒体和营销号纷纷鼓吹这个概念，消费者或主动、或被动地认同了这个观点，直播带货恰好利用这点展开了有针对性的营销。受邀来到直播间的流量明星，或是与主播合作介绍产品的各种优点，或是表达该产品是自己的日常爱用好物，从而给广大消费者传达出一种错觉：只要获得了明星同款，你也能拥有像他或她一样的生活品质。对于追星用户来说，购买明星同款意味着他们和明星的距离更加接近。[③]

生活在高速运转的现代化社会，对短暂离开工作投身于直播间的用户来说，他们希望借助在直播间的消费找到在现实生活中缺失的认同感。直播带货通过对隐匿"奇观"的贩卖完成认同感的最终深化。居伊·德波在《奇观社会》中是这么阐述"奇观"的："奇观不是形象的集合。换句话说，它是以形象为中介的人之间的一种社会关系。"[④] 在快手主播"老铁，冲一波"的嘶吼声中，产品链接纷纷上线、优惠券不断在屏幕中央闪现，催促用户加紧点击，这些画面为受众带来了强烈的感官刺激，他们的消费欲望不断被激发与膨胀。受众以一种戏谑的姿态进行观看，并沉溺在这种狂欢中直至完成购买。借助直播间的消费，获得归

① 杨弦."需求层次论"与广告诉求点的准确把握[J].文艺研究,2006(3):152-153.

② 何静.从潜意识理论看广告中的"拜物情结"[J].青年记者,2010(36):48-49.

③ 李海娇.直播带货与消费心理的博弈[J].中小企业管理与科技(下旬刊),2020(12):162-163.

④ 拉康,鲍德里亚.视觉文化的奇观：视觉文化总论[M].北京:中国人民大学出版社,2005:59.

属感、认同感和安全感才是他们的潜意识诉求。[①]

三、直播带货场景布置

"场景"概念的提出，重构了新媒体传播的时空关系。"场景"理论的缘起，最早可追溯到欧文·戈夫曼的拟剧论，而后约书亚·梅罗维茨拓展了麦克卢汉的媒介理论与戈夫曼的拟剧论，在其著作《消失的地域：电子媒介对社会行为的影响》中提出应重视作为"社会场景"的媒介。而后，《即将到来的场景时代》的作者罗伯特·斯考伯与谢尔·伊斯雷尔提出了"场景五力"——移动设备、社交媒体、大数据、传感器、定位系统，它们分别扮演着体验载体、信息适配、逻辑工具、信息获取、物理定位的角色。[②]用户由"场"入"景"，由"景"扩"场"，从某种程度上看，直播电商的场景是商业资本鼓吹的消费主义的微缩景观。

（一）多元化的场景呈现

打造多元化直播间场景，这与直播团队开播前的策划密不可分，如直播间的商品种类、数量和排序，直播间的促销活动、创意营销方式等，直播策划打破了传统电视购物节目的单调的产品介绍，为直播间的用户带来丰富的场景体验。

从商品呈现来看，主播要把握直播间商品呈现的节奏，以自己的节奏向用户介绍产品，不能因为弹幕中用户连绵不断的提问或者情绪化的语言而慌了阵脚。商品的介绍应呈现逻辑性与关联性，避免集中讲解同一品类的商品，这会给用户带来一定程度上的压迫感，对众多同一类型的商品不知作何选择。因此，对于服饰穿搭商品，可以按照用户日常的穿搭顺序一一介绍。对护肤类产品则可以根据消费者的护肤顺序，介绍产品的功效，同时还可以向用户科普正确的护肤步骤和方法，营造沉浸式的护肤体验。

---

① 王若涵.被遮蔽的选择自由：传播学视域下对电商直播带货现象的反思[J].新媒体研究,2021,7(1):118-121.

② 斯考伯,伊斯雷尔.即将到来的场景时代[M].赵乾坤,周宝曜,译.北京:北京联合出版公司,2014:11.

以亮剑互娱的直播节奏来看，服装搭配师会给主播一整套搭配，主播一般是从上衣开始到裤子，再由吸引粉丝关注到整体搭配，连带内搭、配饰等呈现一整套商品。对直播间销售量高的商品会适当延长讲解时间，讲解也更加细致一些。

从商品数量和品类来看，在"6·18""双11"等大型的消费节日背景下，直播间的带货商品数量更多，种类也更加多元化。2021年6月18日，李佳琦直播间的商品数量超过66件，直播时长更是长达4小时，产品的种类涉及美妆、生活、服饰、家用电器等。而在日常的直播中，直播间安排的商品数量不建议过多，每款产品的介绍时间为5~8分钟，过多的商品数量会拉长直播时长，也会增加消费者的倦怠感。

"饥饿营销"和"借势营销"也是让直播间场景更加多元化的制胜秘诀。饥饿营销，通俗来讲就是减少产品的供应量，从而造成一种"供不应求"的假象。在这种情况下，消费者们内心的胜负欲被激发，反而更想要得到这类产品。在直播间，通过设置一些限量秒杀商品、分批少量上架产品以及刷屏用户抽奖免单等形式，营造紧张的抢购气氛，调动用户的积极性。对于抢购到的用户来说，他们会产生"赚到了"的心理；而对于未抢购到的用户来说，当下可惜的心理会让他们对直播间接下来的活动更加期待抑或将期待寄托在下一场直播。

"借势营销"可谓营销策略中的高级手段，运用得当能在网络时代占得先机，快速掀起浪潮，让消费者对品牌生出好感。借势营销花样百出，在冬奥会结束后，通过解说短道速滑比赛"出圈"的顶流王濛做客李佳琦直播间，两人的同框直播成为许多人的快乐源泉。王濛在直播间讲述了许多关于短道速滑的知识，李佳琦也为王濛上了一堂美妆课，二人间的有趣互动吸引了更多用户进入直播间。

（二）多样化的场景选择

1. 主播私人场景

在这一宏观场景框架下，直播间呈现的可能是主播的私人生活，也可能是他们日常的工作场景。主播生活或者工作的真实场景，是主播的私人领域，这

105

种直播间具有主播明显的个人特征，提示主播与用户之间形成了亲密关系。① 私人场景也是主播鲜明 IP 的一部分，采用固定的私人场景直播也可以减少直播场景租赁费用。

著名主持人朱丹最开始的直播场景是在家里，一张桌子，一台直播手机，没有专业的打光机器，没有精心布置的直播背景，甚至她临时的直播小助手是老公周一围，整个直播间似乎并不是那么专业，她在直播时对产品的解释与销售也不像专业主播那样精准，更像是给家人、朋友们推荐分享日常爱用好物的行为。但正因为如此，她的直播才会受到许多全职妈妈的喜爱。

搜狐 CEO 张朝阳在搜狐媒体大厦自己的办公室空间内进行带货，在他看来，"人类的沟通正走向一个影像化的时代"。通过围绕真实办公生活场景进行推荐，张朝阳的直播引发了网友激烈抢购。

2. 购物临场场景

符号化的场景布局、鲜明的主播 IP、兼具情感交流与情感劝服的双向互动，共同构造了购物临场场景。这种购物临场场景的布局契合用户的心理期待，主播通过介绍产品、与用户聊天、释疑解惑，从而搭建出双方"共同的意义空间"，最终推动消费行为的增长。约书亚·梅罗维茨指出，媒介建构的场景是一种情境，这种情境将最终影响人们的社会行为。②

打造购物临场场景，是大多数电商主播更青睐的选择，常分为两种情况进行布局。一种是在线上模拟消费者实体的购物场景。主播会扮演导购与模特的双重身份，进行试穿、试用、试吃，不断叙述自己的体验，用户也可以通过直播镜头观察主播的微表情，从而验证其说话的可信度。这种场景通常会展示品牌 logo（商标）、设置货物展示架等，从而模拟实体购物情景。用户可以在弹幕上提出自己的疑问，或要求主播体验某件商品，从而"身临其境"。亮剑互娱在搭建太平鸟和都市丽人等品牌的直播间时，大多选择简洁大方的直播背景，这

---

① 周丽,范建华.形塑信任：网络电商直播的场景框架与情感逻辑[J].西南民族大学学报(人文社会科学版),2021,42(2):142-147.

② 梅罗维茨.消失的地域：电子媒介对社会行为的影响[M].肖志军,译.北京：清华大学出版社,2002.

有利于用户将目光集中在主播身上，让用户进入直播间第一眼就感觉干净、明亮、舒适，为直播间提升人气。有时也会根据不同系列的衣服打造不同的直播间效果。

另一种则是在实体店进行直播带货。许多品牌都会选择在自己的旗舰店进行直播带货，这不仅可以给用户带来更直观的视觉体验，还可以为线下的实体店铺进行宣传。新世界大丸百货在 2020 年入驻了抖音，据其电商运营管理部负责人介绍，新世界大丸百货第一次抖音直播的 GMV 就达到了 1200 万元，在 2021 年 3 月 1 日的一场直播中，更是增长到了单场 5000 多万元。截至 2021 年 5 月底，该商家用户累计下单 33 万件，在抖音实现累计 GMV 已超 2.3 亿元，单是 5 月的 GMV 就接近 8000 万元。"可以说现在在抖音一个月的销售额，就是之前整个商场一年的线上销售量级。"在入驻平台后，它得到了抖音在内容、运营、工具等方面的帮助。新世界大丸百货创新推出"轮播实景"模式，主播在商场内边逛边推荐，完成了"线上＋线下"的场景联动，让顾客拥有"云逛街"体验。这种新型的购物场景也丰富了直播间的内容模式，用户足不出户就能够逛遍自己喜爱的商城。[①]

3. 生产溯源场景

除了主播私人场景、购物临场场景，直播间也逐步走向产地、工厂等产业链的上游，将产品原材料的种植、生产、采摘等过程，借助直播这种媒介形式直观地呈现给用户。产地直播、基地直播等直播模式层出不穷。

曾创下 10 分钟卖空泰国乳胶厂、6 小时总销售额 1.8 亿元战绩的快手主播辛巴的成功，与他深谙平台商业模式息息相关。为卖蜂蜜，他前往蜂蜜厂，在原生态的现场向用户展现蜂蜜的酿造过程；卖泰国乳胶枕，他还奔赴泰国工厂。生产溯源场景主要展示的是产品的生产制作过程，这契合当下"原生态""自然"的生活理念。在这种直播场景中，用户不仅可以了解产品的功效、质量等，还能理解它生产的工艺和方式。对于他们来说，既满足了他们充当品质"审核员"

---

① 吕玥.营销新引擎[EB/OL].(2021-8-17)[2022-4-24].https://mp.weixin.qq.com/s/vq2TYKYHw3MQ1uadvOQzVA.

的心理，也能使他们够在直播间学习到新颖的知识，从而心甘情愿消费买单。

2021 年 7 月 8 日，抖音旺仔俱乐部于安徽省安庆市的总厂进行溯源直播。这是抖音旺仔俱乐部首次在旺旺工厂进行直播，也是旺旺首次通过抖音向网友们实时展示工厂的生产线，观看直播的网友们纷纷表示"工厂真壮观"。在林东荣总厂长、徐永明协理以及其他同仁的大力支持与配合下，当晚 12 点直播收官时，品牌总业绩突破 112 万元，直播间观众人次突破 80 万，并拿下当日休闲零食品牌商家自播日榜第一。此次旺旺推出生产溯源直播的企划，就是想让消费者看到旺旺的实力以及对食品品质的追求，让消费者从生产源头看到产品的保障。

第三节　直播热词的语言技巧

直播间热词的研究通过对 500 多个食品行业头部直播间的热词进行汇总，将直播间热词归纳为产品词、营销词和情感词。调查进一步发现，从不同类型热词数量占比来看，产品词占据 48%，营销词占据 23%，情感词占据 18%，产品词占比近乎五成①。从不同类型热词及其权重关系来看，产品词权重发挥稳定且长尾理论明显，情感词的数量虽然较少但越来越多的直播间主播开始尝试利用情感诉求来加强与用户的连接，从而提高用户对主播的忠诚度。以下将从产品词、营销词和情感词等方面来分析直播电商常用的语言技巧。

一、产品词

在直播中，产品词的关键标签主要包括品牌名、商品名、产品功能、产品卖点、组合类型等。具体来说，直播间选品排布和产品解读，涵盖了产品类型、规格、卖点等。因此，对于直播团队来说，要注重直播间选品的合理组合与搭

---

① 巨量学.直播启示录：深度解读500+头部食饮直播间高光时刻[EB/OL].(2021-8-24)[2022-4-24]. https://mp.weixin.qq.com/s/s_b1UMRDHtn139w5a0KQQg.

配，如价格梯度、SKU（最小库存单位）数量、主推品等，仔细打磨产品的介绍话术和演绎方式，从而突出产品卖点，塑造直播间内容的产品力，建立消费者独特的心智。

（一）产品类型：突出选品诱惑

通过主播在直播间中对消费者进行产品讲解，让用户能够全面详细地了解产品情况，从而提升产品的购买率。因此，主播可以根据产品的类型对直播间产品词做不同的规划。首先必须先将产品分类，其次则是要找出产品的功能和特色，最后要凸显选品能诱惑消费者的特点，要契合消费者的需求，激发消费者的潜在需求。

电商在选定产品类型后，必须先对市场上相关的产品与热门直播间进行摸底，了解市场中产品的占比、价格与热度。以食品行业头部玩家们的直播间为例，此类型直播间产品以粮油米面与休闲零食为主，且消费者行为调查相关研究发现：市场上粮油米面产品以咸香酸辣等重口味为主，如消费者喜欢的红烧牛肉面、金汤肥牛面等；休闲零食的消费者以解馋而非饱腹为目的。另外，抖音 2021 年 1 月至 5 月的数据显示，母婴行业的直播间以童装、童鞋、玩具为主要品类。通过市场数据调查，电商可以决定是否要加入此类产品的营销战场。分析直播间对该类型产品的产品词描述，电商可以决定是仿照既有模式还是开辟新的解说词以制造差异化。

以国内羽绒服品牌鸭鸭为例，从 2020 年开始，鸭鸭就开始布局直播电商，不仅与天猫、抖音和快手等平台的热门直播 KOL 合作，迅速熟悉各个平台的直播特点，摸索直播策略，又相继邀请佟丽娅、郑恺、贾乃亮、罗永浩等名人加入专场直播，累计直播 GMV 超 8 亿元。在 2021 年抖音"8·18 新潮好物节"期间，鸭鸭荣获抖音品牌总榜及女装榜双榜第一，创造了破亿元的销售成绩，整场直播累计观众超过 269 万人，累计 GMV1300 多万元，当时创下了抖音羽绒服类目品牌自播 GMV 的最高纪录。这与鸭鸭优秀的选品策略以及对消费者人群画像的深度洞察息息相关，其于 2021 年 4 月开启品牌自播，以积淀私域流量为明确目标，这帮助鸭鸭能够更加垂直化地触达核心用户；而其日常直播间的产品组合搭配也多维契合用户，以"新款＋爆款""成人款＋儿童款"的组合搭配实现直播卖货，覆盖全龄段消费者，让每一位来到直播间的消费者都能够实现消费需求。①亮剑互娱于 2020 年 9 月与服装品牌太平鸟展开直播合作，精心研究品牌服饰特点，开播第一天成交了 5000 单，当月创造了 412 万元的 GMV。

快餐产品业龙头麦当劳在直播介绍时也善用产品词策略，以"88 金粉节"系列直播为例，其 6 场直播拿下了近 1200 万元的 GMV。回顾其直播，我们可以看到它以"超强直播专攻品"为卖点，推出"5 元板烧""8 元巨无霸""半价金粉桶"等"88 金粉节"线下爆品，这些品类本身就是麦当劳的招牌产品，用户认可度高，再配合直播间的优惠力度，麦当劳诚意满满，吸引用户迅速抢购。

选品结果的好坏会直接影响直播间的成交额，因此选品非常重要。除此之外，直播后的产品复盘、售后产品反馈、用户反映的产品使用体验也很重要。值得注意的是任何爆品都是有生命周期的，在步入衰退期后，选品团队必须尽快找到作为第二增长引擎的爆品，以防爆品失去活力后营业额下滑。

（二）产品卖点：描绘产品体验

从产品卖点来看，直播间的话术应着重产品体验，如口感诱惑、试用感受等。对于消费者来说，远程的实际物理空间被压缩成线上在场场景，他们在文字、表情符号、画面、声音等多种传播符号的刺激下，主动地参与到直播间的热烈讨论当中，从而实现对虚拟在场的想象满足。②对于主播来说，不仅要向消费者介绍产品的品牌与品质，更应生动地阐述产品的特征，如食品类产品的直播话术应涉及口感和口味，通过对口味的反复提及与描绘，配合现场展示与试吃，实现快速"种草"。美妆类产品的直播内容应涉及该产品的类型、色号、质感，主播可以在现场进行体验，对现场的体验进行描述，包括使用方法和使用感受，从而将产品的卖点具象化。

① 蝉妈妈数据.反季销售神话，品牌总榜&女装榜双第一！鸭鸭品牌GMV破亿元成抖音"8·18"新潮好物节黑马[EB/OL].(2021-8-25)[2022-5-19].https://mp.weixin.qq.com/s/GnQARyFhxPYXe-_QJEw3BA.
② 燕道成,李菲.场景·符号·权力：电商直播的视觉景观与价值反思[J].现代传播(中国传媒大学学报),2020,42(6):124-129.

这在李佳琦日常的直播间可以观察得到，李佳琦直播间以带货美妆产品为主，这与主播丰富的美妆知识背景和美妆实操经验有关。李佳琦主要借助比喻、联想、想象等艺术手法，产品词举例如下：

介绍粉饼的产品词，"轻轻地用天鹅绒粉扑，蘸取蚕丝蜜粉，很服帖、不卡粉，用完后皮肤像开了滤镜"；推荐面膜的产品词，"它就像鲜奶或者奶冻，煮熟了之后，冷却了之后，它就像上面那一层膜布一样的"……

利用丰富的动作搭配有声语言的具象化表达，让观众透过屏幕就能拥有体验，准确地接收到产品的卖点和特色。[①]

（三）产品量级：提高性价比诱惑

直播中对产品词的运用还可以从产品量级出发，在直播话术中应以产品的性价比为诱惑。产品量级主要是强调产品的大规模和低价格，从而凸显直播间产品的极致性价比。直播团队在确定产品类型和产品卖点以后，也需要和品牌或商家洽谈直播间这款产品的价格与规模，为消费者争取到最优惠的价格或最实惠的组合，以此提升消费者对直播间的黏度。

2020年5月24日，某服装品牌推出"夏日大作战"主题直播间，以直播售卖的方式，3小时售出超69万件CU系列T恤，直播间推出第一件99元，第二件69元，第三件19.9元，第四件、第五件0元的价格策略，主播在直播间不断强调这款联名服饰的极高性价比，让用户觉得买得越多越划算，从而带动整场直播的氛围和销售量。

再以李佳琦2020年"双11"直播间为例，在推荐OLAY光感小白瓶时，产品词举例如下：

小白瓶官网原价459元，佳琦直播间只需258元，你就能买到一瓶50ml的OLAY光感小白瓶。同时，我们还送给大家4瓶同款精华，每瓶14ml，相当于你258元就买到了106ml的精华！此外，我们还给大家争取到了15g的超A眼霜，2片水感面膜！真的超级划算。

---

① 晏雨涵.淘宝直播中主播的有声语言传播分析：以李佳琦为例[J].新媒体研究,2020,6(2):114-116.

价格上，李佳琦的直播团队针对这款产品为消费者争取到了低价格，契合消费者对于产品性价比的追求，再辅以大量的小样产品赠送，用户不是在买一瓶精华，而是以 258 元买到了品牌大礼包。在肢体语言方面，李佳琦也十分善于运用辅助工具。说明打折力度时，李佳琦会使用计算器为用户计算，用直白的数据告知消费者直播间的折扣力度；解释如何下单最划算或如何领取优惠券时，小助手也会拿着手机或 iPad 靠近镜头逐步进行演示，这也是英国社会学家郝伯特·斯宾塞曾说的，"要懂得为读者节省脑力"。[①]

二、营销词

营销词在直播间指与购买行为相关的互动内容，涵盖粉丝福利、购买引导、价格展示、下单指令等。这是直播间最需要关注和重视的维度，应重点打磨粉丝专属福利设置、价格优势拆解和逼单技巧，在一个周期内着重攻克一项指标，如新增粉丝量 / 粉丝 GMV 占比 / 客单价，从而提高直播内容的营销力。

首先，营销词要卡准用户下单链路的所有关键节点。激励—解忧—引导三步走。

第一步：直播刚开始，以特价福利品秒杀引导关注，转化刚进直播间的用户。服装品牌在开播后的几分钟，通常会上架几款秒杀产品，如相关搭配帽子、耳饰等，从而提升直播间热度。

第二步：主播要随时随地解答产品的原价、发货时间、使用方式等，为用户排忧解难。这里可以分为单点互动与群体互动。单点互动是指主播要针对某一个用户的问题，及时告知解决方案或答案，给予他被重视的体验。群体互动是主播主动地询问用户是否有疑问，比如对服装尺码不清楚的，可以报身高体重，由主播进行尺码推荐，从而提高直播间的互动率。

第三步：通过倒计时上下链接营造紧张的气氛，以及演示如何下单、如何在页面中领取优惠券等。

其次，描述对比线上线下购物场景。一方面要让用户体验到线上购物的便

---

① 姜琳琳.互动仪式链视角下的李佳琦直播带货运行机制解析[J].新闻论坛,2020,34(4):27-29.

捷，摆脱过往线下购物的痛点，比如东西太沉运输不方便、价格不划算、超市品类不全等；另一方面通过场景描绘让消费者可以直观地了解产品的适用时机，如新春佳礼、生活好物、七夕限定好礼……

最后，回归到营销词的直播话术技巧。话术技巧主要有五种：品质对比法、组合计价法、全网比价法、多拍返利法、数量叠加法。[①] 对于主播来说，在讲解直播间价格时，既要展示福利活动，也要突出直播间的优惠力度，过往平铺直叙的方法很难再吸引用户。这五种话术技巧既可以吸引用户延长在直播间的停留时间，也能帮助用户更好地了解直播间的价格优势，助力下单。

（一）品质对比法

品质对比法的应用场景主要是消费者对直播间的产品提出高价质疑之时。主播可以积极主动地回应价格质疑，强调同等品质下我们直播间的产品性价比更高。也可以耐心地和消费者阐述产品高价的原因，一一列出理由，以理服人，不仅可以让消费者经过理智思考下单，也能增强双方的信任度。消费者提出高价质疑在直播间是非常常见的情况，因为品牌会与不同的直播团队合作，也会展开品牌直播，不同直播间的产品类型、价格、赠品都不尽相同，消费者面对不同直播间五花八门的产品、价格和福利眼花缭乱，并不能做出清晰的判断。对于直播团队来说，在开播前，应对选品的类型、价格了然于心、对质量严格把控。以某服装品牌的直播间话术举例：

> 这款鞋子，大家可能觉得价格贵，可以听一听我们的理由。首先，这款鞋子采用了进口原材料；其次，今年我们为了给大家更好的穿着体验，更换了更好的代理工厂，××品牌鞋子的代理工厂就是它们；再次，这次我们给大家带来了1000双现货……"

该服装品牌可以在开播前准备好自己的原材料以及同类竞品的原材料，在用户质疑前或质疑时，对原材料进行比对，比如原材料的色泽比对、柔韧性比对等。

---

① 巨量学.直播启示录：深度解读500+头部食饮直播间高光时刻[EB/OL].(2021-8-24)[2022-4-24].
https://mp.weixin.qq.com/s/s_ b1UMRDHtn139w5a0KQQg.

（二）组合计价法

组合计价法的话术适用于直播间里特定组合SKU，比如某些产品单价卖价较高，对于消费者来说难以接受，但若是按组或按打售卖，组合价就十分划算。主播使用这种传递价格信息的技巧，主要是将产品单包的价格相加再与组合价进行对比，从而体现组合装更加划算。以李佳琦推荐施华蔻斐丝丽泡泡染发剂时的营销词为例：

"线下购买单盒就需要90多元，我们直播间2盒89元，额外再赠送大家洗发水50ml、羊脂绒一分钟发膜50g，相当于3.9折。"

在推荐Mistine小黄毛防晒霜时，他这么介绍："日常这个品牌99块钱的容量（60ml），已经是一般防晒霜的容量2倍，佳琦直播间，118元2瓶，相当于118元购买到4瓶普通容量的防晒霜，太划算了，太便宜了！"先阐述单个产品的价格，从而说服消费者两盒一组购买更加划算。

（三）全网比价法

直播团队确保与品牌方或供应商协商的产品价格是全网最低价抑或是给到的福利十分丰厚综合比较价格最低时，才可以底气十足地向用户保证在这个直播间购买到的就是全网最低价。具体的营销词如："欢迎全网比价，今天我就是这么肯定，你们不拍就再也找不到这样的价格了！""今晚我们品牌方直播，做到一个超低价格，别的达人明星找我们要这个价格我们都不给，因为这个福利我只给到我自己品牌的粉丝们。"[①]

丁香妈妈在"6·18"直播间为回馈粉丝，推出0.99元抢购丁香园自研的爆款产品"鼻子纸"，其主播是这么介绍的：

这款鼻子纸是我们公司自研的，供鼻炎、鼻敏感、感冒流涕时使用，为感谢大家的支持，直播间只需0.99元就可以抢购到一提鼻子纸，这是从未有过的价格，数量有限，大家要抓紧拍哦。"

---

① 巨量学.直播启示录：深度解读500+头部食饮直播间高光时刻[EB/OL].(2021-8-24)[2022-4-24]. https://mp.weixin.qq.com/s/s_b1UMRDHtn139w5a0KQQg.

（四）多拍返利法

这种话术多适用于实用性强的产品或者是基础款产品，比如服装行业的袜子、打底衫和百货行业的洗衣液、洗洁精等用品，都十分适用这种话术。这种话术主要指在直播时告知用户在每一笔订单收货后都能够获得返利，同时配合拍立减的活动，引导用户从买一单到买两单，或从买一件衣服到买两件衣服，促使用户下多笔订单。以主播在日常直播间催促下单时的话术为例：

> 今天我们有活动，每一个订单都可以返××元，多拍多返，你买得越多，就越划算。也可以选择分开多个订单拍下购买。这种好事情不要怪我没有告诉你们。

（五）数量叠加法

这也是直播间常用的话术技巧，主要指主播在最开始不直接展现所有的产品，而是依次从画面外拿出产品放在桌子上，步步直击用户的价格防线，这种方法适用于多包的SKU。

> 欧缇丽喷雾来了，一瓶够不够，不够给大家两瓶！256元2瓶好像有点贵，但是，我们送正装2瓶，相当于256元4瓶欧缇丽喷雾。所有女生，买起来！

在推荐欧缇丽喷雾的过程中，李佳琦和小助手从屏幕外不断地拿进一瓶又一瓶产品，从一开始强调256元2瓶的价格已经比官方旗舰店优惠40元，再不断拿出同款产品，一步一步地击破用户的价格防线，激发他们的购买欲望。

三、情感词

这一类的直播内容，主要指对用户进行非购买引导的互动内容，包括主播与用户的情感双向互动，如欢迎嘉宾、人物称呼、情绪抒发、非带货话题讨论等。主播不能将自身故步自封为无情的卖货机器，而应该加强与用户的日常互动交流，拉近主播与用户的距离，从而加强直播内容的情绪感染力[①]。

（一）粉丝互动：高频又有效的技巧

1. 倒计时

主播对于直播间的掌控离不开倒计时话术的使用，用倒数的仪式增强受众期待值，使受众一时间注意力高度集中，再以明显的音强的变化吸引受众注意力，营造紧迫感，从而刺激消费者下单。[②] 倒计时的类型也可以分为四种，分别是上架倒计时、下架倒计时、关注倒计时、秒杀倒计时。

（1）上架倒计时

上架倒计时主要运用在产品上架前或者是第一轮库存已经抢购结束需要补库存时，主播可以对产品进行试吃、试穿，为观众详细介绍产品的特点、价格、性能等，还可以引导用户留言他们想要产品的名称或数量，提升直播间热度。这与法国社会学家涂尔干·埃米尔提出的"集体兴奋"或"集体欢腾"相似，它指的是当人们聚集在一起，由他们形成的热情会在群体中迅速传播，人们会上升到极其兴奋的状态，共有体验不断强化。[③] 在主播话术的引导下，受众情绪高涨，促成一致性的"购买抢货"行为气氛，刺激用户在产品上架时迅速完成购买行为。如：

大家准备好了吗！3！2！1！上链接！大家快去拍！

由于下架倒计时的直播技巧与上架倒计时相似，目的都在于给用户营造紧张的购物氛围，在此不赘述。

（2）关注倒计时

这种话术方法通常配合特价品、秒杀品、抽奖等，突出推出某款产品是

---

① 巨量学.直播启示录：深度解读500+头部食饮直播间高光时刻[EB/OL].(2021-8-24)[2022-4-24]. https://mp.weixin.qq.com/s/s_b1UMRDHtn139w5a0KQQg.

② 惠心怡.互动仪式链视域下主持人直播带货研究[J].新闻前哨,2021(6):88-89.

③ 柯林斯.互动仪式链[M].林聚任,王鹏,宋丽君,译.北京:商务印书馆,2009:35.

为回馈粉丝，该商品仅供粉丝购买，用户必须关注主播的账号成为其粉丝才能参与购买。通过这种方式可以增加直播间的粉丝数，并提升直播间的实时热度排行。

这是专门为粉丝准备的福利，所以还没有关注佳琦直播间的 MM 们，先点关注，我们过一分钟就要进行抽奖咯！

（3）秒杀倒计时

这种倒计时多适用于秒杀单品，在刚开始直播或在直播开始前半小时、1小时等时点，短时间内上架秒杀品。这种方式适用于直播间人数较少或固定时刻操作，可以轻松转换直播间的氛围，也可以在短时间内聚集直播间人气。比如淘宝某自制服饰品牌的秋季上新直播间，不仅上新这一季服饰，还会上架许多服装配饰，如 1 元秒杀帆布包、发箍等小礼物，通过小礼品的秒杀加强与用户的互动，同时也能让用户感受到商家的用心，具体情感词的运用如下：

这次秒杀单品有我们本季服装的配饰。很多宝宝们都在微博问我们饰品的购买链接，这次我们将这些配饰作为秒杀单品推出，定时开秒杀。比如现在这款贝雷帽，数量不多，只有20多顶，倒计时 10 秒钟，抢到就是赚到。

2.贴标签

贴标签主要指给直播间的不同人群花式贴标签。贴标签的维度和标准可分为新老客、地域、口味喜好度、是否拍到等，还可延伸至年龄、人生阶段等。直播间的用户来自不同年龄段、不同地域，主播很难照顾到每一位用户的需求和情绪，并进行精准推荐，贴标签这种方式可以快速引发用户与主播之间的互动，让用户感觉到"被关注"或产生"原来有老乡也在跟我一起看直播"的心理体验。

（1）新老客

这是最常用的维度，新人进入直播间后系统会有欢迎某某进入直播间的提醒，主播应实时关注新进入直播间的用户，如果一段时间内进入直播间的人数激增，要及时引导新进来的用户。如：

新进来的宝宝观看 3 分钟，可以领一张 25 元的优惠券。我给你们演示一下怎么领取。点击链接，拉到屏幕下方，点击主播头像，就可以领取优惠券。领到优惠券，然后再去购买！新进来的宝宝一定要先领取优惠券再去购买！

（2）地域

这种维度的标签十分适用于有浓重地域特色或属性的产品，且响应度往往最高。淘宝根据全国地理位置推出了"家乡好货"直播频道特色栏目，全国各地的直播间大致分为八大栏目：东北大地、北国有鲜、江浙鲁徽、云贵川滇、西北风情、闽粤寻味、荆楚老表、县长来了。[①] 点进特定地域的直播间，我们可以看到直播间的产品围绕当地风俗或特色，主播可以从地域出发和用户进行互动。如：

有没有喜欢吃南昌拌粉的宝宝，直播间一定有来自南昌的宝宝吧？有的话请扣 1，看看在场有多少南昌的朋友！

2020 年受新冠肺炎疫情影响，湖北当地部分农特产品因运输和购买渠道不畅出现滞销，为了解决当地民众的燃眉之急，加速湖北复工复产，《人民日报》新媒体发起"为鄂下单"系列公益直播带货活动。4 月 13 日晚，首场"为鄂下单"公益直播带货活动邀请了湖北籍艺人吴倩来到直播间销售。从 4 月 13 日至 4 月 30 日，《人民日报》新媒体累计开展直播带货活动 5 场，成交金额超 2.5 亿元，热销了 72 款湖北产品，包括武汉热干面、汉口老酸奶、孝感米酒、潜江小龙虾等，这一系列带货直播获得了网友的关注与支持，在网上相关话题阅读量超过 12.5 亿人次。

（3）口味喜好度

该标签维度适用于食品行业的直播间或者零食专场直播间，主要指对用户口味喜好进行细分，逐一击破用户的顾虑。如：喜欢吃甜食的宝宝们，一定要

---

① 吴武娟.农产品直播营销的互动仪式分析：以淘宝"家乡好货"频道为例[J].新媒体研究, 2020,6(20):66-68.

买这款饼干！有没有和我一样重口味的朋友？那一定要选这款火锅底料，汤底十分浓厚，辣味十足！

（4）是否拍到

作为最基础的标签维度，是否拍到主要指在每一轮产品上架或再次补货后，询问观众是否拍到产品，引导他们进行留言。这样一方面可以让主播团队了解该款产品是否需要再次补货，另一方面也可以为未能购买或购买行为错误的用户提供指导。如："没抢到的宝宝扣1，让我看看还有多少人没拍到，不要着急，我们和品牌方联系一下再给大家加库存。""这款产品直播间只有1万份，先到先得，抢不到的MM们可以和佳琦说一下。"

（二）情感互动的结果：群体团结

直播间的拟态交往语境部分，还原了现实生活中人际传播的特性。对于用户来说，互动感受是他们持续使用直播电商平台的重要影响因素。兰德尔·柯林斯的"互动仪式链"理论指出，一场成功的互动仪式必须具备以下四个要素：（1）两个或两个以上的人通过身体在场而相互影响；（2）对局外人的屏障；（3）共同关注的焦点；（4）能够分享共同的情绪或情感体验。[1]一场直播在完成上述互动仪式的构建后也会产生一定的结果，比如主播能够更好地实现情感动员、与用户进行融洽的情感互动，继而让用户逐步加深对主播的情感依赖，促成群体团结，构建群体符号。

群体团结，指的是作为群体里一员的感觉。一个群体团结水平的高低，对其内部关系的巩固和群体任务的完成起着重要的作用。同样，直播间在某种程度上也相当于一个具有家园感的社群，具有强大号召力的主播，将趣味相近的用户聚集在直播间，让他们产生群体团结感。[2]短视频平台快手主要的经济形态是"老铁经济"，因此快手主播们从上到下默契地实行着"老铁制"，他们更在意是否能通过各种互动手段与粉丝打成一片。[3]

① 柯林斯.互动仪式链[M].林聚任,王鹏,宋丽君,译.北京:商务印书馆,2009:4-5.
② 姜琳琳.互动仪式链视角下的李佳琦直播带货运行机制解析[J].新闻论坛,2020,34(4):27-29.
③ 王新喜.快手直播带货的底层逻辑[J].新理财,2020(8):41-44.

思考题

1. 直播电商内容生产有哪五大要素或模式？它们之间的联系和区别是什么？

2.PGC 具有什么特点？

3. 直播电商与 BGC 结合的好处有哪些？

4. 什么叫头部主播？有哪些代表性人物？

5. 请对"直播电商 +"模式展开想象和设计。

6. 如何创造和设计直播中的关键词或经典台词？

7. 以销售为导向和以品牌传播为导向的主要区别是什么？

8. 直播带货有哪些主要策略？

9. 直播间有哪些传播热词？各有什么特点？

第四章 直播电商的用户与数据分析

对直播用户的数据分析，将从大数据技术、直播间关键数据分析、数据调查公司三个方面进行探讨。第一节，洞察用户，层层递进，环环相扣，经由大数据分析发现商机；用人工智能技术优化服务，将最终利用用户数据分析实现精准营销。第二节，主要探讨如何对直播电商的关键数据进行分析。首先以 AARRR 模型阐述直播电商数据；其次是对直播间外的数据进行分析，包括回购率、用户画像等。第三节，主要介绍了相关数据调查机构，如以中国互联网络信息中心为代表的国家级权威机构以及跨国服务机构尼尔森。

第一节 大数据与数据可视化分析

当下网络信息技术高速发展，短视频时代、直播时代到来，网红经济大爆炸，电商与直播结合的浪潮愈加高涨。一批又一批的网络红人、KOL 涌现出来，纷纷参与到直播电商的潮流之中，推动了网红直播经济的高速发展。要利用当下潮流发展电商经济，除了主播本身要具有较好的综合素质，更重要的就是要了解和熟悉直播受众的角色、特点、类型、心理效应，掌握受众的动机，需要了解 KOL 及其影响力的形成因素和中介功能。因为受众是信息传播的"目的地"，是信息传播链条上的一个重要的环节。受众又是传播效果的"显示器"，是职业传播者是否够格的评判者。没有受众的反应和评价，就不能真正地了解大众传播媒介的效能和效率。[①] 没有用户的直播，就是一场主播的独角戏，用户才是直播电商经济可持续发展的最关键要素，要想打开受众市场，得到用户的青睐与长久支持，必须要进行广泛的数据采集、精准的受众定位与分析，以明确品牌营销的方向与策略。

传统零售以销售为导向，透过买货、卖货模式来获取利润；而新零售则以经营顾客的消费生命周期为导向，通过数据洞察以进行会员再营销，并有效延续品牌价值。利用人工智能、大数据、云计算来实现营销整合，通过工具的升级转型，搭配数据化管理策略，可以有效地协助企业更好地为消费者提供服务。

以全球知名快时尚品牌 ZARA 为例，ZARA 最短 3 天就可以推出一件新品，一年可以推出 12000 款时装。面对如此快速又庞大的时装变化量，ZARA 之所以能够快速又精准地预测消费者的喜好，关键就在于数据记录。ZARA 借由全球的企业营销网络，对每一件销售出去商品的售价、部门、时段、客户等数据都进行精准记录。接着，将这些数据用自动化程序分析，总结出顾客的消费喜好，作为未来推出新产品时的设计及决策依据。自动化的大数据分析为企业赢得强有力的基础数据提供了后盾及支持，企业不仅省时省力，更可精准预知未来商机。因此，该如何利用大数据获利，已成为企业发展的重要工作之一。

一、大数据分析的运用

"电子设备日新月异，互联网技术无孔不入，你的一举一动都产生了大量的数据。"[②] "我们不是即将迎来大数据时代，而是我们已经置身其中……也就是说，我们无意识中、不经意间生产着海量的数据，而这些数据可以被分享、可以被挖掘、可以被分析、可以被解读，当然也可以被利用，这些或许包含着个人隐私的大数据已经成为当下网络生活的一部分，成为可以被挖掘的资源。"[③]

---

① 邵培仁.传播学(第3版)[M].北京:高等教育出版社,2015:295.

② 李盛明.大数据战争：即将到来的全球数据革命[N].光明日报,2013-1-21.

③ 邵鹏.论大数据时代的融合新闻生产[J]. 中国传媒报告, 2013(3):47.

因此，"大数据"不是一个新概念，而是在 2012 年引起社会广泛关注的热词，媒体甚至将 2013 年称为"大数据元年"。目前，几乎所有世界级的互联网企业，都将业务触角延伸至大数据产业。其他行业也都在思考如何将大数据转变为一种竞争优势，转变为未来发展的驱动力，各大媒体则在思考如何利用大数据推动产业转型升级。"如果说 IBM 的主机拉开了信息化革命的大幕，那么大数据则是第三次浪潮的华丽乐章。"①

（一）大数据的重要性

大数据又称为巨量资料，是指无法在一定时间内用常规软件对内容进行抓取、管理和处理的数据集合。IBM 针对大数据提出 5V 特点：即 volume（大量）、velocity（高速）、variety（多样）、value（低价值密度）、veracity（真实性）。

1. 数据量大。大数据与传统数据最大的差异在于数据量，大数据的数据量远多于传统数据。如果以量化表示，大数据是指在一天内可生成 1TB 以上数据量的数据。

2. 高速传播。大数据要求在数据处理上速度快、时效性强。

3. 不同种类。数据类型庞杂，种类繁多，比如社交媒体上的账号记录，包括图像、照片、文字、声音、超链接等多种数据形式。

4. 价值不高。大数据属于低价值密度数据，但是只要深入挖掘、合理运用，就可以用低成本创造高价值。

5. 数据真实。自然生成的大数据往往具有真实性，数据的质量也比较高，因此合理利用大数据可以产生较大的价值和效益。

直播电商主体要想在众多竞争者中脱颖而出，必须要借助大数据技术。对直播电商在传播和营销过程中产生的各种大数据，要进行收集、整理、提炼和加工，形成信息数据库，为直播营销策略提供必要的、可靠的依据。同时，还要借助算法对圈外的网络、媒体、社交媒体中的海量数据进行有效整合和利用，构建数据化的营销管理系统，实现实时动态化管理，形成以信息化、数据化为

---

① 邵鹏.媒介融合语境下的新闻生产[M].杭州:浙江工商大学出版社,2013:160-161.

主体，人工为辅助的营销管理系统，促进管理效率的提高。①

（二）电商运用大数据的优势

对直播电商而言，从海量的数据中抽丝剥茧，并将其转化为商机，是其运营数据的重要目标之一。大数据的信息分析在不断改变着电商运营模式，从以往单纯的网络销售，到现在的关联性的推荐与个性化服务，这些都是在大数据分析的基础上发展形成的新型营销形态。为了精准把握消费者需求、迎合市场趋势，许多直播电商纷纷成立大数据研发中心，或者与专门的数据调查公司合作分析大数据，在电商运营、顾客管理、产品营销等方面付出精力。

1. 电商运营：降低成本

大数据对电商最直接的影响，就是成本节约，这对受困于运营成本上涨的直播电商而言，非常具有吸引力。

以京东为例，京东致力于将过去商品在物流上的多次移动努力简化为两次移动（工厂—配送中心—用户），甚至一次移动（工厂—用户），将物流成本控制在销售额的 6% 左右。以此为思路，大数据的应用可实现将多种重复工作合并，将库存降到最低，使配送成本最低，降低电商模式下整体的物流成本。若是想要借助大数据的工具实现电商运营成本的降低，还需要更多市场数据予以支撑，"节流"只是企业经营中之下策，上策始终是下游开源，即打开市场、增加销量、提高赢利水平。京东在描述大数据对自身物流成本降低的作用之后，紧接着这样表述：节约的部分成本可以让利给顾客，产生的价值将难以估量。因此，通过大数据节约的成本，依旧要回归到顾客、回归到市场。

2. 顾客管理：精准营销

目前，电商对大数据的应用主要是在分析消费者需求方面。传统商业环境下，企业要想获取大众的消费行为与模式是很难的，然而在电商环境下，这就成为可能。通常网民在电商平台上的点击留下一串轨迹，并以数据的形式反馈给企业。除此之外，社交平台产生的数据也开始进入企业的视线，企业可以借

---

① 方凌.大数据背景下网络直播电商营销管理策略研究[J].现代营销(学苑版),2021(6):144-145.

此全面深入了解消费者生活的方方面面。社交用户圈中的信息分享，对于个体用户有着强烈的需求引导能力，电商自有站内数据和社交关系数据的融合可以帮助企业将大量零散、割裂的数据有机关联起来，提取出用户的兴趣点。用户在社交图谱中的影响范围、发生购买行为的时间、方向和价值敏感区间等一系列可预测消费行为，也是可利用的潜在价值数据。

3. 产品营销：个性化服务与产品销售建议

直播电商可以通过大数据的分析处理，为消费者提供个性化的购物体验。云计算涵盖了多面向因素，在向消费者推荐商品前，必须先根据消费者过往的购物历史、浏览网页的历史、媒体使用习惯和经验，评估社交媒体上流行的广告、类似购物的消费行为、某特定商品的销售概率等，再去加重权衡，建构分析模型，借此预测消费者的购买行为。一般来说，直播电商的卖家经常会遇到几个问题：直播间应该卖什么新产品？广告投放与成本要如何控制才能达到最高回馈率？产品的库存量要有多少才能满足消费者对产品的需求？以及如何借由提供更多的选择和更好的服务来提升消费者的满意度？

专业的大数据平台能根据卖家或者广告主的疑问，提供关键数据预测，包括卖家广告曝光率、期望能达成多少成交量、预计投放的广告成本等，数据平台会按照卖家要求，进行下一步的营销方案设计。

此外，数据分析平台也可以向卖家提供库存销售的建议，包括在库存中同类商品的更新换代与增减、推荐指定商品的最佳配送模式等。数据分析平台的算法能够告诉卖家有多少特定的同行正在卖相同或是类似的商品、有多少库存以及何时需要卖家补货及补货多少。根据算法，数据分析平台会告诉卖家消费者对产品的期待或是需求，卖家可以据此及时增加更多的库存，以提升出货的流畅度。

在信息透明的时代，消费者在购物前多或多或少都会到几个自己常用的购物网站上去进行商品比价。因此在电商市场中，价格是影响买卖双方的重要因素，除了卖家们会想尽办法为商品制定一个最好的价格，消费者也会想尽办法找到最便宜的价格。通过大数据的精密分析，电商可以系统密切地监控同一商品在不同电商平台上的价格变化，可以实时知道竞争对手的价格调涨或降价，适时提出应对方案，吸引消费者购买，趁机打败竞争对手，创造更高的利润。以亚马逊为例，亚马逊在价格的控制上就实施一年365天、天天24小时的监控，让亚马逊上的商品可以在价格上时时保持竞争力与优势。通过分析不同来源的数据，例如消费者浏览网页的记录、消费者关注的某件产品的库存量、同样的产品竞争电商的定价、消费者过去的购物历史、消费者对产品的偏好等，在亚马逊上入驻的卖家可以实时调整售价。这也是亚马逊上的产品价格总是比其他竞争对手来得低的原因，这就是依靠大数据所制定的动态价格策略。此外，亚马逊的动态定价策略，考量了消费者对于价格的察觉，会让每个产品的售价在短时间内进行多次调整，来加速消费者产生购买意愿或者提高冲动性购买行为的发生概率。

二、人工智能技术的运用

人工智能技术亦称智械、机器智能，指由人制造出来的机器所表现出来的智能，是通过计算机程序来呈现人类智能的技术。随着机器学习能力不断增强，人工智能在各行各业的应用愈来愈广泛，在所有产业中，电商采用人工智能技术的比例相较其他产业高出许多。电商在运营过程中导入人工智能技术，从搜寻、产品推荐乃至于营销等各个环节，都能通过机器学习得到优化。如果消费者想要购买某个产品，但是却想不起产品名称，这时只要有图片，就可以利用人工智能识别技术找到外观相似的产品。此外，通过人工智能技术还可以了解到消费者对不同产品的喜好程度，自动筛选出具有吸引力的产品组合，并进一步提供价格优惠，提升消费者的购物体验。

不论是传统零售业者转型成电商还是原生电商，发展至今都面临着相同的问题，即消费者购物体验不佳、数据信息整合不易以及库存管理的灵活性较差等。此时，人工智能技术成为各大电商的"救命稻草"，电商希望能借由人工智能来降低营运成本、优化消费者购物体验。"电商＋人工智能技术"策略，主要体现在以下两个方面。

（一）个性化电商服务

人工智能可以根据消费者的网络媒体使用行为，例如购买记录、浏览记录、关键词搜寻、追踪的商品或卖家，呈现个人化的电商首页，再进一步向消费者推荐其可能购买的潜在商品。个性化商品人工智能推荐系统的优点在于：

1. 通过商品精准推荐，将潜在消费者转成真正购买者；

2. 推荐消费者可能需要的其他商品，提高电商网站的交叉销售能力；

3. 分析消费者的购买习惯，协助消费者快速找到所需的产品，提高其对电商的黏着度与忠诚度。

过去多数的商品推荐系统着重于寻找消费者之间的相似性（ people-to-people similarity ），之后再进行商品推荐，缺乏将人与物关联起来的概念。人工智能商品推荐的核心概念，则是利用商品与商品之间的相关性，聚焦在对商品的理解，针对具有"消费者搜寻意图"的商品价值进行排序、推荐，创造出属于消费者的消费场域，让消费者更容易找到下一个想要购买的商品。

（二）对话式电商服务

在机器人协助下，消费者和卖家可实时通信，卖家可以了解客户实际需求，并且提供消费者个性化推荐。应卖家需求，电商平台也提供初阶自动回复信息机制，让卖家可以自动和客人打招呼、推荐优惠活动商品，或回复常见问题。电商也会根据过往的对话数据资料，不断优化机器人的对话能力。随着人工智能、自然语言技术的进步，为卖家设计的对话机器人可以以近乎无对话时差的方式为消费者提供服务。

大数据时代的到来，也为直播电商提供了更多的契机。通过大数据、人工智能技术提供的信息，直播电商可以有效了解行业状况、市场需求，进而对用户进行合理细分，形成用户画像，找到精准的目标受众，制定明确的市场定位与营销战略。

三、精准化营销：直播用户分析

相较于传统的消费模式，电商本身已经突破了距离、时间等物理条件的限制，给了自身和消费者更广阔的自由空间。直播电商的出现，使消费的影响因素不再局限于价格、实用需求等实际条件，现阶段电商依靠交互式、即时性的直播，更多侧重氛围感、体验感、沉浸感的营造和情感共鸣。与传统的商品营销中通过简单的价格比对吸引消费者不同，直播电商用户消费的往往不再只是单纯的商品本身，而更多的是主播或者品牌之类的符号标签，用户与主播之间通过信任纽带来维系消费关系。在这样的消费形式之下，长尾效应也日益凸显，小众商品通过直播获得了自己的个性化市场。

（一）用户消费心理的把握

要想得到准确的用户标签，绘制出正确的用户画像，首先要对用户的消费心理有一个初步的感知。心理学领域的 SOR（刺激—个体生理、心理—反应）模型在近几年来常被用于研究消费者的行为。SOR 模型认为，外在刺激会影响消费者的在线购买意愿。[①] 直播电商大环境下的消费者心理受如下几个因素影响。

1. 价格。价格是商品价值的表现，价值是商品的社会属性。不管消费模式怎样改变，价格一定是影响消费者是否选择某商品的关键因素，直播电商无法跳脱，品牌、商家、平台纷纷举办的促销活动也大多是从价格出发考虑的。

2. 实用性。实用性反映商品的使用价值以及商品的质量。消费者往往会在商品的价格和实用性之间做权衡，这也就是我们所说的性价比。在可承担的价格范围内，实用性越强，用户的购买欲望也越强。

3. 从众心理。这是消费过程中经常出现的一种心理，人们往往会选择大多数人都会购买的那些商品，反映到直播电商中，就是用户往往会选择粉丝群体更为庞大的主播和销售额更高的商品。这要求电商主播要有一定的吸引更多粉丝的能力。我们不能简单地说，从众心理是好还是坏，对于消费者如此，对于

---

① 赵大伟,冯家欣.电商主播关键意见领袖特性对消费者购买的影响研究[J].商业研究,2021(4):1-9.

直播电商主体亦是如此。

4. 商品革新。现代社会已经进入快消费时代，人们对商品要求和追求的更新速度也在不断增长。千篇一律的、老旧的东西，往往不能吸引人们的眼球。商品革新一方面指的是速度上的及时，另一方面是指随着人们的独立意识越来越强，用户越发想去追求一些个性化的商品。因此商品必须创新发展，才能满足用户的个性化需求，也才会有更多元的市场。

5. 外形美观。现代消费水平越来越高，人们对商品的需求不再仅仅限于实用性本身，对于商品造型和外观的关注也越来越明显。

6. 明星效应和品牌效应。粉丝群体越来越成为市场重要组成部分，包括明星的粉丝群体和品牌的粉丝群体。一些明星的粉丝群体会倾向于消费明星代言的产品，而品牌自身往往会拥有一批长久消费的固定客户。我们可以看到越来越多的直播电商和明星带货相结合，二者其实是相辅相成的。直播电商在某些程度上也会形成自己的品牌符号，拥有自己特定的粉丝群体，这些可以在主播自身的关注量、点赞量、点击率等数据上反映出来。

7. 互动性。直播电商的交互特性，能让主播和用户进行及时的互动交流，从而让用户获得存在感和主体感。比起传统的线下消费和电商，直播电商能给用户更好的体验，让用户获得更多的关注。直播是一个信息交互和互相选择的过程，合理利用传受双方之间的互动性，能够有效地提升带货效率。

8. 共感。这是类似于明星与粉丝群体之间的一种情感纽带，能在极大程度上提高用户黏性。消费开始依赖于一种信任关系、人际关系，这种关系会形成一批忠实用户，这些用户往往会成为直播电商消费的主力军，并将长久维持下去。这要求主播本身有着较强的业务能力和个人魅力，因为直播电商往往要依靠主播捕捉用户的情感需求，以及自身出色的专业素养，从而吸引并长久地维持粉丝群体，提高流量变现的效率。

（二）用户画像的构建

直播电商不仅代表着新的消费模式的出现，更是对现代人消费偏向、消费心理的顺向合理反映。把握好用户的消费喜好，依靠平台将用户信息标签化，利用大数据分析用户的生活习惯、消费偏好、社会属性等重要信息，抽象出较为准确的用户画像已经成为现代营销过程中不可或缺的一部分。

"用户画像"最早由艾伦·库珀在其著作 *The Inmates Are Running the Asylum: Why High-Tech Products Drive Us Crazy and How to Restore the Sanity* 里提出，也可被称作"用户信息标签化"。它是用户形象的一种集合，依赖于用户历史行为数据，常被用以分析用户的喜好、需求和潜在行为，能帮助从业者更密切地关注用户。[①]

当然，用户画像并不是用户标签的简单排列组合。用户标签对每一个个体而言都是涉及方方面面、相对全面的，包括性别、年龄、职业、兴趣爱好、宗教信仰等，这些标签是广泛而杂乱的，不能笼统地作为一个行业或者项目的目标用户画像。实际上的用户画像要根据业务描绘或者与产品本身相结合，同一个人在不同的行业或者不同的项目里面的用户画像是不一样的，需要根据不同的目标进行提炼和抽象。有效的用户画像中的标签必须和产品或者业务的特性一一对应。

构建用户画像，常常以"数据—指标—标签—画像—服务"的流程为标准。

数据，采集有效的信息数据，将其最终整理成基础数据。

指标，按标准将基础数据指标化，得到指标数据，达到量化的目的。

标签，按标准将指标数据标签化，得到标签数据，使之便于专业人员研究与机器处理操作。

画像，依靠专业人员的研究或者机器的学习，得到特定业务条件下的相关用户标签，从而绘制出画像。

服务，通过绘制成的画像，数据系统可以快捷地挑选出目标客户，为目标客户提供具有针对性的服务。[②]

---

① 邓春燕,郭强,林青轩,等.一种基于用户关注行为的标签预测方法研究[J].上海理工大学学报,2021,43(3):313-318.

② 李一男,胡婷,王婧婷.基于大数据的用户画像在患者体验提升中的应用现状与前景展望[J].中国护理管理,2020,20(5):776-779.

（三）消费者行为分析

随着直播电商时代的到来，人们的消费行为和从前相比也产生了巨大的变化，主要表现在如下几个方面。

1. 冲动性消费

这种消费行为并不是突然出现的，而是在电商直播消费过程当中逐步凸显出来的。它是一种自发性的计划外购物行为，消费者往往是在受到某种外界刺激之后才产生该行为，并从中获得一定的满足感。比如"李佳琦式直播"，通过例如"买它"之类既定的语言符号来刺激消费者的感官，这种感觉类似于"洗脑体验"给人所带来的冲击感；又比如在主播直播中，常用组合搭配的形式来促进有关商品的消费，通过卖与上装搭配成套的下装、与项链搭配成套的耳环等各种方式，来提升顾客的体验感与满足感，从而提高消费者即时购买的概率。

2. 从众性消费

这是与从众性心理相对应的一种消费行为，是指人们受多数人群影响或因周围情景而产生的消费行为。营销学认为，这种行为是指人们受他人对商品评价的影响而改变自己的购买意愿，有时消费者甚至并不是真正需要此类商品，也不完全了解商品信息，仅仅因为大多数成员愿意购买此商品，就为之消费。这种消费行为降低了实用性在商品消费中的地位。在直播电商中，此类现象屡见不鲜。电商主播往往拥有庞大的粉丝群体，这些粉丝群体正扮演着这种消费行为中"多数人"的角色。在这样的消费促使下，网红爆品越来越多，对消费者的影响也越来越大。

3. 感官满足性消费

电商主播常常通过一些感官刺激来激发人们的渴求感，让人们通过购买商品来满足自己的感官需求。不断上新的时髦爆品，动态可视的演示效果，声情并茂的内涵描述与细节展示，都足以勾起用户的好奇心，刺激用户的感官以及消费需求的增长、消费水平的提高。人们对商品外形的要求也越来越高，如今层出不穷的高颜值商品越来越受人们的青睐，消费者会倾向于挑选一些满足自

己审美趣味的商品。^①

4. 主播符号消费

在直播电商消费的情形下，主播和消费者之间的关系，不再是简单的买卖关系，而是一种信任、情感联结关系。消费者购买一件商品，可以不再单纯是因为对商品的需求，而是同时寄托了其对主播本身的认同；主播不再仅仅是商品销售的载体，而且成了一种有象征性的品牌符号，以此为闭环，促使越来越多的忠实粉丝发起购买行为。主播通过自己的业务能力提升自己品牌即直播间的可信程度，一定程度上是将主播自身符号化，达到品牌效益。比如李佳琦的粉丝通常会选择在李佳琦的直播间进行消费，而不太会选择罗永浩的直播间，粉丝和李佳琦之间已经形成了一种信任纽带，李佳琦本身已经成为他的用户的一个消费符号。

5. 凑单性消费

电商直播消费的兴起，促进了凑单满减优惠活动的大热。近几年兴起了诸如"6·18""女王节""女神节""双12"等促销节日，涌现了各种跨店满减、直播间满减、品牌满减等促销活动。消费者往往会为了凑单或者为了优惠券额度消费比预计金额更多的商品，比如满300减50，消费者会尽可能为了减掉50元而凑到300元，并产生一种占便宜的心理。而直播间的商品往往仅在较短的有效时限内有活动促销、优惠满减，会给消费者一种"过了这村就没这店了"的心理暗示，更容易让消费者在短时间内进行消费，并认为自己捡到大便宜。比如太平鸟直播间，会进行买折扣福袋送太平鸟服装活动，在大型活动期间还会不定时发放100～500张5元、10元优惠券等。

综上所述，电商必须充分了解和把握消费者的心理和消费行为，并通过科技手段将其转化为有价值的数据依据，形成生产与消费的良性循环。

---

① 丁美玲."网红+直播+电商"模式下影响消费者购买行为研究[J].中国市场,2018(16):148-149.

第二节 直播电商的关键数据分析技术

在数字化时代，人类生活的一举一动都可以被量化为数字指标，积淀为大数据。层出不穷的数字工具，帮助我们了解生活、改变生活、提升生活质量。各行各业都与"数据"密不可分，那么"数据"到底是什么？有什么用？能帮助我们干什么？作为直播电商的从业者，我们又需要掌握哪些"数据"？本节就来介绍一些直播电商领域常见的数据问题。

在从业的不同阶段、直播的不同环节，我们往往需要不同的数据，哪些数据对于现阶段是最关键的，可以给我们提供怎样的信息，有怎样的用途，以便我们进行下一步操作，这些都是需要我们去考虑的。

直播电商从本质上来说还是电商，而衡量电商最直观的数据无非就是销售额。GMV 是衡量平台竞争力（市场占有率）的核心指标，简单理解就是 GMV=商品数量 × 单价，它一般也包含拍下未支付的订单金额。但单单谈销售额，既片面又过于宏观，不如将销售额仔细拆分，并与直播各个环节相结合。我们可以初步将销售额与用户数、付费率、客单价挂钩，得到销售额=用户数 × 付费率 × 客单价，而且用户数与付费率正是流量、转化率和回购率的直观体现，由此，我们推导得到衡量电商市场占有率的核心公式：

$$GMV = 流量 \times 转化率 \times 客单价 \times 回购率$$

GMV 是指一段时间内的网站交易总额，无论订单是否付款，订单金额都要被计入 GMV。如果直接以实际交易额为标准，往往会忽略产品的退货率，不能充分反映顾客的意愿，GMV 与实际交易额的差别能在一定程度上反映一定问题。且由于用户需要"确认付款"，这会让实际交易额存在滞后性，不利于我们在第一时间进行规划。由此 GMV 就具备了时效性，这也是我们把它作为核心指标的依据。[①] 根据这些指标，我们可以对直播的业务执行进行细分，建立模型。而直播电商从业务形式上来说，可以和 AARRR 模型（见图 4.1）相结合。AARRR 模型由 acquisition（获取用户）、activition（用户激活）、retention（提高留存）、revenue（增加收入）、referral（传播推荐）将五个环节组成，在这个模型中，一些用户会在某个环节流失，剩余部分的用户将进入下一环节，层层递进完成，最终转化，而最后一个环节可以与第一个环节连接，形成循环。

图 4.1　AARRR 模型示意图

　　首先，本书从模型的不同环节，将电商各项指标数据相结合来阐述关键数据。

---

① 　SHOPLINE电商教室.电商经营必看10大数据指标，3步让你网店业绩突破性成长！[EB/OL].(2020-10-22)[2022-4-24].https://blog.dcplus.com.tw/marketing-knowledge/ecommerce_platform/144166.

一、以 AARRR 模型分析电商直播数据

（一）acquisition（获取用户）

获取用户就是指让潜在客户首次接触到产品，在直播电商中可以被理解为让潜在客户进入直播间，这个环节与直播间入口、入口转化率息息相关，入口转化率公式如下：

$$入口转化率＝入口转化人数 ÷ 总人数$$

以淘宝为例，淘宝的首页就会提供多个直播入口，一般是根据最近浏览大数据推荐客户感兴趣的商品直播，获取潜在客户，提高引流可能；同时根据用户关注的商品或店家，植入直播入口；而在客户进入专栏时，大部分页面也会提供相应的直播入口，以吸引漫无目的的客户进入直播间进行消费；通常客户定向搜索同类型商品时，正在直播的店家或商品也会有直播小标提示，若一件商品进入过直播间，也会在页面内显示直播录像，帮助客户通过回看来了解商品。除了所在平台入口，很多直播还会设置站外链接，获取更多潜在客户。[1]

除了直播间的观看人数以外，关注率、新增关注数等也可以反映直播间获取用户的能力。只有关注数有增长，才会有更多价值客户，产品的售出才会有保障。多种直播入口的设置，提高了用户进入直播间的机会，直播间业务执行情况可以初步从直播间观看入口数来体现。但更深一层的流量则需要更多的数据来反映，这就需要进一步激活用户。

（二）activation（用户激活）

用户激活与直播间的流量直接挂钩，而电商领域的流量，最常见指标就是会话（session）、不重复访客（unique visitor, UV）和网页浏览量（pageview）。

---

[1]　红烧肉数分.直播电商数据指标体系及埋点方案[EB/OL].(2020-11-17)[2022-4-24].https://www.zhi-hu.com/collection/695444952.

1. 会话

一个会话表示一位客户在页面内所进行的一组互动，包括浏览、点击等，一个会话一般默认为 30 分钟以内。[①] 在直播电商过程中，哪些数据是与会话有关的？最常见的是讲解互动率、停留时长、人均互动次数等。讲解互动率 =（单个商品求讲解人数总和 + 单个商品看讲解人数总和）÷ 商品链接对应人数总和，而讲解互动率又能被进一步细分为单个商品求讲解率和单个商品看讲解率。停留时长与人均停留时长、活跃人数、峰值人数紧密相关。人均停留时长 = 总停留时长 ÷ 活跃人数；活跃人数指的是单次观看时长超过三分钟的用户；而峰值人数则是在直播全过程中，直播间人数达到最高值时的人数。人均互动数又包括人均发言数、人均送礼数、人均连麦数等，人均互动数 =（发言数总和 + 送礼数总和 + 连麦数总和）÷ 总人数。人均发言数 = 发言总数 ÷ 发言人数，人均送礼数 = 送礼总数 ÷ 送礼人数，人均连麦数 = 总连麦数 ÷ 连麦人数。若有智能助理，则智能助理的互动率也可以作为参考。[②]

2. 不重复访客

这是指同一使用者在一个会话内所产生的网页浏览，同时也是网页至少获得一次浏览的会话数，也就是浏览网页的不重复人数。[③] 直播电商除了与先前所提到的入口转化率有关，同时与退出率也有着巨大的关系。而退出的人中又有重新进入的人，也就是重复访客。这里我们需要关注人均退出次数、人均重新进入次数、人均重新进入间隔时长等信息。人均退出次数 = 退出总次数 ÷ 总人数，人均重新进入次数 = 重新进入总次数 ÷ 总人数；人均重新进入间隔时长 = 重新进入总间隔时长 ÷ 总人数。这些数值越低，就意味着我们的重复访客越少，但重复访客越少并不意味着绝对好，我们要根据具体情况来分析相关数据，

① SHOPLINE电商教室.电商经营必看10大数据指标，3步让你网店业绩突破性成长！[EB/OL].(2020-10-22)[2022-4-24].https://blog.dcplus.com.tw/marketing-knowledge/ecommence_platform/144166.

② 红烧肉数分.直播电商数据指标体系及埋点方案[EB/OL].(2020-11-17)[2022-4-24].https://www.zhi-hu.com/collection/695444952.

③ SHOPLINE电商教室.电商经营必看10大数据指标，3步让你网店业绩突破性成长！[EB/OL].(2020-10-22)[2022-4-24].https://blog.dcplus.com.tw/marketing-knowledge/ecommence_platform/144166.

必须要在保证总人数够多的情况下减少人均退出率。

3. 网页浏览量

在直播电商中，网页浏览量是商品获得的每一次浏览量、直播间获得的每一次浏览量，这些数据能反映商品的竞争力和直播间的火热程度。

（三）retention（提高留存）

前两部分主要还是针对的用户数，或者说流量层面，还没有进一步涉及金额，而后面的部分则逐渐吸引客户付费付款，也就是对转换率反映，公式如下：

$$转化率 = 订单数 \div 流量 \times 100\%$$

提高订单量的第一步就是提高留存，只有留存提高，客户才更有可能下单。其实用户的激活已经是提高留存的第一步了，用户被激活，就更有可能留存，下一步要做的就是提高留存。

直播其实与短视频是相对的，属于长视频类产品，内容更多，时间也更长。吸引到用户，让用户留下来成为重中之重。用户只有留下来，才能了解到更多的直播内容，才有可能产生购买欲望，订单量、付费率才有可能提高。在直播过程中，一系列奖励机制应运而生。一般来说，用户留存与用户黏性也是成正比的，用户黏性越大，也代表着用户留存会更高。直播间的主播在直播过程中往往会通过各种方式来让用户关注主播、关注直播间、关注店家或商品，提高用户黏性。从这个角度来看，用户与主播的亲密度、粉丝等级能在一定程度上反映用户黏性和用户留存。为了提高这些数值，主播会通过发放福利红包、提供优惠券等方式来吸引用户留存，吸引顾客购买产品，而等级越高的粉丝所享受的福利也会越丰厚，退出直播间时，用户也会收到主播提供的活动信息与直播间入口的提示，继续从该入口进入直播就可以得到相应的红包收益，直播间也因此提高了回购率。而与之相关的数据，就是退出推荐的数据，包括推荐奖励点击率、继续退出率和取消退出率。推荐奖励点击率＝推荐奖励点击次数 ÷

推荐奖励展示次数，继续退出率＝（推荐奖励展示次数－取消退出次数）÷推荐奖励展示次数；取消退出率＝取消退出次数÷推荐奖励展示次数。而亲密度一定程度上还可以通过奖励活动的任务完成率来反映，任务完成率＝任务完成数量÷任务总数。

（四）revenue（增加收入）

增加收入是所有从业者的最终目的，因此直播电商的变现环节，是最重要的。订单数则是revenue环节最直接的体现，近似于我们先前提到的实际交易额。这与先前提到的转换率也是息息相关的，转换率的提高意味着订单数的增长。但是转换率的计算并不是一成不变的，比如收藏的转换率就需要以不重复访客数为分母、收藏次数为分母，而不以会话或者浏览量作为分母。也就是说，不同类型的转换率，我们要据具体情况测算。

转换率的高低和访客价值是呈正相关的。访客价值是不重复访客所带来的销售价值，数字概念上是用GMV除以不重复访客所表示的流量，公式如下：

$$访客价值＝流量（全部）× 转换率 × 客单价 ÷ 流量（不重复访客数）$$
$$≈ 客单价 × 转换率$$

由此，我们可以看出，访客价值在一定程度上能反映出转换率的高低和客单价的情况。客单价是指所有已完成交易订单的平均销售额，也就是平均订单金额[1]。

$$客单价 ＝ 总销售额 ÷ 总订单量$$

客单价能在一定程度上体现该经营者客户的平均消费能力，帮助经营者了解目标客户的消费等级，从而为选推商品提供参考，合理安排消费商品；同时

---

[1]　SHOPLINE电商教室.电商经营必看10大数据指标，3步让你网店业绩突破性成长！[EB/OL].(2020-10-22)[2022-4-24].https://blog.dcplus.com.tw/marketing-knowledge/ecommence_platform/144166.

客单价的提高也伴随着经营者变现能力的提高。

这些理论数据反映到直播间内，又会转化为更多细小的指标。商品链接点击率关系着有多少客户浏览了该商品并产生兴趣，做出点击商品的行为，反映的是商品个体对于顾客的吸引力，体现的是商品个体的价值；商品链接平均点击次数则与店家的整体营业水平有关，能从整体上反映经营者的商品情况。但点开链接并不意味着购买商品，对商品的购买更多体现在付费率上。付费率＝购买人数 ÷ 总人数，点击商品链接后的付费率＝购买人数 ÷ 单个商品链接点击人数总和，两个数值有细微的差别，但都反映着店家的变现能力。

当然，收藏率、加购率等也与变现能力有关，与之相关的数据有购物车放弃率，就是指没有产生消费行为的购物车商品占所有购物车商品的比例。这个数值一般情况下应该是越小越好。如果这个数字高，可能意味着你的商品吸引了足够多的用户，但是并没有激发用户的购买欲望，用户收藏加购后，并没有产生购买行为。

那么是什么原因导致了用户放弃购买？是价格问题还是运输问题？这些就是营业者需要思考并加以改善的问题，经营者可以配合更多的营销手段来促使用户结账，降低购物车放弃率。比如很多电商会推出限时的优惠券，而优惠券的点击率、浏览率、领取成功率等数据，也能够反映出目标用户对优惠券的满意情况。直播结束后，对直播的分销情况进行的分析也能体现直播的变现能力，通过总分销额、人均分销额、分销成本、分销收入等数据来有针对性地分析整场直播的变现效果。[①]

（五）传播推荐（referral）

当今社会，商品的购买情况虽然依旧与商品本身存在着巨大的关系，但人际传播在商品的购买中发挥着越来越大的作用，况且商品口碑本身就与商品质量存在联系，传播推荐越来越成为直播带货中重要的一环。

要想得到用户的传播与推荐，一方面商品本身要足够好，可以形成良好的

---

① 红烧肉数分.直播电商数据指标体系及埋点方案[EB/OL].(2020-11-17)[2022-4-24].https://www.zhi-hu.com/collection/695444952.

产品口碑，或者品牌/主播/直播间足够有影响力，商品本身已经具有品牌效益，能得到客户的主动宣传；另一方面要有足够的外部动机促使客户帮助店家和直播间宣传商品。

现下的直播电商，虽然有很多大众品牌和知名品牌，电商领域有大量的名誉主播、KOL、带货明星，但仅靠品牌效益是不够的。正如长尾理论所言，大量的小众商品逐渐走到人们眼前，与主流产品、大众商品，共同竞争市场份额。怎样让这些小众商品在直播间更受用户的欢迎？各个直播间和主播可谓使出浑身解数。直播间分享成为用户之间人际传播的主要手段之一，直播间外链分享大大扩充了商品的传播渠道，提高了商品曝光度，增加了目标客户的基数。我们可以通过查看分享率、人均分享次数、通过分享链接进入的人数、分享成功率等来关注直播间的传播情况。传播推荐在一定层面上来说，也是获取用户的一种方式，它与 AARRR 模型的第一个环节是紧密结合的，共同构成了整个商业过程的完整结构。

二、离开直播间的数据

AARRR 模型内的指标往往是针对直播过程本身的数据指标，但我们关注的不应该仅仅是直播过程中的数据指标，还需要关注直播结束后的数据信息，全方位掌握所有数据，继而分析数据背后的意义。

（一）关注回购率

回购率是 GMV 计算公式中重要的组成部分，但它不局限于直播过程中的数据，而是关注一段时间内购买过商品的用户再次购买该商品的比例，产品使用的周期性、店家的售后策略、品牌会员策略等都与回购率相关。提高消费者的顾客终身价值，能有效地提高用户的回购率，下文也会解释顾客终身价值的意义。

（二）对用户画像数据进行分析

比如用户的地域、年龄、性别、学历、收入和时空属性等，明确自身的目标受众主要是哪些人群，判断自身的发展方向与目标客户是否存在差异，这些差异会对自身发展有怎样的影响，要不要去减弱或者消除。不过并不是要一味地消除这些差异，虽然根据用户画像选推商品，会使用户画像与直播间属性更加贴合，更能够提高直播间的 GMV，但不一样的商品属性，能吸引更多不一样画像的用户。二者之间的取舍，要根据从业者自身的定位与发展做出判断。比如，通过与太平鸟展开直播合作，亮剑互娱发现太平鸟"鸟粉"主要是 24~40 岁的女性用户，大多数分布在江苏、山东、浙江等地区，这些数据有助于直播公司针对用户的特征和需求进行选品调整、价格调整等。

（三）降低用户获取成本

本节第一部分我们提到了用户获取，而直播后复盘时往往还需要计算用户获取成本（customer acquisition cost, CAC），用户获取成本指我们获得一位客户所花费的成本[①]。获益的重要前提就是降低成本。提到成本，通常我们第一反应会是商品成本、运输成本之类，但用户的获取成本往往同样重要，甚至更重要。如果客户 A 为我们带来的利润是 100 元，用户获取成本为 40 元，顾客 B 为我们带来的利润为 85 元，用户获取成本为 20 元，虽然客户 A 为我们带来了更大的利润，但当利润与获取成本相抵后，客户 B 实际上为我们带来了更大的收益。所以，降低用户获取成本，也是我们需要努力的方向。

（四）顾客终身价值

顾客终身价值（life time value，LTV / customer lifetime value，CLV）的评定也是衡量顾客价值的一个重要方面。顾客终身价值是指每位顾客在未来可能为企业所带来收益的总和。LTV 模型通常是企业做年度规划、年度结算时用的，

---

① 深圳拓扑.ROI、CPA、CPC、CPM、CVR、CTR常用专业词汇含义与计算[EB/OL].(2019-8-19)[2022-4-22].https://www.tuoputech.com/knowledge/roicpacpccpmcvrctr-k00336k1.html.

但是 LTV 模型考虑了用户的整个生命周期，不仅仅对顾客已产生的价值进行结算，也对顾客的未来价值做出预测，包含用户的获取与流失。本书认为，该模型也可被用于直播电商对于阶段性客户群体的研究与分析。这里必须强调，因为个体客户的获取或流失的影响因素过多，所以仅通过 LTV 模型进行评估不够精确，但利用 LTV 模型可以统计客户群体的概况，这对电商发展的总体方向较有参考价值。顾客终身价值的测量公式有很多种，这里只介绍一种，该公式涉及的数据比较多，所以依次列出。

顾客保留率（retention rate, RR）= 本年度顾客总量 ÷ 上年度顾客总量

顾客消费率（spending rate, SR）= 顾客总消费金额 ÷ 顾客总量

变动成本（variable cost, VC）= 产品成本 + 服务管理费用 + 信用卡成本等

获得成本（acquisition cost, AC）= 本年度广告、促销费用 ÷ 本年度顾客总量

净利润（gross profit, GP）= 总收入 – 总成本

贴现率（discount rate, DR）= n [1 + （风险系数 × 银行利率）]

利润净现值（net present value, NPV）= 净利润贴现率

累积利润净现值 = 特定时间内每年利润净现值的总和

顾客终身价值 = 累积利润净现值 ÷ 顾客总数[①]

顾客的终身价值越高，可能产生的获益就越高，顾客的回购率也会相应升高，从而影响整个 GMV 数值。提高用户的终身价值是电商的重要目标之一。

电商行业与其他行业最大的不同点之一在于，电商有更多重要的时间节点，除了如中秋节、端午节之类的中国传统的节假日，以及圣诞节、情人节之类的西方国家节日之外，还有"6·18""8·18""双11""双12"等电商狂欢节，这些节日往往比传统节假日更值得电商从业者关注。直播电商从业者必须对这种时间节点高度敏感，抓住时机。同时，高度关注同行们的营销与业绩，结合自身条件与现状，形成良性竞争，促进产业健康发展。

---

① 深圳拓扑.ROI、CPA、CPC、CPM、CVR、CTR常用专业词汇含义与计算[EB/OL].(2019-8-19)[2022-4-22].https://www.tuoputech.com/knowledge/roicpacpccpmcvrctr-k00336k1.html.

关注行业的热点问题、最新发展与趋势动向，利用可知数据，分析成功案例，这也是非常重要的，因为行业发展本身就是一项重要数据。以减肥类型的直播电商为例，近年来，"减脂"成为热门话题，各类减脂代餐、懒人减肥工具、减脂食谱、健身食品等减脂产品层出不穷。通过数据分析，了解到消费者关注的热点议题后，不少直播电商为了赶上这波热度，纷纷开辟相关的直播间。比如其中较具代表性的案例——优形鸡胸肉，这是一个主打鸡胸肉产品的品牌。截至 2021 年 5 月 12 日，其抖音粉丝量仅有 7.1 万，在线人数也只有 50 人左右。但其 30 天内的销售额竟高达 709 万元，70% 的粉丝仅是一个月内通过直播获得的新粉。为什么粉丝量如此少，却能获得如此高的收益呢？

对直播间各项数据进行分析，我们可以知道，该直播间只销售鸡胸肉这一类产品，并且采取了超长直播的战略，每天平均直播时长为 10 小时，客单价高达 125 元。而通过粉丝特征，也就是用户画像可以看出，直播间主要以年轻用户为主要对象，且女性粉丝占了绝大多数比例，达到 84%，顾客的购买需求主要集中在女装和零食两个品类，顾客画像是较为精准的（见图 4.2）。

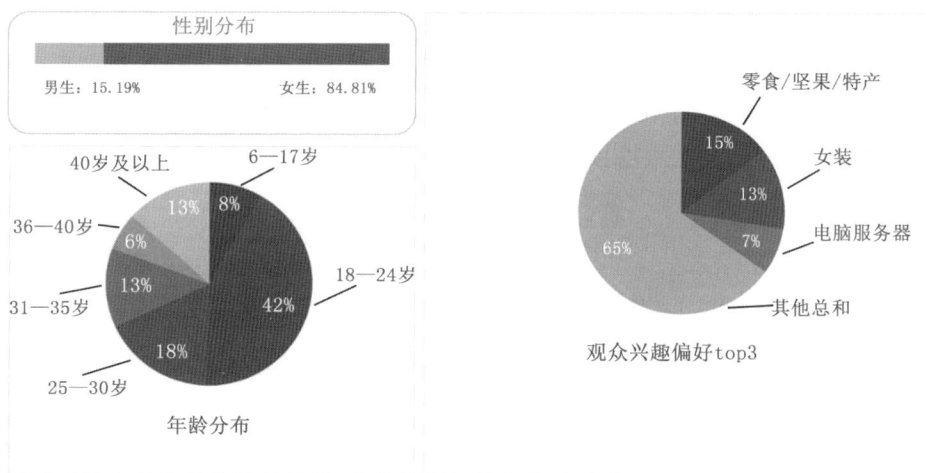

图 4.2　优形鸡胸肉粉丝画像

（图片数据来源：https://www.feigua.cn/article/detail/306.html）

针对这些顾客，直播间推出了各种组合促销方式（见图4.3），并配合多买多赠等福利活动，提高了产品的单次消费金额，也满足了不同人群的购买需求。组合方式不仅有数量上的区分，更有存储方式、目标人群定位等多种区分，比如是否存放冰箱、亲子组合等。①

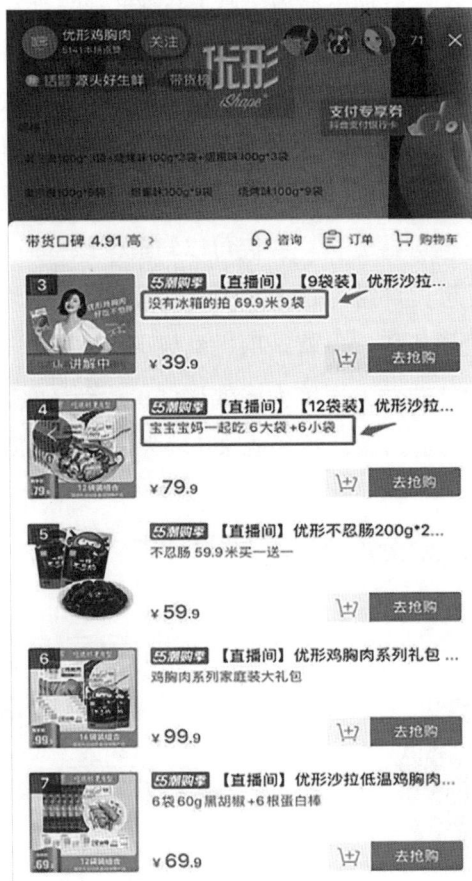

图4.3　促销组合

（图片来源：https://www.feigua.cn/article/detail/306.html）

---

①　飞瓜数据.万粉号开播也能月销700w！低粉直播间如何打造超高转化？[EB/OL].(2021-5-12)[2022-4-24].https://www.feigua.cn/article/detail/306.html.

还有大量主打"减脂"的直播间主播，会将"已瘦 × × 斤"等文案写入简介或名称中，通过标题名称来吸引用户，并且带头实行减肥计划，食用减肥食品，通过直观的视觉效果来促使用户产生购买行为。这些都是值得商家借鉴的案例，多关注有价值的案例，可以帮助商家找准自己的营销之路，打造直播间的特色，提高直播间口碑。

第三节　直播电商的数据调查公司

随着科技的进步，传统的传媒行业也发生着巨大的变化。直播电商是在新媒体的发展中诞生的，其运营与监管也与新媒体密不可分。各种收听率、收视率、到达率等数据指标，是媒体行业的衡量标准。而直播电商也离不开数据指标的衡量，它作为新兴的热门行业，受到了各行各业的关注，任何指标的波动都会给行业带来蝴蝶效应。从业者对于数据指标的关注分析，在工作量中占据了不少份额。这些数据是从哪儿来的？我们又如何去了解、获取、利用这些信息？无论是传统媒体还是新媒体，对于数据的监测自始至终都是必不可少的。传统的广播、电视，如今的短视频平台等，无一例外都在监测范围内。不同机构提供的服务和数据有所区别，权威性也存在差异。以下将介绍与直播电商、短视频相关的数据调查公司，作为想要成为直播电商产业者的参考。

一、中国互联网络信息中心

中国互联网络信息中心于 1997 年 6 月 3 日成立，它是经由国家主管部门批准的管理服务机构，履行国家互联网络信息中心的职责。中国互联网络信息中心的宗旨是"为我国互联网络用户提供服务，促进我国互联网络健康、有序发展"，方针是"国家公益、安全可信、规范高效、服务应用"，并将"专业·责任·服务"作为品牌的核心价值理念。中国互联网络信息中心是我国信息社会基础设施的运行者、建设者，管理与维护着中国互联网地址系统，是中国互联网地址行业发展引领者。中国互联网络信息中心代表中国参与国际性互联网社群，中国互联网统计信息也由它来权威发布。

中国互联网络信息中心作为我国最权威的互联网机构，其发布的有关直播电商的信息，是极其值得我们去关注的，它往往能给我们指明行业发展的方向。根据中国互联网络信息中心于 2020 年 4 月 28 日发布的一则官方报告，我国网民数已经突破了 9 亿，直播电商正成为网络消费的新动能。报告的最后指出，截至 2020 年的 3 月份，我国网络直播用户已达到 5.60 亿人，占网民整体的 62%，较 2018 年年底来说增长了 1.63 亿人（见图 4.4）。

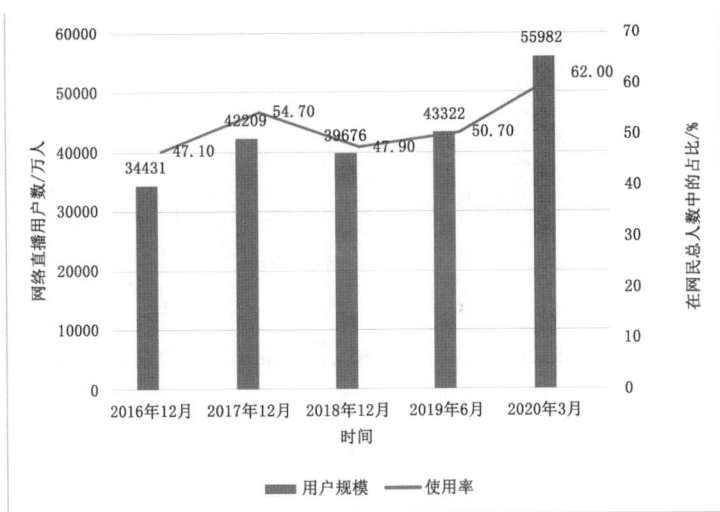

图 4.4　2016 年 12 月—2020 年 3 月网络直播用户规模与使用率变化趋势图 [①]

（图片数据来源：《中国互联网络发展状况统计报告》）

通过这些数据可以看出，网络直播具有无限的潜能，直播行业正向着多元化的方向发展，包括游戏直播、真人秀直播、演唱会直播、体育直播等，正所谓"万物皆可直播，直播皆有流量"。而直播电商作为 2019 年兴起并快速发展

---

① 新浪科技.CNNIC报告：中国网民数破9亿直播电商成消费新动能[R/OL].(2020-4-28)[2022-4-25]. https://tech.sina.com.cn/i/2020-04-28/doc-iirczymi8716818.shtml.

的新型直播，用户规模已达 2.65 亿，占总体网民的 29.3% 之多，由此可见直播电商的巨大潜力。[①] 而如今直播电商已经进入了"井喷期"，在新冠肺炎疫情期间更是显示出了巨大的优势，在一众现代服务行业中拔得头筹。由于行业发展较快，市场竞争激烈，目前行业仍处于混沌时期，各方面虽然都在完善管理机制，但行业规范化任重道远，需要从业者有较高的敏感度，以应对市场与行业机制的千变万化。中国互联网络信息中心官方公布的第 47 次《中国互联网络发展状况统计报告》明确指出电商的重要性，并给电商发展提供新的思路。

比起传统的扶贫、乡村振兴，网络扶贫的效果显著。我国农村地区的互联网普及率已达到 55.9%，较 2020 年 3 月已提升了 9.7%，截至 2020 年的 10 月份，我国贫困地区通光纤的比例竟已达 98%。特别是新冠肺炎疫情背景下的近几年，网络扶贫纵深发展的效果显著，扶贫已取得实质性的进展，加速带动了边远地区、贫困地区非网民的转化。为了打通贫困地区通信的"最后一公里"，我国在互联网扶贫方面做出了不少努力，电子商务已经实现了对 832 个贫困县的全方位覆盖，助力贫困地区打造"互联网 +"新业态、新模式的发展。随着贫困地区、农村地区网络普及率的提高，"直播电商 + 农产品"的模式俨然成了一个新的潮流热点。[②] 由于新冠肺炎疫情的影响，农产品市场遭到重创，给农民造成了不小的打击，当网络扶贫走到农民身边的时候，直播电商就成了农民拯救农产品的重要方式。产地直播成了产品带货的新业态，而且简单的直播要素——本地的果园或者工厂、简单的支架和手机、对产品足够熟悉的本地带货农民，大大降低了直播的成本。不需要专业的带货人员，不需要高投入的明星，不需要制作精良的直播基地，不需要一个完美的供应链，不需要非常庞大的粉丝基础，甚至观看量也并不高，但是这样的直播却拥有着惊人的转换率。

以西双版纳阿浪为例。西双版纳阿浪每天中午固定直播，靠着西双版纳得天独厚的地理条件，培养种类丰富的水果，通过直播带货的方式，在 2021 年 4

① 新浪科技.CNNIC报告：中国网民数破9亿直播电商成消费新动能[R/OL].(2020-4-28)[2022-4-25]. https://tech.sina.com.cn/i/2020-04-28/doc-iirczymi8716818.shtml.

② 中国互联网络信息中心.第47次《中国互联网络发展状况统计报告》[R/OL].(2021-2-3)[2022-4-6]. http://cnnic.cn/gywm/xwzx/rdxw/20172017_7084/202102/t20210203_71364.htm.

月26日这一天，仅两小时就带货超过了20万元。这个数据可以说是相当惊人的，同时在线人数不到3000人，却卖出9611件商品，销售额达到了51万元。直播带货，让我们看到了农产品新的潜能，也让农民看到了互联网的巨大优势。市场趋势与政策趋势不谋而合，为我们指出了新的行业之路。

快手就抓住了这个机会，开展了一系列的助农计划，并取得了一定的成效。县长、县领导与快手达人共同直播助农，取得突破2000万元的销售额，众多明星也纷纷参与快手助农计划，其中不乏流量明星。而根据快手官方发布的《2020快手三农生态报告》，截至2020年12月，快手上已有超过2亿的"三农"兴趣用户。并且快手还推出了2021年的"秋实计划"和"耕云计划"（见图4.5），助农仍在继续，农产品带货依旧有很大的空间。[①]

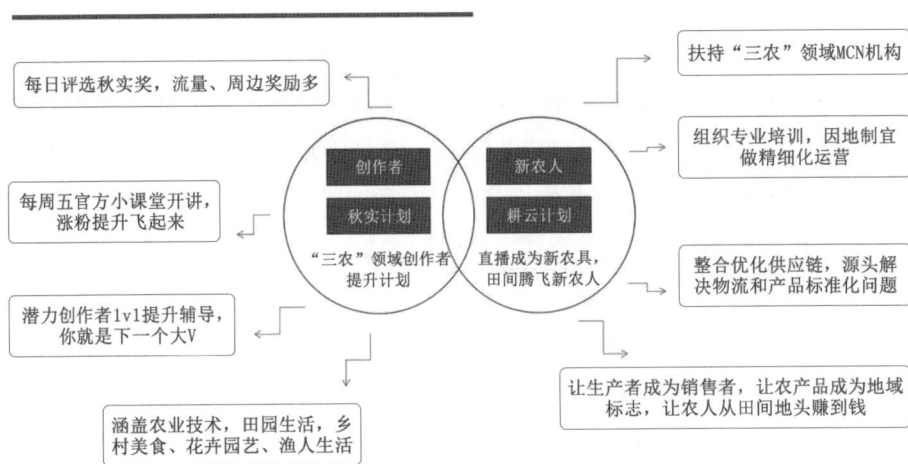

图 4.5　快手"秋实计划"和"耕云计划"策划图

（图片来源：《2020快手三农生态报告》）

报告还指出，我国网络零售已经连续8年全球第一，有力地推动了消费的"双循环"结构模式。2020年网上零售额达11.76万亿元，较2019年增长了

---

① 飞瓜数据.在线人数不到3000带货超50万元，原产地直播正成为快手带货风口[EB/OL].(2021-4-28)[2022-4-22].https://www.feigua.cn/articl e/detail/295.html.

10.9%。而实物商品网上销售额占社会消费品零售总额的 24.9% 之多。我国加快形成以国内大循环为主体、国内国际双循环发展的格局，以助力消费"质"与"量"双升级来推动整体消费"双循环"。以网络零售来刺激城乡消费的循环，这是对国内消费循环方面的要求；在国际上发挥跨境电商稳外贸的作用，这是国内国际双循环方面的要求。这就需要我们去提高网络带货产品的质量，把握好市场下沉的度量，打开城乡市场；同时放眼国际大环境，利用电商在外贸方面的优势，促进国内国际多方面发展。网络直播作为一种新的数字经济模式，线上引流与实体消费相结合，丰富了用户的消费体验，成为用户喜爱的新的购物方式，这要求直播电商主体进一步丰富、完善直播的内容，直播角度不能片面单一，亦不能空洞乏味，应该在以趣味性吸引用户的同时，拓展直播深度，打造内容直播间。①

　　除了一些季度性、年度性的报告、新闻等，中国互联网络信息中心还为我们提供了 WHOIS（域名查询协议）查询，以及一些互联网基础服务，比如域名注册、服务机构注册、IP 申请、IP/AS（自治系统）分配、品牌保护、数据托管、提供解决方案等。此外，还有一些数据统计，比如国家顶级域名 CN 的增长趋势、注册统计、服务水平解析，以及一些钓鱼网站处理情况、涉及行业分布等。首先是支付交易类，占钓鱼网站的大头，占比 82.74%；其次是金融证券类；再次是媒体传播类，占 1.58%；网络游戏类占 0.14%。电商从业者，在从业过程中不仅要坚守职业道德，也要谨防一些钓鱼网站诈骗。网页的最下端还向我们展示了一些互联网领域的技术创新，让我们及时了解掌握互联网的前沿技术。当然，我们也可以通过输入关键字查找自己所需要的信息。通过微信公众号也可以进入官网，同时，公众号还会即时推送一些互联网即时动态，帮助我们了解网络的新近政策和制度。

---

① 中国互联网络信息中心.第47次《中国互联网络发展状况统计报告》[R/OL].(2021-2-3)[2022-4-6]. http://cnnic.cn/gywm/xwzx/rdxw/20172017_7084/202102/t20210203_71364.htm.

二、尼尔森

尼尔森是荷兰 VNU 集团旗下的公司，是一个全球著名的市场监测和数据分析公司，总部设在英国牛津，并在美国伊利诺伊州的商堡，在我国北京、上海、香港，在比利时瓦韦尔、澳大利亚悉尼、阿根廷布宜诺斯艾利斯以及塞浦路斯的尼科西亚设有区域业务中心。尼尔森由阿瑟·查尔斯·尼尔森先生在 1923 年成立。

尼尔森主要面向的客户是快消品的零售商和制造商，同时也为汽车业、电信业、金融业等其他消费品集中行业提供服务。尼尔森会根据客户的具体要求提供特定的方案，它拥有在全球范围内得到认可的专有调查产品和方法，能为客户提供可靠的可比性标准化数据。尼尔森在全球范围内 100 多个国家拥有超过 9000 个客户，这些客户通过尼尔森提供的专业人士和数据来获取市场竞争的动态情况，了解消费者的喜好、需求、行为、态度。

尼尔森的数据信息是提供给全球的，它的官网也可以根据不同的地区来显示，中国就有大陆版、香港版和台湾版三个不同的界面，地区不同，所展示的内容和版面的结构也稍有差异。我们这里讲的是尼尔森中国大陆版界面（版本界面可以自主切换，由于尼尔森的总部并不设在中国，而且现在的网页会提供自动的语言翻译，所以如果想获取全球各方位的市场信息，本书建议切换到美国版界面或者其他国家和地区的界面，以获得更多更新的市场信息）。尼尔森中国大陆版的官网会比之前提到的美国版要简洁很多，分类也会少很多，大致分为市场洞察、解决方案和关于公司三个板块。首页向我们展示的是公司的宣传片，为我们全方位展示了尼尔森的强大业务能力。尼尔森数据可以分为两个模块。

第一个模块是市场洞察部分。这一部分对直播电商而言可以说是最重要的，给我们提供了大量的市场数据，反映了市场的风云变幻。这一模块又被分为人口统计、数字、娱乐、快速消费品与零售、创新、市场与财务、媒体、市场发展远景多个小模块，从多个角度为我们分析市场动态。

第二个模块则是解决方案部分。这一部分包括数字户外广告监测系统、数字广告品牌效应评估、精投魔方 – 线上媒体触点归因模型、明星代言人评估方案、户外营销渠道效果评估、尼尔森市场营销活动预评估方案、体育产业市场调研、媒介价值评估、体育营销咨询服务、尼尔森粉丝洞察和 Gracenote（尼尔森于 2017 年收购的数据统计公司，在 2020 年东京奥运会召开之际，发表了对奥运奖牌榜的预测信息），具体的解决方案还需要根据客户的需求来定。其中媒介价值评估、尼尔森粉丝洞察和 Gracenote 部分是可以点击了解详细情况的（但是点开之后都是英文内容，需要翻译转换）。媒介价值评估部分，主要介绍了媒介分析能力，其中提到了帮助客户增加收入的五个关键点，分别是营销优化、投资回报率、跨平台分析、新兴分布、优化广告支出。除此之外，尼尔森还提供了 top100 中的 KOL 主题分布、人物分布等数据信息，是作为初学者了解直播电商市场的参考数据之一。

三、飞瓜数据

飞瓜数据是一款短视频及直播数据查询、运营及广告投放效果监控的专业工具。同中国互联网络信息中心与尼尔森的数据相比，飞瓜数据的重心偏向于直播电商和短视频的深度数据分析。飞瓜数据的分析对象主要以抖音、快手与 B 站的直播平台为主，为三个直播平台主要提供的产品服务如下。

（一）提供各类排行榜

飞瓜数据通过在各个直播平台上获得的数据，依照粉丝数、点赞增量、评论增量、转发增量整理出飞瓜指数，并根据不同分类列出行业排行榜、涨粉排行榜、成长排行榜、地区排行榜、蓝 V 排行榜等，帮助企业主、主播快速寻找直播平台上的活跃账号，了解不同领域 KOL 的详情，明确账号定位、受众喜好、内容方向。此外，飞瓜数据在抖音版和快手版的后台数据分析中，还会单独列出直播主播榜单、爆款商品榜单与带货主播榜单等。

（二）分析账号运营数据

飞瓜数据可以帮助各直播平台更好地了解用户的观看习惯，确定用户画像以及粉丝活跃时间，并同步列出近期的电商带货数据和热门推广视频，利用大数据分析账号带货实力。

（三）账号实时数据监控

实时记录三大直播平台播主 24 小时内粉丝、点赞、转发和评论的增量情况，纵向对比近两天的运营数据趋势，快速发现流量变化情况，更好地把控视频运营的时机。

飞瓜数据会提供多种数据功能，除了上述三大平台的深度分析外，还包括飞瓜智投、飞瓜会、行业资讯与数据报告、千瓜数据、果集、知瓜数据等有针对性的数据分析工具和服务。

飞瓜智投是一个可以对直播进行量化的工具。飞瓜智投可以提供流量监控、商品分析等现场运营服务，如转化漏斗——分析自然流量、统计消耗数据——等流量投放服务，直播回放、节点记录、多维复盘等播后复盘服务，排班管理、主播考核、实时拆分等轮班管理服务等。它能帮助电商实现实时管理，处理从直播到复盘的过程中有关产品数据分析的一系列问题。

飞瓜会则是协助广告主对接行业人脉资源和实现行业合作的工具，为电商提供如资源对接、多渠道曝光、明星带货合作、各类目快闪群、短视频资讯、行业干货知识、热门页类榜单、24 小时爆款案例解析等服务。此外也会展示最新的行业营销案例。

行业资讯与数据报告则提供了行业发展趋势报告分析，通过反映直播电商的商业价值走向、市场方向的数据来解析直播电商市场上成功与失败的案例，从而为进入市场的主播或企业提供参考。网站也会对直播电商的主播、MCN 机构等进行热度排名。

千瓜数据是主要针对小红书的数据分析工具，提供的服务包括分析匹配优质达人、追踪热门内容趋势、监控行业品类动态、追踪竞品营销动作等。小红书数据服务对象分为品牌方、MCN 机构与账号运营者：面向品牌方，千瓜数据提供了投放选号系统、商品检索分析、竞品推广监测、投放结案分析与负面舆情预警等功能；面向 MCN 机构，则提供了账号管理系统、实时数据监控与助力全案营销等服务；账号运营者则可以在千瓜数据上获得热搜词排行榜、热门内容搜索、分钟级互动监测等，以实现更好的直播效果。

果集主要是通过大数据分析提供品牌在社交媒体上的营销解决方案，广告投放平台涉及抖音、快手、微信、小红书、微博、B 站、淘直播等社交媒体。从品牌角度切入，分析：（1）品牌在社交媒体上的声量趋势，包括品牌声量舆情分析、品牌营销事件分析、自营号运营监测、营销受众画像分析等；（2）品牌在直播电商上的表现，如产品销售监测、品牌店铺分析、品牌直播分析、商品投放分析等；（3）社交媒体投放服务，包括达人投放分析、直播投放分析、消费者关注热点、投放数据监测等；（4）数据咨询服务，如社媒（社交媒体）营销平台研究、内容营销玩法追踪、竞品社媒营销竞争力洞察和社媒营销投放效果评估等。

知瓜数据是专门面向淘宝的数据分析平台，在数据挖掘、自然语言处理技术领域，提供了转化量分析、粉丝互动分析、粉丝画像分析等服务，也提供了主播销量榜、爆款商品榜、MCN 机构排行榜等各类直播电商的相关榜单，数据分析聚焦的内容有：（1）直播转化分析，包括集合数据趋势与直播数据复盘；（2）主播带货分析，发掘带货主播，分析淘宝主播的带货能力；（3）爆款商品分析，根据淘宝直播间销售状况，追踪爆款榜单，分析消费者的购买动机与购买商品行为；（4）品牌商家分析，品牌投放的关联性分析与竞店投放检索；（5）实用数据工具，包括主播间的数据对比、数据导出、主播排名查询、实时监测、主播订阅、实时直播大屏等。

思考题

1. 什么叫大数据？它有哪些特点？

2. 直播电商为何要运用大数据？

3. 什么叫人工智能技术？为何要运用人工智能技术？

4. 个性化商品人工智能推荐系统的优点是什么？

5. 影响直播电商消费者的心理因素有哪些？

6. 构建用户画像的基本流程是什么？

7. 直播电商的消费行为主要表现在哪几个方面？

8.AARRR 模型由哪五个环节组成？如何理解它们之间的关系？

9. 为何要关注直播电商的调查数据？

第五章　直播电商的内容变现模式

新冠肺炎疫情来势汹汹，对全球范围内的零售行业造成了沉重打击，大批零售行业实体店为了安全度过危机，转而选择从事网络电商。依托于 5G 技术的迅速发展与巨大的网络直播用户群体基数，中国的直播电商领域发展潜能巨大。直播电商相较于传统电视购物有着实时性与互动性强、更具真实性与娱乐性、商品性与娱乐性强、营销成本低、商品价格低的优势，这些优势使其逐渐帮助零售商成功实现数字化转型，向海外拓展市场。直播行业经历了从单纯娱乐到多元商业模式的持续发展，衍生出多种直播变现模式，并提供了品牌、主播网红、商家三方合作的新思路，而直播带货就是直播电商商业模式成熟发展的重要产物。直播带货变现根据营销手段、人员、场景等因素差异分为多种具体类型，对这些具体直播带货形式进行深入了解有助于对实际直播带货操作做进一步改进与完善。

第一节　直播电商营销优势与趋势

一、直播电商销售趋势

在新冠肺炎疫情冲击下，全球许多零售业的实体店纷纷面临倒闭危机。如巧克力名店 GODIVA 在 2021 年关闭在美的 128 间门市，2021 年 2 月美国大型电子产品连锁超市弗莱斯宣布结束 36 年营业等。根据估计，美国仍会有超过 1 万间实体门市关闭。但令人意外的是，美国零售联合会评估，由于电商的网络消费模式大大满足了消费者在新冠肺炎疫情期间的需求，零售业的商机将从实体店面逐渐转移至网络电商。因此，2021 年美国零售业或将增长 6.5% 左右，而电商年销售额预计增长 18%。

在新冠肺炎疫情期间，国内许多实体店面也受到严重打击，直播电商的蓬勃发展为实体经济带来新希望，5G 技术的快速发展更为企业注入一剂强心针。根据中国互联网络信息中心发布的直播行业报告，截至 2020 年 6 月，中国网络直播用户数量超过 5.62 亿[①]，每一位网络直播用户都是潜在的消费者，直播平台蕴藏巨大消费潜能，吸引多家品牌方进军、入驻。

直播最初的核心功能是偏娱乐性的，屏幕前的观众可以边观看边打赏。随着产业发展，直播内容与平台不再局限于娱乐性打赏，衍生出了需要付费的影视音乐内容，以及直播电商常涵盖的电商与导购、品牌合作与广告、网红孵化与支持服务等多种商业模式。2020 年 10 月，毕马威联合阿里研究院发布的《迈向万亿市场的直播电商》报告显示，2020 年直播电商总规模将达 10500 亿元，进入万亿时代，同比增长 210%，2021 年预计将到达 19950 亿元（见图 5.1）。[②]

图 5.1　2017–2021 年直播电商行业市场规模

（数据来源:《迈向万亿市场的直播电商》）

---

① 苏媛媛,刘雨宁.网红餐饮品牌营销策略研究[J].电子商务,2019(10):44−45.

② 李原昕,周松涛.线上线下结合的电商超市新零售运营模式研究[J].电子商务,2020(7):38−39.

为掌握和抢占商机，越来越多零售业者投身直播电商产业，进行数字化转型，电商从业者也积极抢攻直播市场。如加拿大电子商务软件 Shopify 将 Shop Pay 整合至 Facebook 与 Instagram 等社交媒体，并在 2020 年 10 月与字节跳动公司进行合作；2021 年 2 月字节跳动公司在其 Tik Tok 中测试直播电商、展示商品型录、举办特卖活动等；沃尔玛在 2020 年 12 月也首次和字节跳动公司合作直播导购时尚精品；亚马逊的"Amazon Live Creator"App 不只让商家直接用智能手机直播以促销商品，也让一般用户分享与介绍商品使用心得。

直播电商发展至今，有几个趋势值得关注。

首先是协助商家进行数字转型。如瑞典影音社群公司 Bambuser 于 2019 年转成直播电商系统整合服务商后，除了提供门槛低且能串接第三方电商平台的整合服务外，也让零售商家可与客户一对多、一对一、多平台同步直播展示店内商品，Bambuser 主要收取签约费、技术授权费及实际使用费。至今其已成为市场大厂，客户涵盖全球各地房地产、百货零售、服饰配件、时尚奢华品、美妆药妆等领域。

其次是推动电商服务由境内向跨境方向延伸。日本跨境直播电商 Inagora 2021 年 2 月整合超过 100 家日商、3300 个品牌及 4 万种商品，提供商品自动中文化、广告营销、客服、信息管理、金物流等跨境服务，助力日本品牌商在以中国和东南亚国家为主的海外各大电商平台推广。Inagora 采用让网红直播展示日本正品并保障假一赔十、跨境开设体验旗舰店、跟日本原产地合作通路独占销售等模式，盈利来源于在日本品牌商、网红主播直播中的商品销售额中抽取一定比例。

再次是结合新兴技术瞄准新世代。德国直播电商 Yeay 使用区块链技术验证社群成员身份，确保影片和评论的真实性，让 13 至 18 岁的 Z 世代、新兴设计师、艺术家或独立商店可推荐任何品牌并分享体验，并推播给同样以 13 至 18 岁为主的用户赚取加密货币，再用于交换物品、第三方代币或兑换欧元。Asics、Nike、Patricia Field 等运动或时尚品牌都已和 Yeay 合作。

直播电商可以分为两种类型：一种是传统型的电商转型，或者说是以直播作为一种依托于网络平台的营销手段，因此即便具有直播特性，大部分卖家或企业还是会另外设网络卖场或官方订购网站来进行商品销售；另外一种是以直播起家，通过直播引导商品购买行为，最常见的模式就是消费者直接在直播间的留言区留言购买。"电商＋直播"的发展模式不只是一种简单的依托于网络平台的经济营销发展模式，更是一种具有巨大发展潜能的流量变现方式。直播电商发展的契机可以从以下三方面来分析。

（一）MCN 行业已进入短视频时代

短视频作为未来新闻与娱乐信息发布的主要方式，被寄予了凝聚多元价值、助力价值引领与舆论引导的重要期望，日益成为主流媒体转型突围、抢占话语高地的重要切入口。然而，这种以冲突、碎片与隐匿为特点的网络视听传播，又无形中助长了各类消极社会思潮的蔓延，给主流媒体舆论导向作用的充分发挥带来阻碍。

随着数字经济的飞速发展，短视频演变成为商业传播领域的最大亮点。MCN 是一种多频道的网络的产品形态，其主要是将平台下不同内容类型的优质 PGC 联合起来，以平台化的运作模式为内容创作者提供运营和营销等服务，从而最终实现商业的稳定变现。过去的 MCN 以传统视频直播模式作为主要的传播手段，网红主播通过唱歌跳舞等才艺表演或者情感沟通来获得打赏收入，但由于内容单一，难以长期保持高水平的用户关注度，在市场制度的严格监管下，这类直播模式逐渐被门槛低、更新快的短视频所替代。由此，MCN 机构进入短视频时代。

（二）传统电商 GMV 转化率普遍偏低

GMV 主要是指网站成交金额，属于电商平台企业成交类指标，主要是拍下订单的总金额，包含付款和未付款两部分。传统电商的内容主要起到引流的作用，但消费者更加关注商品本身的价值和使用价值，内容对他们的吸引力并不大，引流效果有限。因此，在提升销售额和引入流量方面，传统电商需要考虑更多方面。

（三）网红变现方式多元化

所谓网红经济，就是指依托互联网特别是移动互联网传播及社交平台推广信息、产品和服务，提高社会关注度，从而形成庞大的粉丝和定向营销市场，并围绕网红 IP 衍生出各种消费市场，最终形成比较完整的信息传播链和网红产业链。因此，在电商直播过程中，网红通常既是"吸睛"的能人，也是"吸金"的高手。"吸睛"是传播效果的呈现，"吸金"是网红产业的目标；前者是后者的基础，后者是前者的目的。网红的变现能力既是网红自身，也是商品企业所追求的核心指标。

如今网红变现方式不同于以往，正呈现出多元化、多样化的发展趋势，目前主要有以下6种变现模式：（1）广告变现；（2）粉丝打赏；（3）网红电商；（4）直播分成；（5）签约付费；（6）形象代言。此外还有网红作品营销、影视演艺和咨询等变现方式正在尝试和发展之中。

以 2018 年为例，我国大流量网红 MCN 机构签约占比为 93%。据艾瑞咨询数据，2018 年我国网红收入来源主要以广告和电商为主（见图 5.2）。与此同时，MCN 行业整体规模初具产业链雏形，随着各直播平台商业化程度加深，正在进一步形成平台多、领域广的经营模式。2018 年，各短视频平台逐步扩大电商领域的范围，如快手推出了"快手购物助手"小程序，抖音上线了"小米商城""京东好物街"等小程序。[1]

---

[1]　郭雅文,肖筱.网红经济下"电商+直播"模式发展策略研究[J].现代商贸工业,2019,40(34):45-47.

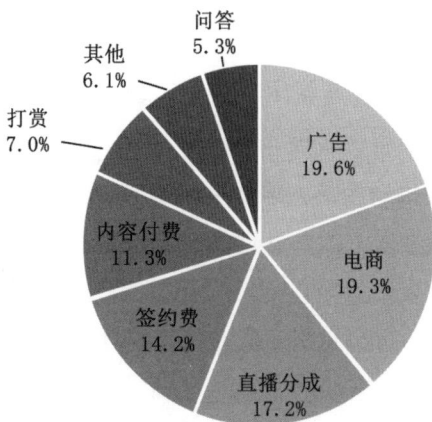

图 5.2　2018 年网红各领域收入占比

（数据来源：艾瑞咨询）

　　2020 年的网络数据显示，在 2019 年排名前 10 的既"吸睛"又"吸金"的网红是：（1）一禅小和尚；（2）会说话的刘二豆；（3）陈翔六点半；（4）回忆专用小马甲；（5）郭聪明；（6）M 哥；（7）摩登兄弟；（8）多余和毛毛姐；（9）高火火；（10）李佳琦。

二、传统电视购物与直播电商销售差异

　　2020 年可以说是直播电商大热的一年，随着李佳琦等主播进入大众视野，直播带货已然成为必不可少的电商新渠道。传统的电视购物和现在兴起的直播带货有很多相似之处，包括以实时视频为载体的呈现方式、用户对沉浸式内容和低价的需求以及和后端供应链的关系等。因此，电视购物可以算是直播带货的前身。但是，两者还是有些许差异，近年来直播带货所获得的利润也已经远超电视购物，主要是因为直播带货有以下的优势。

（一）实时性与互动性

传统电视购物流程一般都是节目开始，由主持人介绍商品，然后曝光优惠价格，限时开放让观众打电话进行购买，节目环节大概就是后面三者的不断交替。在电视购物模式下，消费者购物时的疑惑和问题，往往不能得到有效和及时的解答。究其原委，电视购物是一种单向性、一次性的传播模式，观众提问得不到及时回应，因此参与度相对较低。区别于传统电视购物方式，直播电商的优势十分明显：主播能够直接实时回复观众问题，甚至跟直播间的观众互动聊天，而且能够与用户分享自己的日常生活，现场的环境、场景、氛围等附加信息实时满足了用户的现场感、互动感与参与感。与此同时，直播带货还具有不受电视台导播必要的时间控制，没有额外广告插入、中断内容，收看的时间地点也不受限制等优势，较电视购物更具有实时性。

（二）真实性与直观性

实时直播不仅让直播现场、主播、货物、氛围等真实而直观地呈现在观众的眼前，而且还能通过文字、图片、音像、实物等让商品的真实性、交易的可靠性得到提升，让用户直观地获取商品的特性、功能、使用方法和技巧，提高用户的体验感。

（三）商品性与娱乐性

大部分观众打开电视主要是满足娱乐需求，很少有受众收看以推销为主的电视节目。如果电视购物不是观众的收看目标，那么在打开电视时，电视购物节目或画面就会成为观众看电视的阻碍，观众会因此选择离开或换台。直播电商是商品性与娱乐性的有机结合，以营销商品和提供服务为主，以满足娱乐需求为辅。主播在直播带货过程中所营造的环境、场景、氛围等也都既有商品性，又有娱乐性。用户在观看直播间主播表演、展示的同时，不知不觉地达到了自身的目的。

（四）营销低成本

企业在传统电视购物营销成本上的花费上很高，原因在于电视购物还包括了商品上架费用、保证金、退换货的损失费用等，还包括了电视台抽成费用。相较之下，直播电商为企业省下许多营销成本。

（五）商品低价格

在直播电商中，最常看到的就是"全网最低价"的营销口号。这既展现了现代直播电商供应链整合的巨大力量，也让用户领略到信息技术带来的成本缩减、商品低价格的优势。透过大数据信息与人工智能技术，直播电商可以实时了解竞争对手在直播间、在商场的商品价格，立即向用户提供更优惠的价格，刺激观众购物。

此外，虽然电视购物和直播电商两者都是"视频展示 + 卖货"，都在一定程度上利用真实性、可见性和共情性进行营销，但是两者在区域、载体、场景、价格等方面还是有较大区别的，这也是直播带货更受观众或用户欢迎的原因。两者主要差异见表5.1。

表 5.1　传统电视购物与直播电商的差异

比较项	类别	
	电视购物	直播电商
观看的时间地点	受限于频道与播出时间	不受时间、地点约束
传播载体	电视	不局限于电视
消费者	以家庭为单位	以个人为单位
互动性	较弱	较强
触及流量	一般	较大
内容	以介绍商品为主	内容相对来说具有弹性
广告商选择依据	广告商青睐收视率高的节目，但难以评估广告投放效益	清楚知道受众来源以及观看数量，广告可以做到精准投放
行销费用	成本较高	成本较低
交易方式	电话、PC、移动终端	移动终端、网店

第二节　直播变现的商业模式

在直播电商的热潮中，很多人认为通过直播手段来贩卖商品变现是最快且最有效率的方式。但也有人提出疑问，是否真的如此容易，消费者是否真的会在看直播的当下就花钱购物？的确，大部分人在购买东西时都会思考一下，很难总是冲动性购物，且有调查发现，很多时候消费者收看直播只是为了打发时间，因为电商直播本身也提供了较强的娱乐性。但是，这并不影响直播电商的销售，因为即使超过九成的人没有消费，但曝光量决定销售量，只要收看直播的人数越来越多，品牌与直播主播的知名度就会相继提高，这样就能创造营收。因此，当下直播电商的直播方式千奇百怪，为了吸引点击率，直播间的主播们无不使出浑身解数，直播电商变现的模式也呈现出多样化特征。通过整理，我们着重介绍以下 9 种直播变现模式。

一、线下商演模式

商业演出是指以营利为目的，进行广告宣传或者产品促销，通过售票或者包场来支付演出单位或个人报酬，并得到赞助或捐助而举办的演出活动。第一个实现商业演出变现的网红是芙蓉姐姐。2004 年，芙蓉姐姐将自己的照片上传到水木清华、北大未名和猫扑社区后，迅速获得了大量人气，她抓准时机利用网络营销公司不断炒作，成为线下的明星。2016 年，芙蓉姐姐的商演出场费高达 20 万元。她的团队还成立了北京芙蓉天下文化传媒有限公司，除了承接商演活动，该公司还代理策划、网络推广等业务。[1] 继芙蓉姐姐之后，越来越多的网红加入了商演变现的队伍，高校校花黄灿灿、吴倩、陈都灵等也都是通过网红商演变现。"网络走红 + 商业演出"的流量变现方式逐渐进入人们视野。[2]

---

① 汤雪梅.互联网内容产业的十大赢利模式[J].出版发行研究,2016(12):35-39.

② 杨岚.中国网红经济20年的回顾与展望[J].湖南大众传媒职业技术学院学报,2017,17(4):20-24.

二、实体引流模式

实体引流模式是指将直播平台作为超级流量入口，通过直播与多元化内容相结合的营销方式向实体店引流，从而达成流量变现。以实体书店为例，2020年年初暴发的新冠肺炎疫情对提供线下产品和服务的实体零售行业带来巨大冲击和非预期性的危机。中国实体书店联盟书萌 2020 年 2 月 5 日公布的问卷调查报告显示，新冠肺炎疫情之下实体书店行业停业比例为 90.7%，无正常收入的占比为 91.97% 。[①] 在 2013—2019 年（新冠肺炎疫情前），融合多元消费空间场景的"书店 +X""书 +X"的营销方式是实体书店行业的主流经营模式，但随着新冠肺炎疫情期间的"宅经济"兴起，"流量"取代了"客流量"，成为商家们追求的目标，从而催熟了直播营销。仅从淘宝的官方数据来看，截至 2020 年 2 月 28 日，已有 200 多家书店尝试直播营销，开通淘宝直播服务的书店数量同比增长超过 5 倍，图书直播场次增长近 10 倍。[②]

新冠肺炎疫情过后，一些知名书店也开始进行更加常态化、深层次、多元化的直播转型尝试。例如单向街书店于 2020 年 4 月 13 日在其微信公众号上推出"第二人格书店"单向 LIVE，九大直播栏目"单向买手店""新书抢发""老许在不在""书店 24 小时"等不定期滚动播出。

三、广告变现模式

当今互联网产业迅猛发展，各类社交软件层出不穷，其自带的功能也越发别出心裁，使用户依赖性越发增强。此类软件包括微博、微信及其公众号功能、QQ 等社交通信软件，还有抖音、快手等短视频平台，以及今日头条、小红书等平台。据相关调研数据，微博月活用户数约为 2.6 亿，而快手、抖音也早已出现日活过亿的情况。

---

① 书萌.疫情笼罩下的实体书店呼声：超千家实体书店问卷调查分析报告[EB/OL].(2020-2-5)[2022-4-6]. https://www.the paper.cn/newsDetail_forward_5796099.

② 刘颖颖,丁涛.实体书店直播"自救"全国200家书店变直播间[EB/OL].(2020-2-28)[2022-4-26]. http://culture.people.com.cn/GB/n1/2020/0228/c1013-31608735.html.

　　因此，KOL 是一批拥有更多更准确信息且有固定粉丝群体和影响力的人，在消费者购买不同品类商品进行决策时，其意见至关重要，成为业界与学界关注的焦点。研究结果显示：由于 KOL 粉丝黏性强，33% 左右的市场营销人员将 KOL 营销视为整合营销战略的必要组成部分；约 41% 的人在 KOL 营销与传统营销的对比中，将重点放在营销效果更为显著的前者上。从市场挑选接受调查的品牌中，用于 KOL 营销部分的预算有相对增长的品牌数占总品牌的 63%，预算增幅超过 24% 的品牌数占总品牌的 44%。由此可见，广告商更愿意将营销经费投放到 KOL 上，借助 KOL 的影响力帮助自己带货。同时用户对于短视频广告的接受程度也越来越高，有些用户甚至会将关注点放到广告的画风和植入方式上。因此，如何将广告变得好看成为广告软植入的关键。

　　广告变现大致分为四种：软广、冠名、贴片、代言。①

（一）软广

　　软广就是将直播视频的内容或情节与产品的理念很好地融合在一起，尽量做到不露痕迹，让用户在潜移默化中了解该产品，并且产生好感度。例如专门做美食题材的抖音主播，可能会接一些与橄榄油、厨房电器相关的软广，在视频拍摄中输出。在抖音拥有 2000 万粉丝的贫穷料理做了一期视频，突出了做菜的油是某品牌橄榄油，这种软广的渗透往往会让读者觉得毫无违和感，可以达到很好的转化效果。

（二）冠名

　　冠名常见于综艺节目。在短视频行业，冠名广告通常体现为字幕明细、添加话题、添加挑战、特别鸣谢等。这种形式更强调广告主的品牌。短视频行业目前所接触的冠名广告还较少。2019 年 "6·18 购物节"，京东在抖音冠名发起的活动 "抖出你的家乡味"，播放量超过 7.4 亿人次。

---

① 商助科技.短视频流量变现的6种方式[EB/OL].(2020-4-16)[2022-4-26].https://www.sohu.com/a/388445523_501610.

（三）贴片

贴片广告是通过展示品牌本身来吸引大众注意力的一种比较直观的广告变现方式，一般出现在片头或者片尾。贴片广告比其他广告形式更容易受到广告主青睐，因为其具有以下几个优势。

1. 到达明确：想要观看视频内容，观看贴片广告是必经之路。

2. 传递高效：同电视广告相似度高，传递信息更为丰富。

3. 互动性强：形式生动立体，互动性强。

4. 成本较低：不需要投入过多的经费。

5. 可抗干扰：广告与内容之间不会插播其他无关内容。

贴片是创作者制作成本比较少的一种广告形式，一般广告内容放在视频片头或片尾 5 到 10 秒，不会影响创作内容本身。这种植入的形式，使广大用户容易接受，因而效果较好。短视频的贴片广告也逐渐成为广告变现的常用模式。

（四）代言

由明星、名人等为企业组织的赢利目标而进行的信息传播服务叫代言。拥有一定粉丝基础的明星、名人能带动自己的粉丝群体对自己所代言的产品产生好感度和关注度，从而使企业组织达到变现目的。

四、直播带货模式

随着互联网技术的发展，以直播为代表的 KOL 带货模式给消费者带来更直观、生动的购物体验，该模式转化率高，营销效果好，因而逐渐成为电商平台、内容平台的新增长动力。"带货"一词是指网红、明星、企业等具有一定社会影响力的人或组织通过电商平台带动某些货物的销售或带动流行趋势的行为。作为从网络购物中产生的新型商业手段，电商带货在信息快速交换和流量不断更迭的当今，已经不再局限于传统网购的模式，而是与自媒体平台、直播、短视频内容输出等相结合。[①]

2020 年微博之夜，李佳琦和李子柒双双获得"微博年度热点人物"。将直播带货领域的李佳琦等主播和以输出优质短视频内容为特征的李子柒等网红进行对比，我们不难发现，电商带货模式虽然在一定程度上依托品牌自身所携带的特点，借助网红自身的流量基础与影响力，吸引资本的入驻和流量的追捧，最终实现价值变现，但是由于带货模式存在差别，其手段和方式也各不相同。

我们可以根据电商带货与不同的形式的融合，将电商带货的变现模式分成两种类型：直播电商带货和内容营销带货。

（一）直播电商带货

这是目前网络直播带货领域最为常见的模式。它是传统电视购物在互联网大背景下的新产物，以李佳琦为代表的网红主播在直播平台下，与观众形成封闭的流量环。直播电商带货是一种效果直观的运营模式，需要主播通过较好的语言表达实时推广产品，观众可以通过点击直播界面购物车中的商品进行挑选，或者添加主播微信，在社交平台进行进一步的买卖。直播电商带货的形式不只可以产生线上的引流价值，而且可以将部分观众转化为自己的私域流量，从而进一步提高产品的复购率。[②]

（二）内容营销带货

它主要以短视频内容输出为主，包括直接介绍产品的"种草"视频，也包括以优质内容来自创品牌、打造私人流量领域的营销策略。

"种草"视频也称好物推荐，是指通过短视频直接介绍产品的特点，展示其最大的优点。观看该内容的受众原本就有想要了解该产品的心理预期，或者在内容生产者的推荐后产生好感，从而实现内容流量的变现。

李子柒一类的短视频博主则将营销策略的重点放在打造私域流量。通过高

---

① 贺紫蝶.网红经济下电商带货模式对比分析：以李佳琦与李子柒为例[J].传播力研究,2020,4(31):135–136.

② 谢兰萍.抖音带货的运营模式及发展问题研究[J].新闻研究导刊,2020,11(6):146,169.

质量视频内容的稳定输出，收获一批稳定的粉丝；再打造个人品牌，使内容平台转向电商平台，进一步吸引用户在淘宝等第三方平台购买产品；同时还不断推陈出新，活跃社群，加深用户对品牌的认可度。

五、知识付费模式

克莱·舍基曾在著作《认知盈余：自由时间的力量》中将"认知盈余"这一概念解释为"一部分受过教育，同时又富有专业知识的人群，在具有空闲时间的情况下，渴望将自己具有的知识信息分享给他人，认知盈余由此产生"[1]。同时，在经济、科技快速发展的今天，大多数个体和企业都处于一定的焦虑环境中，个体思考"如何提升自我不被社会淘汰"、企业思考"如何改革创新不被行业淘汰"，焦虑情绪也激发了人们的求知欲，但面对海量信息，焦虑心理愈加凸显。基于感到焦虑的当代青年逐年增长的情况，知识产品的分享服务逐渐向知识付费的模式演变。

知识付费的变现模式可以分成四种：专栏付费模式、问答分成模式、会员服务模式、互动打赏模式。[2]

（一）专栏付费模式

专栏付费模式是指通过销售知识来获得收益的模式，付费的过程是消费者对知识内容的使用权或获知权的购买，平台通过各种营销手段吸引更多用户付费。而平台所销售的内容来源不仅包括平台自己原创生产的内容，也包括与网红明星、流量大V等进行合作、签署合约条款获取的生产内容。站在平台方的立场上，无论是原创内容生产还是购买并销售他人的内容版权，只要存在内容的买卖流动，就能获取基本效益。

当前的付费模式主要包括订阅付费和单次付费两种。订阅付费是指已付费的用户可以在某一段订阅时间内自由获取某一平台上的产品，例如得到、喜

① 舍基.认知盈余：时间自由的力量[M].胡泳，译.北京：中国人民大学出版社，2011.
② 黄浩博.共享经济背景下知识付费平台的现实困境与对策研究[D].上海：华中师范大学，2019.

马拉雅 FM 等。单次付费是指平台方锁定大部分的内容或设置时间限制，用户如果希望获取全部资讯或者无限次浏览该产品内容需要进行一次性付费，知乎 LIVE 讲座内容以及微博、微信推出的付费阅读等均属于这一模式。

（二）问答分成模式

在此类模式下，平台主要以 UGC 的方式生产内容。生产商在平台通过生产知识内容向需求者收取费用。平台为内容生产者提供了一个统一的、巨大的空间，以此来吸引更多的买家。由于平台不是内容生产商，无法对知识内容进行直接销售，所以不能直接受益。然而，平台可以同内容生产者达成一定的协商合作，按比例提成。因此在问答分成的模式下，利益双方如果想要获得更高水平的收益，内容生产者需要稳定、大量地提供优质内容，平台则需不断加强技术支持，扩大平台自身的影响范围。

分答是问答分成变现模式的典型代表。答主会先设置好咨询问题的价格，如果用户想要该答主提供内容服务，需要在支付费用后提问，答主在规定时间内以一分钟语音的形式回答该问题。如果有其他用户同样想要了解该问题，则可以支付一定的费用"旁听"，答主和提问用户平均分配此类收入，"旁听"的用户越多，答主和提问用户获得高提成的概率越大。[1]

（三）会员服务模式

会员服务模式主要依赖平台的品牌影响力和内容生产者的粉丝吸引力。[2] 典型的有罗振宇的"罗辑思维"和樊登读书会等通过打造个人 IP 吸引用户的案例。可以说，罗振宇的"罗辑思维"是实现知识会员付费模式的鼻祖，罗振宇持续输出大量优质内容，从而积累了一定的粉丝用户，提升了个人品牌的影响力。按照内容服务的程度对会员付费服务进行划分，能更好地区分普通用户和付费用户的知识获取范围，从而提供更加精准的对应服务，普通用户可以免费获取自己所需的内容，付费用户则可以通过付费获取更加全面、优质的内容服务。

---

① 　聂静.从内容付费看知识服务[J].新闻传播,2018(1):15−16,19.

② 　冯红霞.共享经济时代知识付费的收费模式与赢利模式[J].传媒,2018(12):70−72.

此外，知识付费平台还可以通过汇聚专业大 V 和累积原创内容，来提供会员服务。在这类模式中，影响用户是否付费的因素在于生产内容是否具有专业性和权威性，以及平台的影响力如何。

上述两种类型都是在线上进行会员社群运营，但也有一些平台尝试着将线上的会员服务向线下移动，实现线上线下的结合。对于一些需要更高水平的实践或体验的内容，付费平台会针对付费群体举办线下沙龙活动或知识讲座，例如得到已经实现了线下开设讲座并售卖实体衍生品的新变现方式。

（四）互动打赏模式

知识付费模式也会采用直播打赏的形式，此类知识付费的内容更强调知识的专业性，互动打赏的门槛比较低，但覆盖人群广，内容生产者与用户之间有较强的互动性，典型案例如知乎 LIVE、荔枝微课、一块听听等。

六、直播打赏模式

对于平台主播来说，直播打赏模式一共分为两种类型：一种是加入某个MCN 机构，以一定规范的组织进行直播的网红，即公会主播；另一种是个人主播。

直播平台打赏所得收入一般会和虚拟货币的售卖紧密相连，详细来说就是用户在某一平台或平台的代理商处购买该平台的虚拟货币，并在观看直播时作为打赏礼物送给主播，后续主播可以将其兑换成现实货币，从而变现。[1] 如果主播隶属于某个公会，则由公会出面与直播平台统一结算，主播和公会再进行进一步的结算。直播打赏也是最常见的一种直播类产品的赢利模式。

艾媒咨询调查显示，2019 年我国在线直播用户规模增长达到 5.04 亿人，预计于 2020 年将达 5.26 亿人。《2019 主播职业报告》对近万名移动用户进行调查研究后发现，用户群体年轻、使用黏性强、付费习惯成熟是移动直播用户普遍具有的三大特征。根据调查数据，在直播方面月消费 1000 元以上的省、自治

---

[1]　林波.互联网直播平台"打赏收入"确认与计量[J].合作经济与科技,2019(23):152-153.

区、直辖市中，经济发达的沿海地区占比排名靠前，福建、上海和广东分别位列前三（见图5.3）。

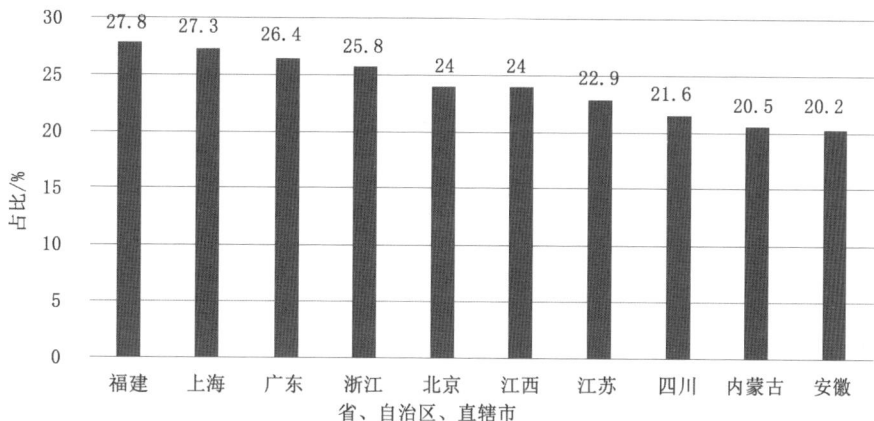

图 5.3　全国直播打赏金额占比前十名的省、自治区、直辖市分布图

（数据来源：《2019 主播职业报告》）

七、平台补贴与分成模式

平台补贴与平台分成模式都是依靠平台政策进行获利，各大平台的巨额补贴政策如下。

（一）今日头条的千人万元计划

字节跳动旗下 App 今日头条的千人万元计划，确保 1000 个头部账号创作者每月至少获得 1 万元的保底收入。

（二）西瓜视频

继千人万元计划推出之后，字节跳动推出新政策，创作者只要在它旗下的西瓜视频 App 中上传短视频，便可以通过阅读量获得广告收益。

（三）腾讯微视

2018 年腾讯耗资近 30 亿元，重金打造微视平台，无论是学生还是职场新人在业余时间上传视频内容，只要有效播放量超过 1 万人次，便有单篇近 1000 元的收入。

平台分成模式是依靠直播视频的播放量以及广告展示量获得平台的广告分成的一种变现形式，不同平台的分成政策不同，包含的内容也不尽相同。如企鹅号——腾讯旗下的一站式内容创作运营平台，也是腾讯"大内容"生态的重要入口——的内容分成指作者通过创作内容，获得内容产生的底页广告收益、赞赏收益、付费收益；而一部分平台只在广告领域进行分成，如搜狐号将基于文章流量、质量等因素，与搜狐号创作者分享投放于其文章内页的广告所产生的收入。

八、内容合作模式

将推广软文拍摄成视频，变相进行营销。利用短视频进行电商变现比推广软文效果好得多，用户能够通过视频直观地感受到产品的部分特性，更容易产生信任感，且相比软文，短视频所呈现的内容更丰富，可以带动一系列的周边产品的销售。以茶叶为例：通过一些有关茶的视频，吸引想要购买的用户；同时拍摄内容中涉及的茶具、外包装等，也可能受到用户关注。

九、IP 孵化与衍生模式

"电商 IP"是指以流量内容为核心，以社会化媒体传播、社群运营的一种电商模式。传统意义上的 IP，例如：刘慈欣的《三体》《流浪地球》，就是从文学领域转向影视领域的 IP；漫威走的是非常经典的另一条转向影视领域的路径——从漫画领域转向影视领域；再则是表情包的典型代表 LINE FRIENDS，通过在 Line 的社交平台上积累了一定量的粉丝后，开始做衍生品、主题展、主题公园等，然后开发各个 IP 变现层，形成从优秀的版权交易到进行跨界合作，推出相关的动漫产品、游戏产品、实体书、影视作品和周边产品等，再由发行、包装推广成为品牌，最终变现，这样一条完整的 IP 产业链。

传统的 IP 打造渠道可能需要 4~5 年的时间才能最终实现商业变现，但现如今通过各大网络平台，最快可以在短短一年的时间里打造一个火爆的 IP。

以抖音为例，典型的 IP 代表有一禅小和尚、僵小鱼、萌芽熊等。一禅小和尚不仅有基础的商品版权授权，还推出了《一禅读唐诗》《一禅读历史》系列漫画作品以及《一禅小和尚》微电影等，实现了内容层面的变现；同时一禅小和尚所输出的价值观念涉及一些与佛学相关的内容，因而也包括一些跟佛学相关的衍生产品；在不久的将来，其 IP 衍生的产品可能还会涉及儿童群体的付费内容。

要打造一个竞争力强、影响力大的 IP，需要做到以下几点。

（一）打造个性化人设

根据目标用户群体的需求来确定虚拟 IP 的人设，根据人设进行内容的输出，从而精准俘获粉丝。一禅小和尚就拥有鲜明的人设，有着区别于其他 IP 的特色。一禅小和尚塑造了一个涉世未深、对世界充满好奇的小和尚形象，以及充满智慧的慧远老和尚形象，并通过小和尚和老和尚两人之口，传达出了很多情感方面的道理，具有温暖而治愈的传播特色。

（二）原创爆款内容的稳定持续输出

在内容为王的时代，只有输出足够优质的内容，才有成为爆款的机会。而持续稳定的内容输出，则能够进一步提升粉丝黏性，并进一步吸引新粉丝的关注。一禅小和尚在内容质量上一直保持着较高的水平，短视频讨论的主题往往能够直击观众痛点，引发粉丝的情感共鸣。"人生若只如初见""等别人来爱你，不如主动爱自己"等内容一度成为热门话题。同时，在内容输出的频率上，一禅小和尚以一周四条优质短视频内容的持续输出的频率，使 IP 尽可能多地活跃在观众视野，也拥有了更多出现爆款的机会。截至 2021 年 3 月，一禅小和尚的抖音短视频内容的互动量都达到了 10 万人次以上，最高一条短视频的点赞量甚至达到了 1751.6 万次。稳定的更新频率和优质的内容，是其成功积淀了近 5000 万粉丝的缘由。[①]

第三节 直播带货变现的商业模式

直播产业链不断扩大，直播变现的商业模式渐趋成熟，直播变现的手段亦日益多元丰富，其中直播带货的商业模式被广泛运用，以下聚焦直播带货变现的多种商业模式进行介绍与分析。

一、店铺直播

店铺直播模式以淘宝为主要代表，商家自身拥有淘宝店铺，通过直播的方式销售店铺产品。店铺直播变现的商业模式是一种较为直接明了、较为传统的电子商务模式。其竞争力更多依靠在播商品本身，依靠在播商品引起观众互动。店铺直播与线下实体店的变现模式相似，会定时或不定时地发放优惠券，不会有过多的营销花样。[②]直播作为一种销售手段，为线上远距离的销售提供便利。店铺直播模式的变现难点主要在于为店铺稳定引流。对此，我们可以从以下五点加以完善、改进。

（一）镜头的品质与设置要求

作为硬件方面的配备，镜头的选择要符合直播的高像素要求，能将直播场景更为完整清晰地呈现给用户。在镜头的设置上，主播在画面中占比应在 20%~70% 之间，适当的留白可以突出主体，同时给用户一个最为舒适的观看角度和空间。

---

① TopKlout克劳锐."一禅小和尚"们的IP价值增长之路[EB/OL].(2020-12-12)[2022-4-26].https://www.socialmarketings.com/articldetails/10433.

② 顾先玲.淘宝直播的营销模式与发展前景探析[J].西部广播电视,2020(15):16-18.

（二）丰富背景与产品陈列

要在直播间的背景空间中，对产品进行陈列展示，丰富背景内容。同时也可以利用一些道具，比如绿植、画等符合直播风格的物件，来增加层次感、强化氛围。

（三）内容贴片

充分利用内容贴片的形式来提醒观众跟随步骤进行相应的操作。如：可以在屏幕正上方设置一个提醒用户关注的内容贴片，可以引导并提醒更多用户关注直播间，实现引流；将产品价格、商品类型、最新活动等消息贴片处理，以此来帮助观众快速了解直播的情况，从而进一步优化直播效果。

（四）镜头感与互动

要进一步提升直播间与消费者之间的互动，商家首先要克服面对镜头的不适，再通过弹幕讨论、发放惊喜红包、刷礼物等活动来活跃直播气氛，也可以通过流量补给或海淘流量助手引流来增加直播间人气。直播间与消费者之间的良性互动，可以将直播的效果发挥到较高水平。

（五）直播间的灯光和色彩选择

可以根据不同的商品性质选择不同的灯光色彩，但要注意尽量避免出现多色混合的情况，以免分散观众的注意力。合适的灯光和色彩效果对于烘托氛围、稳固流量具有明显的帮助，再配合直播过程中产品信息的展示以及解答、主播的话术引导、购买欲望的刺激等，能够实现从流量到存量的转变，从而更好地完成流量变现。[①]

以店铺直播变现或通过店铺直播转型的例子有很多，其中咿呀母婴和米氏孕婴就是成功案例。受到新冠肺炎疫情影响，咿呀母婴和米氏孕婴全国500家

---

① 海商.如何解决店铺直播带货变现难点？[EB/OL].(2020-10-28)[2022-4-26].https://www.hishop.com.cn/zhibo/show_ 95664.html.

门店面临歇业困境，亟须线上造血救场。咿呀母婴和米氏孕婴童通过打造"门店直播大赛＋社群＋小程序"的模式，将门店的私域流量激活，并通过快速直播培训，让门店美容顾问获得直播技能，短短 7 天，使门店 GMV 达到 30 多万元。[①]

二、产地直播

产地直播，即主播到产品的原产地进行直播。这类直播以农产品、水产品的销售为主。产地直播既包括自产自销，也包括产地直销，在原产地进行商品购买可以最大限度地降低消费者以及商家成本，凸显产品的来源优势，强化原产地的卖点，增强消费者信任感，但由于直播内容的单一性，观众的期待值较低。

西双版纳阿浪是一名拥有 189.2 万粉丝的快手博主，直播销售西双版纳当地的热带水果。2021 年 4 月 26 日，阿浪以"榴梿降价每人一箱"为标题开启了榴梿专场，在短短 2 小时内观看直播人数不足 3000 人的前提下，卖出 9622 件商品，整场销售额达 51 万元，具有超高转化率。[②] 以赶海熊二为代表的海鲜水产类直播带货博主为例，在 2021 年 4 月的数据中，赶海熊二 27 天日平均直播销售额维持在 23 万元，具有相当高的变现水平。

产地直播也是受到政府大力扶持的带货模式之一，是国家推广电子商务进农村的主要销售方式。2020 年财政部办公厅、商务部办公厅、国务院扶贫办综合司联合发布了《关于做好 2020 年电子商务进农村综合示范工作的通知》，要求聚焦脱贫攻坚和乡村振兴，充分发挥电商发展成果，以创新引领农村流通转型升级，以信息化驱动农业农村现代化，夯实农村物流设施设备基础，健全农村电商公共服务体系，培育壮大农村市场主体，促进农产品进城和工业品下乡，

---

① 小易运营日记.20城27家门店直播，7天带来30万＋线上销售额，咿呀母婴＆米氏孕婴的直播试点[EB/OL]. (2020−12−29)[2022−4−26].https://mp.weixin.qq.com/s/reEA4bNG9VefvZY4yfp5gg.

② 飞瓜快数.在线人数不到3000带货超50万，原产地直播正成为快手带货风口！[EB/OL].(2021−4−29)[2022−4−26]. https://mp.weixin.qq.com/s/−fubxOpNEJ9PFZFvfTmmlQ.

满足人民群众美好生活需求。① 这类直播模式直接连接了城市消费者与贫困地区的农户，实现了产销对路，更快推动了滞销农产品的流动，从而为农户增加收入，也为城市消费者提供有保障的商品。

产地直播模式的营销宣传方式便捷、技术门槛低，对于文化程度较低的农民来说操作便捷；同时直播的互动性优化了消费者对商品的体验，增加了网络消费的真实感；减少中间商环节，让经营商户与消费者直接对接，降低产品成本，从而增加收入。除此之外，通过网络直播的形式可以将分散的"小农户"聚集起来，吸引更多的消费者，融入"大市场"。

2020 年 3 月，快手电商和快手扶贫共同发起主题为"百城县长　直播助力"的第三期携手助农活动，在国家广播电视总局网络司的指导下，邀请了来自全国各地区的 11 位副县长及快手电商大 V，在 3 月 3 日至 3 月 10 日每天下午和晚上的黄金时段进行直播，并在 3 月 8 日晚 8 点至 9 点期间，联动 9 位县长同时上线，展开多链路直播。近 30 场直播吸引了 2100 多万人观看，活动累计销售数百吨果蔬生鲜产品，同步销售了泡椒、蜂蜜、咸鸭蛋、糍粑等 20 多种因新冠肺炎疫情而滞销的农副产品，带动各地个体农户销售近百万单鲜农产品，累计销售额突破 2000 万元。②

2020 年 4 月，广西 3 场快手助农扶贫直播共吸引了 1296 万人观看，总销售额突破 458 万元。

2020 年 8 月 20 日，拉萨市人民政府主办了一场主题为"净土拉萨　高原优品"的消费扶贫直播节。主播阵容由来自拉萨市相关县区、市扶贫办、市旅游局、经济开发区等部门的 12 位领导组成，直播持续的 14 小时内，成交额环比增长 890%，带动当地牦牛肉、藜麦在拼多多的搜索量环比增长 826%、753%，成功发力"助农扶贫"。

---

① 中华人民共和国中央人民政府.关于做好2020年电子商务进农村综合示范工作的通知[EB/OL]. (2020–5–26)[2022–4–26].http://www.gov.cn/zhengce/zhengceku/2020-06/01/content_5516613.htm.

② 《中国消费者报》新媒体编辑部.当县长变身快手主播，他们的销售业绩怎么样？[N].中国消费者报，2020–3–12.

三、砍价直播

砍价直播模式是指主播在收到货主商品后，向粉丝分析商品优缺点并告知商品大概的价值，征询有意向购买的粉丝。在此基础上，货主报价，主播砍价，价格协商达成一致后三方成交，主播的收益来自粉丝的代购费和货主的佣金。这种模式有一定的表演成分，主播扮演的是一个买手的角色，直播间的观众量就是主播的砍价筹码，粉丝通过直播见证的是整个砍价的过程，价格是粉丝下单的重要理由。这种模式具有煽动效果，模拟现实生活中消费情况，满足粉丝消费心理。[①]

四、秒杀直播

秒杀模式所凭借的是直播间的大基础流量，且适用于马太效应，主播的带货能力越强，越容易得到品牌方的青睐，可以商谈的折扣也就更低，从而吸引更多的流量。依托流量与品牌商合作，带动产品销量，同时又追求更高的直播产品性价比，为粉丝谋福利。供应链议价能力以及渲染商品价值的能力是主播的必备技能，主播的收益来自"坑位费"和销售返佣。

秒杀直播与砍价直播两种模式具有相似性，主播、品牌商、消费者三者之间对于价格都要达成平衡共识，但有所不同的是：砍价直播是在直播过程中面向消费者直接与货主商谈价格，形式内容更为夸张和具体，虽然相比秒杀直播更加直接，但是也存在"按剧本表演"的嫌疑；秒杀直播是在直播过程之外进行定价活动，定价过程虽然不直接进行，但主播为了吸引稳固流量，在价格的争取上也会更加积极。

最具有代表性的秒杀直播是 2020 年 4 月罗永浩在抖音开启的第二场带货直播。"一分钱五斤包邮"的湖北秭归脐橙是整场直播的焦点。据抖音官方数据，12.3 万件、60 万斤的湖北脐橙在上架 11 秒后即被抢购一空。罗永浩转战直播带货行业后，热卖商品品类跨度大，主要以生活日用品和食品为主，但总的来

---

① 爱吃枇杷糖.8个最赚钱的直播卖货模式[EB/OL].(2019-12-16)[2022-4-26].https://zhuanlan.zhihu.com/p/97667683.

说，罗永浩的直播都获得了较好的成绩。从首播创下 1.1 亿元的纪录，到"双11"带货 3.9 亿元，"3·8 女王节"带货近 2 亿元，从飞瓜数据"年度带货主播榜"来看，2020 年罗永浩以 20 亿元的带货指数稳居第一。①

可以说，能够拥有这样的成绩，主要是由于罗永浩本身的带货能力和粉丝基础。罗永浩多年的失败与成功造就了他独特的魅力人气，从"砸冰箱"到"加入新东方"，再到"锤子手机"，罗永浩在不断失败，也在不断开始，尽管事业没有成功，却积累了自己的人气，因而一场秒杀直播最终能实现 11 秒售出 60 万斤的新手战绩。

五、基地直播

基地直播是指由产品供应链构建直播基地，主播去基地选货后开设直播的带货模式。政府基于当地的优势资源，在当地构建直播基地，吸引全国各地的知名主播到基地开直播，在现有产业基地的基础上架设直播销售渠道，有效利用现有资源。②

该类模式下，主播压力较轻，不用担心货源和库存的问题，也不用费心售后服务，只需要提前前往基地选货，在基地搭建好直播场景后再开播即可。在内容上，主播会依据自家粉丝的需求来挑选商品款式。相较资金有限的个人主播来说，基地直播的设备和背景装修更为高级，内容辨识度高，但一般所采用的预售的形式容易造成冲动下单，售后退货率相应也较高。

对于直播基地来说，至少需要为个人主播或 MCN 机构提供三个层面的保障——场地、流量、完善的供应链。通过与政府、行业协会及知名企业的联动合作，基地直播可以在核心产业领域形成政府专项政策、优质货源上翻、主播赋能、商家培训、活动落地、提供就业的直播生态循环链，从而获得政府专项

---

① 飞瓜数据. 罗永浩直播带货一年，都经历了什么？[EB/OL]. (2021-3-31)[2022-4-26].https://dy.fei-gua.cn/article/detail/580.html.

② 纽问全网营销.直播带货的多种模式分析[EB/OL].(2020-7-16)[2022-4-26].https://www.sohu.com/a/408027240_120146681.

的直播企业场地补贴、直播企业税率补贴、直播企业人才补贴等。

除此之外，直播基地收入的绝大部分还来源于与空间相关的收入，包括直播间、办公室、设备租赁，以及与服务相关的收入，包括从货品、商家、流量中获取分佣等。

2021 年 6 月 11 日，北京红桥市场举办 5G 非遗文创直播基地开播仪式。畅玩天下是红桥市场的重要合作伙伴，也是红桥市场 5G 非遗文创直播基地的唯一合作运营单位。它依托新传播技术的广泛运用和传播非遗文化的实际需求，通过搭载数字化互联网直播平台，打造以非遗文创、珍珠文化为主题的网络直播基地，聚集了先进网络技术资源和直播营销团队，利用网红带货、视频营销等手段推动红桥市场文创产业的进一步发展。直播基地实现 5G 信号全覆盖，设置了五间风格不一的直播间并配备专业的团队和设备。

六、海淘代购

由代购人员在海外向粉丝展示购买海外商品的过程的直播，被称为海淘代购。这种模式下主播一般会预告商品种类，消费者可以提前对自己感兴趣的商品进行一个价格的对比，形成心理预期对将要买的商品有所规划。总的来说，价格是该模式的优势，同时，国外的直播内容也容易激发观众的好奇心。但海淘代购直播的局限性在于，由于镜头本身存在一定的局限性，商品会随着画面的变化而改变，所以该模式的商品辨识度不是很高。在货源和库存上，也容易产生断货或被限购的情况。

海淘代购直播主要是电商销售的一种形式，一般需要依托淘宝、微店等销售平台进行，同时利用微博、小红书等社交平台进行推广营销。以淘宝店铺 somi 家海外直邮为例，somi 家海外直邮店铺主打韩国服装、配饰等生活用品的销售，店主将店铺作为主要的销售渠道，并且不定期开设采购直播来展示商品购买和挑选的过程，同时回答粉丝的一些问题。通过添加微信的方式，粉丝可以更快获知一些折扣优惠信息和采购视频，店主也可以有效地稳固流量基础；微博、小红书等社交平台被用于分享新品穿搭以及开展转发抽奖等活动，店主以此实现对店铺商品的推广营销，扩大粉丝基础，从而获得更高收益。同时，在淘宝店铺上首次购物并确认收货之后，可以领取会员卡，每次下单都可以领取相应积分，花费一定数量的积分可以参与商家所提供的积分享兑换活动。类似的代购店铺还有很多，例如梅花鹿小姐和一只鹿韩国设计师集合店、妹子家Korea代购等美妆护肤产品的代购店。

除了由商家代购产品并进行统一销售的形式，也有部分代购商家提供为消费者代购特定商品的渠道。如淘宝店铺SENSEUP韩国设计师代购，不仅提供店内商品代购，还提供代购除店铺以外的品牌或款式的服饰的服务，但需要收取一定的代购费用。

七、达人直播

直播达人对直播某一领域的内容有非常深刻且专业的认识，对该领域的商品了如指掌，并且是该消费领域的意见领袖，通过开设直播带货，实现商业变现，或与直播平台签约，获得签约费。在这种模式下，粉丝对主播的信任度较高，因而转化率较高。达人直播变现模式的前提是打造个人IP，消费者首先对达人个人产生信赖感，从而相信达人所推荐的产品。

对于个人IP，首先要明确其与网红之间的差异。网红与个人IP之间并没有绝对清晰的界限，但两者之间存在本质差别。网红通过是否在网上形成影响力以及影响力的大小来判断界定身份；而个人IP则将侧重点放在是否能创作出具有跨平台影响力的内容上。因此二者最主要的区别在于是否具有跨平台的核心影响力。[①]打造个人IP，是对网红群体提出的更加深层次的要求。例如，中国电竞第一女主播Miss在2016年时以3年1亿元的价格签约了虎牙直播，这正体现了个人IP的巨大经济效益。[②]

淘宝作为直播带货变现的典型代表，其变现率可以代表领域内领先水平。淘宝生态中连接买家和卖家的桥梁可以分为四种——个体达人直播、店铺商家

① 钱程久钰.分析国内企业IP运营与个人IP运营的异同[J].长江丛刊,2019(19):65-66.
② 陈思琦.直播热潮下个人IP化的传播价值研究[J].新闻研究导刊,2016,7(19):5-6.

直播、全球购直播、天猫直播。个体达人直播是能开通淘宝达人的纯买家账号，没有个人店铺；店铺商家则必须拥有淘宝店铺。个体达人直播与店家店铺直播两者区别如下。①

（一）从形式方面比较

1. 个体达人直播可以没有货源，受到的商品限制较小，只需与其他店铺对接，上新速度快，通过售卖他人的货品赚取佣金。而店铺商家直播则需要与生产方共同制订销售计划，上新较慢。

2. 个体达人直播较为被动，受到时间、市场影响的较大；店铺商家直播则比较主动，可以根据店铺活动及直播人员自由调配。

3. 个体达人直播的特点在于人格化，需要一定的粉丝基础；而店铺商家直播主要偏品牌化。

（二）从消费者方面比较

1. 个体达人直播的变现能力主要依托达人个人的影响力，店铺商家直播则依赖消费者对于该产品的需求程度和喜爱程度。

2. 个体达人直播与店铺商家直播在对人们消费欲望的影响上的差异可以说是最明显的，个体达人直播的宣传和表达能起到激发消费欲望的作用，但是店铺商家直播更为客观，一般消费者本身就具有消费欲望。

3. 个体达人直播容易与消费者产生情感的共鸣，其人格特征受消费者肯定，但店铺商家直播的消费者更加追求产品性价比。

随着直播行业的发展成熟，如今达人直播与店铺直播往往存在交叉。知名的主播如李佳琦等已成为直播行业的优秀代表，拥有多家店铺；而一些小主播也开设了自己的店铺，方便粉丝购买自己推荐的产品。

---

① 讴培淘宝直播.淘宝达人直播和店铺直播有什么区别？[EB/OL].(2019-5-30)[2022-4-26].https://www.sohu.com/a/317438145_100129246.

思考题

1. 什么叫网红经济?

2.MCN 行业进入短视频时代了吗? 为什么?

3. 直播电商的销售趋势是什么? 应该如何顺应这些趋势?

4. 为什么传统电商 GMV 转化率普遍偏低?

5. 网红变现方式和直播电商变现模式分别有哪些?

6. 直播电商中的信息传播链和网红产业链之间的关系是什么?

7. 网红变现方式的发展趋势是什么? 通常有哪些变现方式?

8. 直播带货的主要优势或主要特点有哪些?

第六章　网红主播

　　直播电商因其特有的强互动性和社交性，给用户营造了沉浸式购物体验，且具有较强的价格优势。随着网购逐渐成为当代人们的生活方式，直播电商的生态环境也不断发展、成型和完善。在此过程中，有越来越多的网红主播走进公众视野，成为不容忽视的数字经济发展的主力。在直播电商这条融合人、货、场的产业链中，网红主播是商品营销的主体，也是公众视线的焦点，对其言行需要适当加以约束和规范。本章从类型特质、管理优化、具体案例分析三个维度对网红主播这一角色进行讨论。首先，分析网红主播的类型和人物特质，着重讨论主播在法律层面的定位；其次，分别立足机构与网红主播本身讨论网红主播的打造与团队运营；最后，对"个人＋第三方平台""个人＋社交平台＋团队运营""个人＋孵化公司＋社交平台""MCN 机构与平台的'深锚'"四个模式展开案例讨论和分析。

第一节　网红主播的类型与人物特质

　　"网红"即"网络红人"，是指以娱乐化或生活化形象走进公共视野、具有一定的网络影响力的人物。① 目前学界对于网红的定义尚未统一，但可以肯定的是网红的出现与发展离不开媒介技术的更迭。正如有的学者所言："从某种意义上来说，网络红人的演进历程与互联网技术的发展同步，这使得网络红人群体天然地带有媒介技术变革的发展印记和特质。"② 纵观网红的发展史，可以发现网红在不同的发展阶段呈现着不同的特征，依据网络技术的进步可以将网红的发展划分为四个阶段：网红 1.0 文字时代、网红 2.0 图文时代、网红 3.0 富媒时代、网红 4.0 移动时代。③ 通过剖析每个阶段的媒介技术发展背景与该时代网红的具体形态相结合的案例，我们可以总结、分析各个阶段网红的特征及影响，对我国网红的发展历程和演进逻辑进行梳理，以期能够让读者对网红的产生、发展阶段及其特点有更深刻的理解。

一、网红主播类型

网红伴随互联网在国内的普及而产生，一开始的网红只是单纯依靠文字走红，后来逐渐发展为依托图片、文字、视频和音频的全媒体方式走红。根据网红内容生产载体的变化，我们将网红直播分为以文字为载体的网红直播、以图文为载体的网红直播、融媒式网红直播三种类型。

（一）以文字为载体的网红直播

20 世纪 90 年代末，我国处于互联网发展早期阶段，论坛和聊天室的兴起让普通用户有了参与网络内容制作的机会。1998 年，网名为"痞子蔡"的网络写手因在 BBS（网络论坛）上发表网络小说《第一次亲密接触》而名噪一时，随后又有大批写手参与网络文学创作。当时还没有"网红"这个词，但是已经在事实上成为网红的有慕容雪村、明晓溪等，这些网红有的成了知名作家，有的继续活跃在网络平台，当然更多的是那些昙花一现的、成名后不久便消失在公众

① 谭舒,李飞翔."知识网红经济"视域下全民价值共创研究[J].科技进步与对策,2017,34(3):123-127.

② 敖鹏.网红为什么这样红？基于网红现象的解读和思考[J].当代传播,2016(4):40-44.

③ 袁凫青.网络直播对网红与粉丝关系的影响研究[J].新闻爱好者,2019(5):91-94.

视野中的人。

这一阶段尚处于公众培养互联网使用习惯时期，网红的创作是文学创作的一种新尝试，其内容一改过去纸质印刷出版物的严肃风格，开始呈现出一些小众的、关注个体情感的特征，深受当时正值青春年少的 70 后、80 后的喜爱。整体上，这个时期的网络文学写手，就是当时的网红，其创作内容虽然如一股清风松动了传统纸质文学出版物的严肃风气，但是方向还是与主流文学和主流价值观一致。彼时互联网还未普及，使用聊天室和论坛交流的人还只是小部分群体，网红的成名和传播也没有现在这么快捷。

（二）以图文为载体的网红直播

千禧年之后，互联网宽带水平不断提高，铺设范围极大扩展，计算机及笔记本电脑成为人们生活的必需品，网络世界也随之变得丰富起来，网红开始以图文并茂的形式活跃在网络世界。

2004 年，芙蓉姐姐史恒侠因"有心人"将其不雅照片上传到北京几所知名高校的论坛上而走红。无独有偶，以类似方式走红的还有以雷人语录博人眼球的凤姐罗玉凤，公开自己性爱日记的木子美李丽，在天涯论坛上发帖寻找极品乞丐的犀利哥程国荣等人。这些人脱胎于互联网应用初期的非官方互动平台，多以"脱轨"的方式挑战大众的品位，以雷人言论或者"晒丑"的形式刺激网民感官，从而迅速走红网络。值得一提的是，芙蓉姐姐和凤姐的走红有着团队的推波助澜，并非偶然，其在成名后开始通过参加商演的形式将流量变现。

2009 年 8 月，新浪微博正式上线，新浪通过邀请娱乐明星和其他各类名人入驻平台的方式在短时期内迅速普及，随后腾讯也开通博客平台，但是活跃度难以比肩新浪。微博的兴起颠覆了信息的传播方式，也催生大批网络大 V。网络大 V 依托微博这样低门槛的社交开放平台不断扩大影响力，实现从大 V 到网红的身份跃迁。其中比较典型的例子有两度占据胡润百富榜榜首的中国首富王健林的独子王思聪和奶茶妹妹章泽天，前者靠天然的光环、毒舌犀利的言论活跃在大众视野，后者依靠清纯的气质形象迅速走红。这类网红最初的走红依靠的是各平台上的丰富精彩的图文内容，不过，相较于最开始的以文字形式发展的网红，这类网红由于本身就具有强大的话题性而鲜少利用网红的身份进行商业化运作。

（三）融媒式的网红直播

媒介融合不只是一种技术性描述，还是一种新的文化模式对我们日常工作和生活的强力渗透和影响，是一种新的文化养成。"媒介融合作为一个动态的不断演进的发展过程，不会只依赖传统的单一的甚至是有很大影响力的主流媒介（报纸、广播、电视等），也不会永远遵循一种长期不变的甚至曾经非常有效的单一传播模式和经营机制，它会而且也应该将自己定位为一个具有开放性、包容性的巨大系统和平台，不仅要融合互联网、电信网、广电网，而且要融合报纸、杂志、广播、电视、电影、出版等各种传播媒介，融合博客、播客、微博、微信、文字、图片、图像、声音等表现形式。"[①]

融媒主要是指融合视频、音频、图片、文字等多种媒介的内容表现形式。媒介内容依托技术的发展变得更加丰富多彩，操作更加简单便捷，这也为网红的发展带来了新的契机。2015 年至今，淘宝产生了众多网红电商，网红的加入振兴了进入发展瓶颈期的电子商务行业，网红直播更是为不少的电商提供了新的发展思路；新浪微博也依靠网红在吸引力下行阶段迎来新的发展机会；微信公众号也给了公众更多创作空间和机会。此外，在最近两年迅速发展的电竞和直播领域，也有不少声名鹊起的网红。总之，随着技术的进步、平台的拓展，正有越来越多的人走向公众，实现了从普通人到网红的身份转变。

不过，全媒体时代网红不再只关注个人知名度，更关注成名之后如何将流量变现。可以发现，现在的网红会将一个平台作为内容生产的主要阵地，待时机成熟后会对流量进行牵引，从而扩大范围聚拢更多的粉丝。在全媒体时代，网红似乎从诞生之日起就和商业运营有着紧密联系，不管是网红依靠个人实力参与商业运营，还是依托网红孵化公司有意识地吸引关注，目的都是引导消费，获取更大经济利益。

---

① 邵鹏.媒介融合语境下的新闻生产[M].杭州: 浙江工商大学出版社, 2013:8.

主播在电商衍生的社交平台上进行现场直播推销商品，以实时直播为媒介，介绍商品外观、材料、性能，是当下直播电商实现商品、产品推介与品牌影响力推广的重要方式。由于网络直播带货主播准入门槛较低，网络平台准入程序简单而便捷，同时在高额经济利益的驱动下，越来越多的人加入网络直播带货的队伍。有些商家为了获得更多的流量，以邀请明星、地方官员或者专家到直播间的方式为产品的权威性、公信力加持，从而吸引更多的直播观众。当下主播行业迅速发展，主播类型也变得多样，根据主播的角色可以将主播分成以下几种类型。

1. 主播是商品生产者或销售者

商品生产者或销售者为快速出售自己的商品获取更大的收益，或出于其他经济利益的考量，向网络平台注册或租赁网络空间，自建直播间，亲自上阵带货，以达到预期的效果。例如：2019 年"双 11"期间，从 11 月 4 日至 11 月 11 日，鲜炖燕窝品牌小仙炖创始人林小仙每晚 8 点至 11 点都亲自在淘宝直播间销售小仙炖燕窝。据了解，小仙炖销售额在"双 11"当天突破亿元大关，这种突破令人惊呼网络直播带货的力量之大。①

2. 主播是商品生产者或销售者的员工

同样是基于对经济利益的考量，商品生产商或销售商为实现经济利益的最大化，利用现有的网络信息技术，向网络平台注册或租赁网络空间，自建直播间，要求自己的员工在直播间进行网络直播带货，以寻求更多的经济利润。

此类主播直播的过程类似于传统线下的商业模式——柜台销售，向客户推介商品的行为属于一种职务行为。与线下传统销售人员不同的是，网络直播带货主播是在电商构建的社交平台上进行现场直播推介商品，这在互动空间上客观存在一定局限，但在时间上属于实时直播与即时互动，主播通过介绍商品的外观、材料、性能、效用等向网络用户推介商品。

---

① 云媒体网.2019十大直播案例[EB/OL].(2020-4-1)[2022-4-26].http://www.dmeiti.com/shownews/154.html.

3. 主播是商品生产者或销售者的委托带货人

仍然是出于经济利益的考量，商品生产者或销售者为获得更大的经济利益，聘请、委托主播在直播间进行网络直播带货。主播接受商品生产者或销售者的委托，与商品生产者或销售者签订委托代理合同，成为商品生产者或销售者的委托带货人，在网络直播间为生产者或销售商销售商品，或者为生产者或销售者的商品者站台或代言。在实践中，此类主播一般是明星等有知名度的人、自身具有流量的网红，或是其他一些在一定领域和范围内具有影响力的人。

流量是描述一家网站用户数量以及用户所浏览网页数量等相关数据的关键指标。在网络直播带货中，名人可以说是流量的代表，名人本身具备了一些特征，更易激发受众对于名人和产品的记忆点，诱发想象关联，使得主播和产品本身在受众记忆中留下印象，促使受众对产品无形之中产生信赖，从而产生购买欲望并采取行动。

4. 主播是 MCN 机构的商业合伙人

MCN 机构是视频和直播博主的经纪公司，又被称为"网红的孵化中心"。主播与 MCN 机构之间有一定合作关系，在网红是 MCN 机构合伙人的情况下：MCN 机构的主要工作是对外招揽生意，寻求不特定的商家来进行商业合作；主播则负责在直播中对商家产品进行介绍、售卖。主播作为 MCN 机构的合伙人，其直播效果会直接影响其作为合伙人的盈利，因此主播对商家品牌产品的挑选、对直播内容的把控会更加负责与严格。

5. 主播是 MCN 机构的员工

与 MCN 机构有劳务关系的主播，一般是 MCN 机构雇用的员工，双方通过签订劳务合同，形成雇佣劳动关系。在实际实践中，此类主播也占据多数。主播与 MCN 机构都是基于自身利益的考量，MCN 机构是雇主，主播是其雇用的员工。MCN 机构对主播有一定要求和规范标准，主播需要听从 MCN 机构的指导，不能擅自违抗 MCN 机构的要求而自行开展网络直播带货，在网络直播过程中，其主要是 MCN 机构意志的"传声筒"。

6. 主播是为自己带货的个人

目前，随着网络直播带货的快速发展，在高额利润的刺激下，普通民众纷纷加入主播队伍以追求经济收益。个人自行在网络平台注册、租赁网络空间并经营，在直播间直播推荐自己的商品，其推介的商品种类多种多样。网络直播带货主播亲自招揽业务，直接与消费者磋商带货事宜，以及商谈售后服务的相关内容。此类主播是当下最为常见和庞大的主播种类之一。

7. 特殊主播：个别地方官员

受新冠肺炎疫情影响，各地农产品滞销，为振兴地方经济，我国多地官员现身直播间，推荐当地特色产品，以政府公信力背书，带货效果极为明显，不少网络用户纷纷下单购买商品。此类主播具有特殊性，地方官员具有公务员的身份，对受众而言，其背后是政府部门的支撑。人们基于对地方政府的信任，会加强购买欲望，推动商品购买。

二、网红主播的传播特质

（一）斜杠青年：多重身份

近些年来，随着技术的普及，网红的行业准入门槛不断降低，只要拥有一部手机就有机会成为一名网红，人人都可以进行直播的时代已然来临。低门槛也成为越来越多普通人跻身直播行业的原因之一。于是一些青年人不再满足从事专一职业，而开始从事直播等多种职业。事实上，准入门槛只是成为网红的第一步，网红行业内部还存在一种隐形的筛选机制，想要长期留在这个行业的网红不仅仅需要观察力和创造力，还需要有稳定而良好的信息输出能力。正所谓"台上一分钟，台下十年功"，有时候在一个几十秒的短视频内容背后，是创作者在选题策划、角色表演、内容拍摄、后期剪辑、后台维护等方面一步步的努力和付出。

伴随当下"互联网+"模式的兴起，大数据、云计算、物联网等互联网高新技术与各行各业结合得越发紧密，斜杠青年①也成为不少年轻人的标签，而这一部分拥有多重身份的青年恰恰是尝试网红直播行业的人选。因为当下的年轻人可以通过互联网平台上不断涌现的共享经济、众包经济、平台经济等新模式构建新的劳动关系，轻轻松松身兼数职，足不出户就能完成多种工作角色的切换倘若他们能够积极尝试直播这一行业，就会为个人的职业发展开拓更加广阔的空间。

（二）晒图与视觉传播

"这是一个媒体时代，更是一个视觉媒体、晒图传播的时代。"②纵观网络红人，其共同具备的突出特点是"喜欢晒"。这里的"晒"指向公众展示、显示、表现一下自己的偏好、美貌、财富或者技能，即"亮""秀"。"晒"是英文"share"的音译，意即把自己的淘宝收获、心爱之物，所有生活中的"零件"拿出来晒晒太阳，与人分享，炫一炫，嘚瑟一下。这与传统上大众不愿意展示自己的行为习惯有很大不同，互联网的发展提供了更宽广的平台，促使人们越来越愿意分享，越来越懂得分享。让他人知晓自己、乐于表现自己，正成为新风尚，分享者可以从中获得认同感与收获感。20世纪80年代正当国家实施计划生育政策，此时出生的人多生活在独生子女家庭或者少子女家庭，由于父母经济负担减轻，更加注重对子女的培养和教育，20世纪90年代末到千禧年间盛行的课外兴趣培训班培养了大量多才多艺的人。从心理层面上分析，这部分人在儿童时期被投注了较多的目光和关爱，当他们成年进入社会以后同样不希望自己就此被湮没在大众中，他们渴望和需要通过表达自己和表现自己来获得持续的关注和肯定，互联网无疑为这种心理需求提供了平台和机会。较为典型的两位主播均是时代的"宠儿"：Papi酱是导演系毕业的，小智深耕电竞领域十余年，他们在展现自己擅长的东西的同时获得收益，并收获满足和自信，实现正

---

① "斜杠青年"来源于英文slash，出自《纽约时报》专栏作家麦瑞克·阿尔伯撰写的图书《双重职业：工作生活的新模式》。这些人在自我介绍中会使用斜杠，例如：张三，记者/演员/摄影师。"斜杠青年"便成了他们的代名词。斜杠青年越来越流行，身兼数职已成为年轻人热衷的生活方式。

② 邵培仁,潘戎戎.论城市形象塑造与传播的灵魂及根本[J].东南传播,2020(1):1-2.

向反馈。

网红因为大众的关注而火爆。不管是吐槽时事热点、解说网络游戏，还是医美知识解说，直播不同于严谨的科学技术研究，不需要安静的环境，直播的内容也更容易为人们所接受和吸收。对于主播自身而言，自我展示和表达的"晒"的过程不仅是学习、增强生活技能的过程，也是自我肯定、自我炫耀的过程。在此过程中，"晒"文化融合了不同领域。

（三）成名与金钱想象

自我表达是网红之所以成为网红最原始的动因，名利这一因素也在有意无意之中悄然发挥着促进作用。长期以来，"追名逐利"一直被人们诟病，但人们却又难以舍弃名利。名利被视为浮云，是身外之物，实际上人们追求的名利或许并非名利本身，更是一种掌控感与优越感，是一种愉悦的体验，它们给了人们尊严和自由，使人们获得了难以察觉的内在满足和愉悦。这些带有光环的象征，会引发人们模仿和想要跻身其中的渴望，这也是越来越多的普通人想要跻身网红直播行业的原因。

网红作为部分小众群体的领军人物，其想要成名的动机在很大程度上是证明自己的价值，以及自己所代表的小众领域的价值，在向主流文化争取平等权利、夺取资源的同时实现自我价值。以电竞直播为例，在几年前，电子游戏还被认为是堕落和不务正业的象征，在很多家长的眼中，网吧不亚于火坑，他们不允许子女在网吧里虚度光阴，寻找虚幻的满足。鲜少有人从艺术的角度去欣赏网络游戏的动作、色彩、人物设计和每一个流畅的动作背后所需要的精益求精的技术，更少有人认可高端的网络游戏玩家大都具有较为准确的判断力，头脑灵活，反应迅速，而且极富创造性。能够解说网络游戏的人大都是资深的玩家，在单一的偏见式的教条认识下，这些感受到游戏魅力的人更加具有表达的冲动和欲望，他们想要告诉人们网络游戏的奥秘和精彩之处。一旦有了发声的渠道和机会，他们便毫不犹豫地纵身投入，在努力使自身成名的过程中和虚拟社群用户产生互动，社群之中个体的成功给予同圈层领域的用户以肯定和支持，成名的先行者即在该领域拥有更多话语权与崇拜者。

（四）具有一定的业务能力

不论是姜太公鼓刀扬声卖肉的场景，还是卓文君当垆卖酒的画面，其实都是一种原始的商品销售传播。今天的电商主播就是对着摄像机或手机摄像头的商品销售者，当然也是直播节目的主持人。因此，电商主播应该具有一定的表达能力、销售能力、管理能力以及服务能力。对于主播而言，语言表达能力是其自身发展的关键，因为直播过程中主播需要完美地诠释产品的优势，并且不断地与观众交流，从而实现直播目的。销售能力也是主播必不可少的能力，因为电商直播本质上是为了促进产品的销售。主播应该掌握一定的销售技巧，引导观众在极短的时间内即产生购买欲望并付诸实践。主播还需具备一定的管理能力，电商主播在一定程度上也具有"网红"这一双重身份，因此自身带有粉丝流量，在完成自身直播工作之余，还需要同产品商家、粉丝等进行交流并运营关系，以实现自身发展长效化。直播归根结底依然属于服务行业，主播应该拥有足够的耐心做好服务工作。电商主播与观众的互动沟通模式为"一对多"，在信息输出的基础上还有一定的互动，对于观众可能有的各种问题需要耐心解答，对观众的评价无论是正面还是负面均应以平和的心态回应与引导。

三、网红主播的定位 [①]

网络直播通过各种互联网移动终端，运用音频与画面等多种方式，与网络受众进行实时互动交流，推动交易行为产生。由于主播具备个性化特征，直播间不再是物理意义上的"直播间"，而是由主播个人素养和兴趣编造构建的场景化个人空间。在这个空间里，主播通过自己的方式进行自我呈现，并与用户进行虚拟互动。[②]

主播作为具有差异影响力的意见领袖，拥有一定基数的粉丝，在社交平台具有一定影响力，在社会层面、行业层面、受众层面具有一定的特殊性功能。

① 姜洁.网络直播带货主播主体定位研究[D].蚌埠:安徽财经大学,2021.

② 汪雅倩."新型社交方式"：基于主播视角的网络直播间陌生人虚拟互动研究[J].中国青年研究,2019(2):87-93,72.

根据主播业务内容不同，可将主播主要界定为主流文化传播者、生活娱乐分享者、网络直播带货者。

主流文化传播者有一定的专业能力，通过网络直播持续输出，传达积极的价值观和生活态度，内容包括专业知识技能、通识科普、兴趣领域、考研、婚恋等主题，吸引兴趣爱好者用户群体。

生活娱乐分享者创作内容泛娱乐化，呈现内容难以被定义归类，涵盖在线直播自习室、文学传播、搞怪互动娱乐、在线聊天室等多种形式与内容，语言表达个性化，与移动场景结合密切，能吸引和满足小众用户的深层次场景需求。

网络直播带货者在直播领域占据重要位置和巨大市场。所有成功的直播带货活动，都从本质上印证了商业行为中的两个关键要素：流量与信任。电商直播营造了一个虚拟与现实交织的购物环境，网络直播带货实际上就是主播利用互联网平台销售产品，引导大家购买，并且面对弹幕中消费者的提问咨询及时反馈。[①]同时不同于传统线下导购，主播作为一种社会角色具有多重属性，是一种复合型的角色，受众对其持有多元期待，直播主播的影响力明显比传统导购更大。在网络直播带货中，除主播身份外，主播还具有多重身份标签，是导购、场控、渠道商、广告商四重身份的有机统一。[②]

网络直播带货的快速发展，也给法律的适用性带来挑战，以下将自身携带有流量的主播均归类为网红主播，就网络直播带货者的主题定位与法律责任展开分析。

（一）主播是企业商品生产者或销售者构成商品经营者、广告主、要约人

当主播是商品生产者或销售者时，其可被定位为《电子商务法》中规定的电子商务经营者，以及《中华人民共和国产品质量法》《中华人民共和国民法典》中规定的生产者、销售者和《中华人民共和国消费者权益保护法》中规定的经营

---

① 刘佳琳.传播学视域下的电商直播研究[D].南昌：南昌大学，2018:73.

② 吴清.带货主播们的名利江湖[N].中国经营报，2021−10−24.

者，这一点是毫无疑问的。[①] 但是，将此种情况下的主播仅仅定位为商品经营者并不合适，因为此类主播往往同时也构成广告主和《中华人民共和国民法典》中的要约人。鉴于此，网络直播带货主播必须遵守相应的多种行为规范。

具有这几种身份的主播，在直播过程中自身带有"权威性强""可信度高"的天然标签，成为主播行业中的"高阶者"，拥有比较高的话语权，受商品产业领域的期待和关注较高，必须肩负起社会责任。

（二）主播是商品生产者或销售者的员工构成广告代言人

对广告代言人的界定通常包括以下几种情况：第一，以自己的名义推荐商品或服务；第二，具有一定知名度的人，或是将真实身份信息予以明确标示的，受众通过其形象可辨认其身份的；第三，广告代言人对商品做全力推荐及其他相关的证明方式，可包括直接的方式，也包括间接的方式；第四，广告代言人接受他人委托或请托，收受他人费用或获取其他的有偿利益。[②]

在网络直播带货中，主播是商品生产者或销售者的员工，进行网络直播带货，在事实上构成广告代言人身份。主播受商品生产者或销售者的委托或请托，在直播间向网络用户推介销售商品；其带货行为是基于工作职责的职务行为，自身缺少甚至不具有自己独立的意志或意思表示，听命于商品生产者或销售者；主播获得的报酬是商品生产者或销售者给予的佣金。在该重身份背景下，主播更像是"导购员"的角色，面对直播间观众群体，需要精准把握用户需求，以及保证商品质量的可靠、信息的真实。

（三）主播是商品生产者或销售者的委托带货人构成广告代言人、委托代理人

网络直播带货主播接受商品生产者或销售者的委托带货，构成了广告代言人、委托代理人。在直播间销售商品时，主播与消费者直接通过弹幕互动或通

---

① 宋亚辉. 网络直播带货的商业模式与法律规制[J]. 中国市场监管研究, 2020(8): 9-15,27.

② 高志宏.广告代言人的法律地位及其责任[J].兰州商学院学报, 2007(6): 99-106.

过客服进行沟通，及时了解、传播商品情况，同时粉丝还可以看到其他用户的购买评价，这是网络直播带货主播与普通广告代言人的区别。

商品经营者为实现经济利益的最大化，委托具有一定影响力的主播为其销售商品，而具有一定影响力的主播甚至可被称为"名人"。名人是流量的携带者，名人代言往往会加深用户对产品的印象[1]，消费者对名人的信赖也将随之传递到名人所代言的产品之上[2]。

主播通过接受不同商品的品牌方委托，在直播间的网络直播带货中借助流量持续地向网络用户展示商品的外观，介绍商品的性能、效用，或以自身强大的影响力、知名度进行推介和证明，吸引用户下单购物。这些符合了《中华人民共和国广告法》(以下简称《广告法》) 中的广告代言人的成立条件，构成广告代言人。

在实践中，我们最常见的代言人是明星。[3]明星利用自身知名度，代表商品或服务提供方向消费者推销商品或服务。传统的代言方式普遍是以录播广告或是到现场站台的方式推销商品，与传统的代言方式方式相比，名人受邀到直播间现场为所售商品进行宣传和背书，虽然推广形式不同，但依然构成广告代言人。明星作为公众人物，拥有较为广泛的社会信任与支持，甚至会引发粉丝狂热表现，粉丝不仅与偶像产生关联，也在虚拟社群中与其他粉丝一起进行意义共享、情感共享。明星与偶像直播带货，更易引发群体兴奋、集体记忆与共同行动。[4]公众人物形象设立与维护的重要性不言而喻。因此，此类主播必须遵守法律与道德，维护社会普遍价值，珍视社会信任。

（四）主播是 MCN 机构的商业合伙人构成广告经营者、中介人或代理人

根据我国《广告法》的规定，构成广告经营者的标准是：第一，是接受他人

---

[1]　泰利斯. 广告效果评估[M]. 李洋, 张奕, 晓冉, 译. 北京: 中国劳动社会保障出版社, 2005:201.

[2]　宋亚辉.广告代言的法律解释论[J].法学,2016(9):43-53.

[3]　宋亚辉.广告代言的法律解释论[J].法学,2016(9):43-53.

[4]　汪惠怡.公众人物的"人设"：基于社会信任的理性思维与效益平衡. 传媒观察, 2021(9): 44-50.

委托的自然人、法人或者其他组织；第二，从事广告设计、制作、代理服务的工作。

在网络直播带货中，主播与 MCN 机构在《广告法》上的主体认定依据是是否通过以下两种模式。直播带货：一是合伙人模式，二是雇佣模式。在这两种不同的关系下，双方的广告主体身份是截然不同的。作为内容主要生产者的主播虽然不具备《广告法》第 32 条规定的合法经营资格，但实际上承担着广告经营者的角色，在直播中，因临场应变的需要，主播随时可能调整直播内容，此亦在发挥着广告经营者的功能。[①]

（五）主播是 MCN 机构的员工构成广告代言人

在雇佣模式下，MCN 机构是雇主，主播是被雇佣者，即主播是 MCN 机构的员工。从目前常见的直播带货模式来看，主播似乎是广告代言人。在实践中，主播受限于 MCN 机构对主播的要求。MCN 机构要求旗下主播在商业场合中应根据 MCN 机构的指令或意图来进行直播带货，所有与带货相关的事情由 MCN 机构决定。此时的主播进行网络直播带货的内容几乎完全是对 MCN 机构意志的转述，主播仅构成广告代言人，不构成广告主。此时的主播在定义上同商品生产商或销售商的员工性质一样。因此不再赘述。

（六）小规模企业或商铺为自己商品带货构成商品经营者、广告主、要约人

在目前网络直播带货模式下，最为普遍的是主播自行向网络平台注册、租赁网络空间，自建直播间，利用网络直播平台构建属于自己的直播间进行带货。主播以个人名义带货，这是直播带货最常见的形式。由于准入门槛低，程序简单，此类主播的类型多样，普通大众都可以成为主播。在新冠肺炎疫情背景下，许多农产品滞销，农民为了销售自己的商品自建直播间为自己的商品带货。此外，其他行业的个人出于卖货的目的，也可成为此类主播。这可以被理解为自

---

① 钟瑞栋,毛仙鹏.网络直播营销中主播的法律地位构建[J].晋阳学刊,2021(6):102-110.

营模式的直播，即自己为自己的产品推广带货。

　　网红主播一路发展速度惊人，网络直播带货更是从中建立一条由直播平台、品牌商家、各路资本、MCN机构、主播等构成的"人""货""场"产业链。[①] 毋庸置疑，"人"是处于关键聚焦点的，主播身份存在多样性，不同种类的主播的主体身份不同，有时甚至存在交叉重叠，主体定位不明必然会引发一系列违法犯罪行为，扰乱我国市场的经济秩序，不利于社会的稳定与和谐，因此，主播的主体定位的重要性不言而喻。

第二节　主播的管理与优化

　　随着电商和内容领域巨头的入局、视频内容与电商的深度融合、用户对视频内容电商接受度的不断提升，市场也迎来红利期。移动互联网用户每周上网时长的持续上升、电商向三、四线及以下城市的不断渗透、下沉用户消费能力逐年增强、时间碎片化时代下短视频对用户浏览习惯的改变，以及直播模式所具有的极强传播互动性，都使得以电商直播在近几年成了新的风口。[②] 在网络民众、商业资本和官方政府的三方推动下，网红主播从社会边缘一步步走入大众视野，并呈现产业化、规范化、合法化的趋势，热潮之下，网红主播成为青年人的理想工作和职业选择。自带IP属性的带货主播，不仅是其中最突出的代表，同时也是私域流量与公域流量的聚集核心，通过个人魅力的显露、专业特长的展示，在销售商、粉丝以及顾客这三者之间，营造足够的信任氛围，从而将这些人完美地集中在一起。这在以往任何商品销售的过程中都是难以实现的。[③] 当下，主播群体日益壮大，而主播的文化、道德和法律责任意识参差不齐，在直播带货的发展过程中，违法现象层出不穷，因此，如何有效规范主播

---

①　吴清. 带货主播们的名利江湖[N].中国经营报,2021-10-24.

②　艾瑞咨询.2020年中国视频内容电商行业白皮书[R/OL].(2020-9-28)[2022-4-26].https://www.iresearch.com.cn/Detail/report?id=3657&isfree=0.

③　林刚. 从MCN布局到直播带货实践的突围之路[J]. 北方传媒研究, 2020(4): 9-12.

的行为成为直播行业面临的一个难题。

一、机构视角如何打造网红主播

网红主播养成的背后是个人与网红孵化机构的双向成就，其运作原理即个人和机构对网红经济的产业化运作——以内容为依靠、以个体为符号、以平台为渠道、以流量变现为最终目的。[①] 以下就机构如何打造网红主播做多维度分析。

（一）筑牢后盾基础：技术与平台的依托

提升机构硬件能力是直播电商时代发展创新的必要条件。互联网和移动通信技术作为直播平台的基础设施，其升级完善为网红经济蓬勃发展提供了有力的硬件支撑。移动互联时代信息传播的深度和广度不断增强，涌现出了更加丰富的信息类型和内容，逐渐形成了互联网新型传授关系，网红经济随着互联网的发展而不断呈现新形态，直播电商将原本单纯的"购物环境"转变为"社交+购物环境"，同时搭配多元化场景，给消费者带来沉浸式购物体验，完成消费引导，提升供需链转换效率。一方面，企业通过加快C2M[②]柔性生产进程，同时匹配视频内容，做到了流量和供应链的密切结合，压缩流通费用和信息成本；另一方面，内容平台基于用户大数据，通过用户画像等维度加强选品能力，实现人、货、物的高效、精准匹配。[③]从供应端到内容端，再到消费端、物流运输、仓储管理、数据分析与应用、平台信息传播与在线购物等方面的升级，都为网红经济发展增添动力。进入5G时代，4G时代直播网络不稳定、画面延迟卡顿等问题有望解决，更快网速、更低延时、更广覆盖等优势渐显，VR和AR等技术的运用也将进一步优化线上体验，增强直播的流畅性，给直播电商带来

① 　蒋文妍.网红成名的想象[D].南京:南京大学,2020.

② 　C2M是英文Customer-to-Manufacturer（用户直连制造）的缩写，是一种新型的工业互联网电子商务的商业模式，又被称为"短路经济"。

③ 　艾瑞咨询.2020年中国视频内容电商行业白皮书[R/OL].(2020-9-28)[2022-4-26].https://www.iresearch.com.cn/Detail/report?id=3657&isfree=0.

更强的互动体验[①]，加快网红经济产业变现步伐。

增强与平台合作互通，获得流量渠道与受众平台。平台与 MCN 机构、主播之间协同合作，在直播领域并进发展。平台主要从资金、流量等商业资源和服务方面为网红提供支持。其中，现金奖励和流量倾斜，是各大平台对网红最基础的扶持机制。平台不生产内容，但承担传播信息和建立关系的工作。平台流量最终的流向主要取决于网红的内容质量与个人影响力，稳定的内容输出始终是平台发展的核心要点，优质网红是平台保持活力的重要人才资源。

在网红经济兴起初期，平台功能较为单一，主要是为内容创作者提供发声渠道。随着网红经济蓬勃发展，优质内容的重要性逐步凸显。平台对于生命周期较长的优质账号的需求与日俱增，为保证更加稳定的内容输出，不同于传统媒体对于互联网创新理念和手段谨小慎微的态度，平台开始与 MCN 机构合作，创新与市场影响效果显著。[②] 例如，2017 年微博与多个垂直领域 MCN 机构合作，打造提供账号推荐、内容推荐，开放特定功能权限，以及推出特定权益等深度合作模式；网易号的"MCN 赋能计划"向 MCN 机构开放平台 50% 的资源；今日头条"MCN 合作计划"为 MCN 机构提供专属流量资源扶持和阶梯式奖金奖励，以及今日头条合作伙伴身份认证等。伴随着更多商业资本的涌入，平台不再仅限于扮演"分发者"的角色，开始逐渐向"赋能者"转变，通过整合平台内部和外部资源，从运营策划、内容推广、数据分析、社群运营和商务资源对接等方面为网红提供服务。

在分成方面，随着网红经济产业链的日渐成熟，不少平台也对相关政策做出了调整。以抖音为例，2020 年抖音公布的直播新政策，主要针对公会任务分成比例。新政策主要有三大变化：取消公会评级制度，以任务决定分成比例；降低分成比例且缩小梯度，主播和公会最高分成从 70% 降低至 65%，最高梯度与最低梯度的差距缩小至 10%；更加细化分配主播任务与公会任务（见表 6.1）。

---

① 李金宝,顾理平.技术赋能：5G时代媒介传播场景与应对方略[J].传媒观察,2020(9):5-14.

② 林刚. 从MCN布局到直播带货实践的突围之路[J]. 北方传媒研究, 2020(4): 9-12.

表 6.1 2020 年抖音直播政策对比 [①]

变更要点	原政策	新政策
公会评级制度	公会均按照月流水来享得相应档位的基础分成，例如：月流水 300 万元以上的公会评为 S 级，基础分成为 65%；月流水 100 万~300 万元的公会评为 A 级，基础分成为 60% 等	取消公会评级制度，明确划分主播和公会两个部分，以任务确定分成比例
分成比例	主播最高可分成 50%，公会最多可分成 15%，加上最高 5% 的任务加成，总计分成最高可达到 70%	主播和公会总计最高分成将调整为 65%，较之前减少 5%；主播固定分成为 45%，最高达 55%；公会基础分成 5%，最高达 15%
任务分配	按照奖励分成，以月为单位进行有效主播和新增开播的计算	从主播直播的音浪、日时长和周有效天数进行调整，将主播任务分为日任务和周任务；按照每个月的公会流水增幅、有效主播流水情况和新增主播数等方面进行考核，完成任务即可获得一定的分成奖励

抖音的政策调整是一个典型的案例，预示着"躺着赚钱"的网红经济时代已经渐行渐远，网红经济市场需要更新相应的规则制度来规范和推进网红产业的良性发展。目前，直播市场上存在着"主播被经纪公司套牢""网红遭遇长期欠薪"等乱象，这不仅限制了网红主播的长远发展，也影响了整个行业的生态。随着信息媒介的发展，网红市场不断扩充，入局者越来越多，在"谁都想分一杯羹"的网红经济时代，平台政策的调整体现了行业固有玩法和体系的变革，平台、公会和网红之间的新型关系也正在被构建。

（二）把握产业化的权杖：品牌方力量

网红庞大的粉丝规模、自带的流量热度和强大的变现能力吸引了商业资本的进入，促进了网红经济的产业化发展。网红直播带货营销是消费者参与下的

---

① 根据抖音官方公开数据整理。

多品牌价值共创行为，是对消费者品牌体验价值的重塑。① 网红经济和网红产业成了时代的"风口"，人人都渴望瓜分一块蛋糕。在资本推动下，网红产业焕发出强大的生命力，"成为注意力经济体系内掘金的全新热点"②。直播电商正是依靠互联网名人的流量而产生的一种新的流行的营销方式，因其表达内容与形式新颖，目标群体精准度高，而受到大量企业的追捧。品牌商与 MCN 机构成为直播电商发展的重要驱动因素。如何吸引、把握品牌方力量是 MCN 机构需要思考的问题之一。

（三）合法化的光环：官方认证

随着网红影响力的不断拓展，以广播电视为代表的主流媒体也纷纷顺应融媒体发展的潮流，进行"网红化"转型，牢牢掌握舆论制高点。如四川观察这一传统地方传媒集团颠覆传统认知，将内容发布到新媒体平台上，放下"官架子"，进行亲民传播，话语、内容网感在线，且注重用户需求，与用户进行人格化的互动仪式。③ 这种转型也使得四川在线爆红，成为短视频平台上的"新晋网红"，一年内吸粉近 3000 万人。

不仅如此，我国各级政府及部门机构纷纷在新媒体端开设账号，让民众更轻松地获取政府信息，与政府人员进行沟通。据第 47 次《中国互联网络发展状况统计报告》，截至 2020 年 12 月，全国共有 140837 个经新浪平台认证的政务类官方微博号。④ 一些政府账号如共青团中央，由于亲民俏皮的风格而备受民众喜爱，成了名副其实的"主流网红"。

官方的传统媒体、各级政府纷纷投身网红潮流之中。而 2020 年 5 月 11 日人力资源和社会保障部发布的《关于对拟发布新职业信息进行公示的公告》中新

---

① 沈占波,代亮.网红直播带货营销机制研究：基于品牌价值共创视角[J].河北大学学报(哲学社会科学版),2021,46(6):125-135.

② 敖鹏.网红为什么这样红？基于网红现象的解读和思考[J].当代传播,2016(4):40-44.

③ 夏治林.广电媒体的"网红化"转型：以"四川观察"为例[J].青年记者,2021(1):78-80.

④ 中国互联网络信息中心.中国互联网络发展状况统计报告[R/OL].(2021-2-3)[2022-4-26].http://www.cac.gov.cn/2021-02/03/c_1613923423079314.htm.

增加的"互联网营销师"，即"在数字化信息平台上，运用网络的交互性与传播公信力，对企业产品进行多平台营销推广的人员"①。这是对网红的合法性、规范性的确认。2021年11月，人社部、中央网信办、国家广播电视总局共同发布了互联网营销师国家职业技能标准。其中，在互联网营销师职业下增设"直播销售员"工种，带货主播成为正式工种。互联网营销师共设五个等级，分别为：五级/初级工、四级/中级工、三级/高级工、二级/技师、一级/高级技师。共有选品员、直播销售员、视频创推员、平台管理员四个工种。

在网络民众的追捧互动下，在产业生态如火如荼的发展中，在政府官方的支持参与下，网红由最初小众圈子里受到追捧的一小撮网络文学写手发展到今天体系完整、功能成熟的网红产业链上数十万个相关从业者，由几乎与"low（低于标准的）"等同、会被人用异样眼光看待的网络亚文化，发展成为被主流媒体津津乐道、人人艳羡的新兴互联网文化。当前被多方加冕后的网红正处于高光时刻，在短时间内没有褪色的迹象，他们将引领一种潮流与趋势，吸引更多的人参与到网红这一群体之中。

（四）打造知名度的外衣：网民力量

在现实压力之下，网民在网络空间中寻求娱乐、戏谑和放松的需求，是催生网红出现、推动网红迭代发展、引起明星效应的重要原因。2021年2月3日发布的第47次《中国互联网络发展状况统计报告》显示："截至2020年12月，我国网民规模达9.89亿，互联网普及率达70.4%，其中短视频用户规模达8.73亿，占网民整体的88.3%。"②体量庞大的网民群体通过接收网红生产的信息产品来获得精神愉悦和自我满足，除此之外，还有更为丰富的互动和反馈，如点赞、转发、打赏等使网红及其信息产品在更多的设备终端上传播，这种病毒式的裂

---

① 中华人民共和国人力资源和社会保障部职业能力司.关于对拟发布新职业信息进行公示的公告[EB/OL].(2020-5-11)[2022-4-26].http://www.mohrss.gov.cn/SYrlzyhshbzb/zwgk/gggs/tg/202005/t20200511_368176.html.

② 中国互联网络信息中心.中国互联网络发展状况统计报告[R/OL].(2021-2-3)[2022-4-26].http://www.cac.gov.cn/2021-02/03/c_1613923423079314.htm.

变传播吸引更多的受众加入"狂欢"。正是在一个又一个网民设备的流转中，网红"加冕"，成为被人熟知的重要人物。

2016年新华网根据QQ线上报告发布新闻：近六成的95后有兴趣成为网红，并且最想成为的网红类型是电子竞技玩家和主播。[①]网红成为青年人理想的工作，成为越来越多人的职业选择。想成为网红的第一步必然是关注网红，支持网红产业。无论是个人内容创作者还是视频内容电商平台，效率和长期性是永恒话题。视频内容电商平台的专业化内容生产团队贯穿用户拉新、转化到留存的全生命周期，实现高效低成本运营，从内容生产、粉丝转化、货品组合、内容曝光、消费购买，实现流量的完美闭环及高效运营。多种原因促使网民将目光投向网红，赋予网红一定知名度。[②]

二、网红主播视角如何打造团队

网红主播在"人""货""场"中若想拥有竞争力，必然需要运营团队的支持和保障。打造良好的运营体系是延长网红生命周期的有效途径，仅仅靠颜值、非主流方式来促进网红带货销售转化是不够的，需要从产品选择、包装、宣传、推广、商业模式等方面进行严密策划，构建专业的品牌化运作体系和品牌管理体系，把网红塑造成一个品牌，通过塑造品牌形象和推广品牌知名度的方式来构建网红的系统化运营体系。[③]那么如何为网红直播打造专业团队以实现网红IP的良性循环发展呢？我们将展开如下讨论。

（一）建立基础：个人去中心化，团队职业化

在直播镜头中，网红主体在某种程度上可以被理解为某一具体领域的意见领袖。意见领袖和普通受众紧密相连，在镜头里，他们普遍是在特定领域里资

① 王琦.95后职场新秀调查：六成想当网红 三成通过父母找工作[EB/OL].(2016-8-19)[222-4-26]. http://education.news.cn/2016-08/19/c_129242140.htm.

② 艾瑞咨询.2020年中国视频内容电商行业白皮书[R/OL].(2020-9-28)[2022-4-26].https://www.ire-search.com.cn/Detail/report?id=3657&isfree=0.

③ 饶志平.自媒体时代背景下的网红商业模式探析[J].天津商务职业学院学报,2020,8(4):51-56.

源或者信息较为丰富的人，这和传统明星有很大不同。网红直播依托内容传播，而想要持续产出优质的内容并不是一件简单的事情，伴随着受众对内容新鲜感的不断追求，网红容易实现名人效应也容易瞬间销声匿迹，因此，网红直播逐渐走向产业化与团队化，以成为有内涵的网红品牌，并扩大自身影响力，实现更加精准的营销。团队通常包括主播、直播活动策划、直播活动系统辅助、直播配套的物流系统、直播销售后续维护、直播数据收集和分析研究、直播相关法务等岗位和职能部门。[①] 此时，脱离直播镜头，网红主播仅为团队中的一员，整个团队需实现个人去中心化协同发展、可持续发展。

（二）可持续性发展：交互与融合，打造网红 IP

网红团队基于主播与粉丝的互动反馈，融合团队资源与受众需求，打造特色化网红 IP。网红电商营销的发展运用了迭代思维、流量思维、平台思维、跨界思维、用户思维等互联网思维。受众消费行为对于网红的内容生产也具有一定程度的反馈作用，使得网红生产的内容有了浓厚的受众属性，呈现的内容不仅体现了网红或者网红团队的集体智慧，更带有粉丝印迹，是具有很强粉丝参与度的融合文本。鉴于网红经济更新迭代快的特点，团队需要随时进行灵活的转变。职业化团队对网红主播的个人标签进行详细划分，融合粉丝互动反馈，保证在网络经济中能对准粉丝群体，通过这种方式对消费进行精准引导。在营销模式上，网红团队展现强大驱动力，对网红进行有针对性的包装与营销，扩大网红个人优势。在团队中，市场营销队伍结合网红个人实际情况进行具体的营销、策划品牌、宣传品牌，当对网红完成包装之后，网红就会形成自己独有的品牌。[②] 此为网红主播作为台前品牌宣传第一人，与受众进行互动交流，并在过程中及时联动团队成员，实现直播段内画面、技术、销售等多方协调，为个人 IP 的打造与流量变现打下坚实基础。

---

① 孙松茜.图书直播营销：数字化时代的新常态[J].科技与出版,2021(1):105-109.

② 康信恩,钟斯丽.网红经济时代的市场营销创新分析[J].质量与市场,2020(12):94-96.

三、网红主播的训练与新人培养

（一）寻找选择，同时培养用户

在账号建立的萌芽阶段，运营人员的第一任务就是拉新，这也是培养第一批用户的关键。采取的拉新方法大致有以下几种（见图6.1）。

1.打造走红模板，创造头部网红个人IP。以个人IP为靶向进行流量聚合，将具有相似内容取向、审美取向的消费者聚合在头部网红所打造的流量池内，进行有针对性的内容输出，利用已经成熟且具有一定粉丝基础的头部账号进行"帮带式"推广，从而把用户引流到新账号。头部账号转发新账号的内容，是账号在孵化萌芽期最有效的涨粉方式之一。

2.打造流量池，在流量池基础上发展目标群众。借由平台流量池、社交流量池、圈层流量池实现内容输出，为流量变现创造条件。

3.模板+流量池+社交互动带动。一些MCN机构之间会建立合作关系，相互之间账号进行互动，达到资源置换的效果。这种合作推广的方式，也是账号成长萌芽初期拉新的惯用方法之一。

4.蹭热度。蹭热度是媒体从业者惯常使用的手段之一。在短视频平台中，蹭热度就是利用这些平台的视频算法推荐机制，在发布的文案中增加一些热门话题，或者是贴近当下的热门话题去进行内容生产。

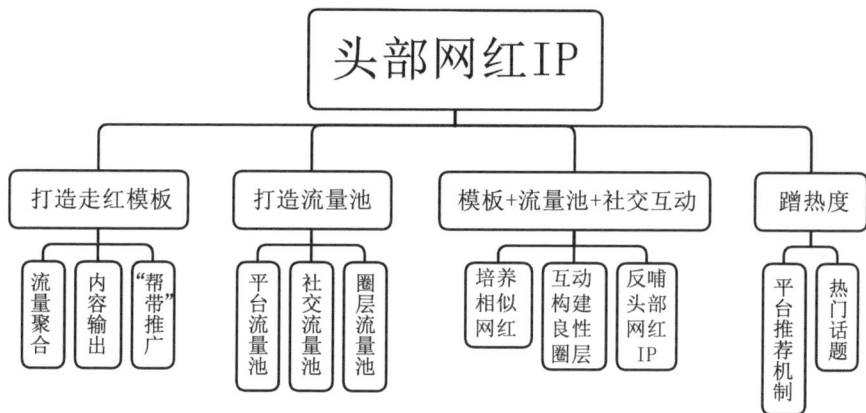

图 6.1　头部网红 IP 复制带动网红养成基本流程示意图[①]

账号建立的萌芽阶段，要寻找潜在目标用户，还需要进行用户的筛选过滤，以及接下来对用户忠实度的持续培养工作。账号积累了初期的粉丝后，会伴随着一定的用户流失。MCN 机构会利用数据分析工具进行用户画像，当用户画像结果与策划预设一致时，留下来继续关注的用户就是与该账号内容高度匹配的用户，也就意味着账号的内容大方向不需要做调整。经过筛选和匹配工作后，下一步工作就是建立账号自身的特色优势，定期更新账号内容，与用户进行持续互动，以此完成用户忠实度的培养。

（二）人设规划，账号孵化

MCN 机构在培养网红主播的过程中同时扮演着经纪公司的角色，依据网红特性，对签约网红进行人设规划，对接大量媒体与商业资源，逐步以商业、内容、电商为导向进行孵化（见图6.2）。大部分账号以营利为目的，流量变现是其推动力量。账号进入成长阶段时，运营人员需要寻找新的增长模式和增加用户活跃度。增长模式这部分工作又可以被拆分为拓宽用户增长渠道和提升视频质量两部分。

---

① 蒋文妍. 网红成名的想象[D].南京: 南京大学,2020.

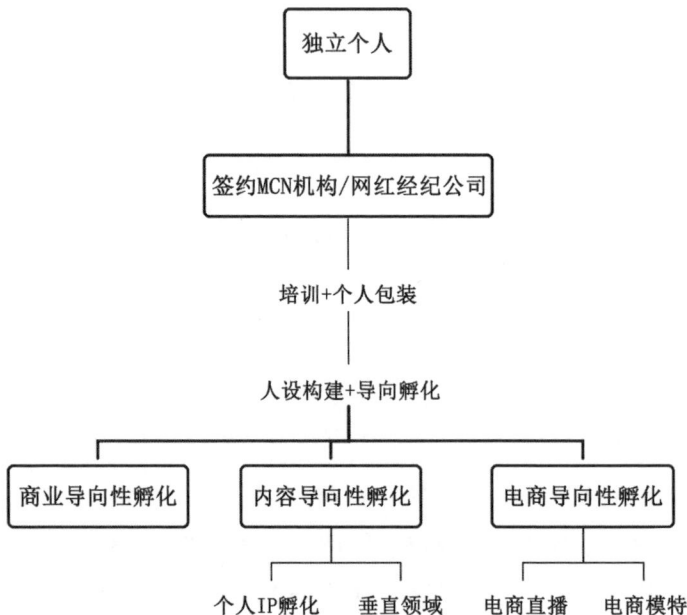

图 6.2　网红孵化流程示意图

一般来说，用户增长渠道的拓宽可以从两个方面采取措施：一是从数量上增加视频内容的分发渠道，以达到覆盖更多平台用户的目的，提升曝光度；二是从单个平台的账号矩阵角度出发，打造强互动内容矩阵，利用各个账号之间的联动来引流，达到多账号用户增长的效果。

对于这一阶段的内容产出，提高视频质量是提升留存率的基本方式。只有增强对内容品质的把控，密切进行数据监测，并根据数据变化对内容做出相应的优化，才能持续地推出优质内容。

在增加用户活跃度方面，进行多元导向孵化，实现社群促活。把握共同爱好与话题，将用户聚集到同一社交圈子，利用社群互动是高效促活的方法之一。此外，社交圈子还为收集用户反馈、改善问题创造了一条直接的路径，也有利于网红主播的成长与发展。

（三）内容生产

垂直领域的内容生产是指在特定范围与圈层内，针对特定用户进行的有针对性的内容生产，而内容生产者本身也在圈层内建立了较大的影响力。[①] 随着互联网内容建设的程度加深，垂直领域的内容生产者就构成了网红梯队的中坚力量：比普通网红拥有更切实的内容与流量——在内容生产过程中一旦产生爆款内容则有"出圈"成为头部网红的可能。

直播内容可以结合多种形式满足用户获取信息、娱乐、社交等方面的需求，实现"主播 + 节目"双 IP 打造。当账号发展至成熟期，内容变现将是这一阶段的核心目标，也是整个账号孵化与运营的终极目的。内容产品的商业化存在多种渠道，一般 MCN 运营者会进行内容本身的商业化、广告植入，结合电商、衍生网红 IP 开发等手段来进行内容的商业变现。

事实上，不同的机构在新人主播培养过程中会有各自的特色。亮剑互娱作为一家顶级直播电商机构，在新人主播培养上有着自己的一整套流程，它将主播的培训分为两个部分，并通过考核的形式敦促主播将理论知识应用到实践中。第一部分是关于主播业务能力的基础培训，包括主播固定话术、促单话术、商品话术的教学以及主播镜头感的培养；第二部分是关于主播业务能力的提升，主要是通过对直播间数据进行复盘，调整直播策略。亮剑互娱以其完整规范的主播培养方案培养了不少优质主播，进一步助推自身的整体发展进程。

四、网红主播与团队默契养成

视频内容完成到这一步，剩下的就得"听天由命"了吗？对于 MCN 机构来说，视频成品上传平台后并不代表产业链的结束，因为还有非常重要的一步工作——运营，包括平台和粉丝运营，以及环境配置两部分工作。

[①]　蒋文妍. 网红成名的想象[D].南京: 南京大学,2020.

（一）平台和粉丝运营：网红主播与团队的"冰山效应"

拥有专业的网红团队是自营模式与平台模式良好发展的基础。在平台运营过程中，团队负责设计直播脚本、直播内容的重点和要点；网红作为社交媒体带货的主要力量，通过与粉丝不断互动，有效提升粉丝购买力。网红是社交平台衍生的产物，是流量时代的意见领袖，在结合个人IP，利用社交平台的开放性无限扩大客户群体，实现流量更新交替，持续性增强个人IP形象。

在互联网语境下，对于网红主播来说，用户是内容的消费者，是影响内容运营最重要的因素之一。用户思维是营销人员必须具备的，"拉新""留存""促活""转化"四个部分就是从用户思维出发构建的基本营销策略。

1.拉新，指吸引新用户，扩大用户规模。这是用户运维的根本，运维工作恒定不变的话题。粉丝量的增加是运营者的关键指标，运营者也将粉丝量的增长称为"私域流量建立""流量资本积累"。

2.留存，即维护用户黏性，减少或避免用户流失。留存率的提升是拉新完成后下一步的关键任务，要利用各种方法留存用户。引导新用户关注后，如果视频内容吸引力减弱，或者持续推出的内容与用户的兴趣喜好产生了偏差，都会引起用户的犹豫和流失。

3.促活，是指提升用户活跃度。活跃度数量指标包括了每日活跃用户数量和每月活跃用户数量。这两个指标是品牌方判断流量变现转化率的参考数据。促活就是要激活用户，尽量避免或减少"假粉""僵尸粉"。稳定留存率后，持续地促活用户，增加用户互动、提升用户黏性就成了直播运营者工作的重中之重。

4.转化，即将用户从内容消费者转化为商品消费者。不管是内容付费、广告变现还是利用线上电商收益，转化用户流量为实际收益才是资本方的终极诉求。这也意味着网红运营团队为实现这一诉求会采取各种不同的运营手段和策略。

（二）环境配置：环环相扣、协调合作的共同体

分工细致，权责明晰，环环相扣，协同合作，共促 IP 发展，才可以实现流量高度变现。以项目、活动为契机，科学配置和打造经营环境，才可以塑造、锻炼网红运营团队的核心竞争力与凝聚力。

在直播产业链上游，团队的网红主播不仅要重视环境配置和协调合作，而且要重视产品质量，力争提高产品的性价比，在选品时应重点关注产品质量指标和价格因素。直播团队应提前调查产品用料、制作流程是否符合规范，功能、价值是否真实可靠，有无存在虚假宣传。向消费者提供更优惠的高质量产品是直播带货的宗旨之一。直播团队在保证产品质量的同时，还要利用团购优势压低供货价格，为消费者提供更大力度的优惠，提高产品整体性价比。消费者感知到产品价值高于其预期，会提高对产品的满意度及对主播的信任度[①]，使团队更好地开展粉丝的留存、促活、转化等运营工作。

在电商直播的过程中，直播间环境配置十分重要，其场景布置、直播设备和平台等都要规范化，做到一丝不苟。在直播带货现场，主播作为核心人物，是镜头的焦点，其他若干名直播助理要全力协助主播开展和完成不同品类产品的带货工作，直播助理工作的专业程度同样会影响消费者对产品可靠性的认知。主播与助理以及幕后工作人员一定要有团队精神，聚精会神，默契配合，不要出现使消费者对产品可靠性产生怀疑的问题。直播间布置的场景要与直播主题相呼应，同销售产品相关联，要带给直播观众视听沉浸感和满意感。直播电商平台是直播带货的媒介，网红带货团队通过它呈现直播信息和产品，电商平台知名度、操作便捷度会直接影响消费者现场感知度和购物满意度。因此，平台场景设计、技术运维等工作成员对整体系统的维护作用不可小觑。

总体而言，网红主播实现高水平、高收视、高互动的直播离不开幕后整体团队的协调支持。网红品牌的建立与良性发展更需要主播与整个团队的密切联系与协作。

---

① 王澜,柳凌镕.网红直播带货情境中消费者满意度影响因素研究[J].商场现代化,2021(7):5-7.

第三节　案例分析

随着网红市场的不断壮大，网红的培养模式也呈现着分化趋势，完全独立运作的网红主播少之又少，更多的还是依靠外部不断发展壮大的网红团队。网红培养模式主要有"个人＋平台""个人＋平台＋团队运营""个人＋MCN机构＋平台""MCN机构＋平台"四种模式。

一、个人＋平台

"个人＋第三方平台"，主要是指个人在平台经过前期的原始积累之后，以个人品牌进行运营，同时活跃在其他平台，但其进行内容创作、创造经济收入还是在初始平台。

以小智为例，小智从2008年开始作为主播出现在直播平台，从最为早期的虎牙、斗鱼再到后来的熊猫TV、全民直播，小智以口播解说自己玩网络游戏的过程，完成了从一个资深玩家到知名主播的转变。这也是一个从小镇青年到电竞达人的过程。直播是其主要的活跃方式。直播的内容是小智和玩家对打的过程，小智会对双方的打法、装备、操作进行解说，也会根据粉丝弹幕文字的反馈来实时互动。

粉丝黏度较高的主播往往依托于稳定的平台。以小智为例，游戏直播是主播小智的主要收入来源，收入除了平台签约费，还有观众打赏费。在直播过程中，粉丝会购买虚拟礼物打赏主播。一般情况下，礼物打赏的金额由主播和直播平台按约定的比例来分成，主播的名气越大，分成的比例越高。此外，小智还利用自己在电竞领域积累的名气与粉丝流量经营淘宝网店。在每期视频录制中，小智都会为其网店打广告，视频上也有网店的名称和网址链接。小智经营的网店主要是和游戏有关的外挂设备、零食以及部分服装，而且据小智视频口播，网店主要是小智的亲属在经营。小智作为主播，其直播和一般移动视频端常见的网红靠颜值和才艺进行的直播有很大不同，大部分的主播进行内容生产主要依靠和粉丝聊天，不管是直播才艺还是某些生活场景，一般都需要投注大量精力与粉丝的互动，并根据粉丝的反馈进行即兴直播展示。小智的内容给人的感受，就是多个人在玩联机游戏，其中有一个专业人士在解说操作，有不懂的问题可以随时提问，也能随时聊天，像是朋友在一起玩游戏一样。

二、个人 + 平台 + 团队运营

"个人 + 平台 + 团队运营"的方式是指网红通过平台进行内容生产，网红在团队中还是核心人物，处于产业链的前端，但是团队的网红却不再只有最初成名的那一位。此外团队主要的内容生产和商业经营还是集中在平台的输出上。

Papi 酱是从个人博主发展成为团队运营的较为典型例子。微博是"网红3.0 富媒时代"的网红孵化园，穿着朴素、言语犀利的 Papi 酱在微博上依靠吐槽视频走红缔造了一个神话。Papi 酱，真实姓名姜逸磊，1987 年出生，上海人，2016 年 6 月毕业于中央学院戏剧导演系。2015 年暑期，还是硕士生的姜逸磊在微博上定时连续发布了一系列吐槽生活中随处可见又能引发共鸣现象的视频，火辣毒舌的风格结合接地气的话题，一人分饰好几个角色演绎几乎每个人都遇到过的令人无语或令人尴尬的场景，引发强烈共鸣。而这一系列视频的作者 ID（身份认证），就是"Papi 酱"，她在每期视频最后的 solgan（口号）"我是 Papi 酱，一个集美貌与才华于一身的女子"也在短短几个月的时间内，响彻全网。在持续不断地进行内容创作和输出后，Papi 酱不仅在微博这单一的平台上进行发布，她的目光也瞄准了刚兴起不久的微信公众号。微信公众号不同于微博，订阅了微信公众号之后，每次的推送都能够被精准传递给每一位订阅者，因此在每期的视频最后 Papi 酱都会贴上微博和微信公众号的二维码，以便更好地引流。短短一年后，2016 年，Papi 酱就凭借创作才华和强大的吸粉能力拿到了罗辑思维和真格基金的 1200 万元融资。[①] 同年，获得超级红人节微博十大视频红人奖。2017 年，其参演的首部电影《妖铃铃》上映。2018 年，她正式担任百度 App 首席内容官。2019 年，又参与录制腾讯视频律政职场观察类真人秀节

---

① 徐照朋.新媒体时代网红经济的内容创作：基于短视频形态的案例分析[J].西部广播电视,2020(3):21-22.

目《令人心动的 offer》。Papi 酱成为估值 3 亿元的顶级网红，彻底激发了短视频网红的创作热情。"网红 3.0 富媒时代"创造了前所未有的繁荣。

三、个人 +MCN 机构 + 平台

在"个人 +MCN 机构 + 平台"模式下，小有名气的网红跟 MCN 机构签约，MCN 机构会对网红进行培训，讲授如何更好地呈现自己、如何跟粉丝互动和交流，实训时也会组织网友充当粉丝或"水军"发直播弹幕、刷微博评论，说明如何吸引更多的粉丝以形成规模效应。双方一旦签约，网红的社交账号，如微博、微信都由 MCN 机构负责日常运营。有些第三方服务平台，还会负责商品上新、产品定制和货源提供，保障商品能够及时高效地到达购买者手中。也就是说，网红可以完全不用理会运营的事，只需要不断地提供能吸引粉丝、留住粉丝和把粉丝转化为消费者的内容即可。

随着短视频与电商的结合愈来愈紧密，融合了"内容 + 带货"的"种草"类短视频成为新的风口，抖音、快手等平台也涌现出越来越多的"种草"达人。MCN 机构在一定程度上给予了这批达人更明确的形象定位，使达人的发展更加专业化、系统化。网不红萌叔 Joey（以下简称为萌叔）正是在签约了 MCN 机构 papitube 后逐步开拓一片别样天地的。萌叔的初始定位为"种草"类短视频达人，他凭借高颜值、大嗓门、幽默感形成独具一格的个人标签，被粉丝亲切地称为"养鹅大户"。其短视频常伴有同事阿布霸霸的画外音，内容也是两人合作的形式，萌叔在镜头主说，阿布霸霸在镜头外打配合；在视频制作的分工上，阿布霸霸负责拍摄和初剪，萌叔负责出镜和最后的剪辑。这位凭借"种草"视频走红网络的主播大学学的是哲学，毕业后从事的第一份工作在广告行业，在工作中他学到了如何把握视频节奏与一些简单的剪辑技术。萌叔自称，他刚开始创作短视频的时期是"玩短视频的阶段"，即各种风格都尝试的阶段，每次的选题飘忽不定，因为当时不清楚角色的定位，也不知道自己想要什么。后来机缘巧合，萌叔签约了 MCN 机构 papitube，在和机构制作人的研讨中发现自身在"种草"方面表现得比较自然活泼，该方面的数据也比较好，是一个适合的发展

方向，于是萌叔便把"种草"定为主方向。加入 MCN 机构之后，萌叔的短视频在公司的优化调整下有了较大突破，内容更加系统，也更能表现出个人特色。MCN 机构帮助他筛选出哪些内容是值得做的，哪些内容粉丝更喜欢、涨粉效果更好。一方面，在 MCN 机构的技术支持和策划指导下，萌叔创作的视频内容有了更好的优化提升，制作水平也越来越专业化；另一方面，MCN 机构帮萌叔分担了很多商业事务，让他能有更多的时间去专注做内容，对视频内容输出有更大的帮助。从 2018 年 6 月正式进入短视频行业以来，萌叔用了一年的时间在抖音收获了 1144 万粉丝。截至 2022 年 5 月，萌叔 B 站粉丝 253.7 万，微博粉丝 320.7 万，抖音粉丝 1700 万。

如今短视频行业有千千万万的内容创作者，机遇与危机感、焦虑感同行，行业的竞争愈演愈烈，签约 MCN 机构不失为一种高效的、寻找自我定位的选择。

四、MCN 机构 + 平台

咪咕文化科技有限公司（以下简称咪咕公司）为中国移动旗下文化传媒专业子公司，业务深耕音乐、视频、阅读、游戏、动漫等多个领域，在每个领域分设一个子公司，形成一个巨大的数字内容矩阵。

（一）建立关系

2018 年 9 月 5 日，咪咕公司宣布与新浪微博达成战略合作关系。咪咕公司是中国移动面向移动互联网领域设立的，负责数字内容领域产品提供、运营、服务一体化业务的专业子公司，是中国移动旗下音乐、视频、阅读、游戏、动漫数字内容业务板块的唯一运营实体，下设咪咕音乐、咪咕视讯、咪咕数媒、咪咕互娱、咪咕动漫五个子公司。咪咕公司掌握着体育赛事、演艺等多领域优质视频内容，而新浪微博坐拥丰厚的社交平台流量资源，双方将围绕体育赛事直播、演艺内容推行、旗下 IP 共同孵化等多维度展开互助。咪咕公司高层在战略合作发布会现场称：咪咕公司想做在新浪微博最大的 MCN 机构。

中国移动发布 2021 年上半年财报显示，移动用户达到 9.46 亿，其中 5G 套餐用户达到 2.51 亿人、政企客户数达到 1028 万家。作为中国移动旗下专业传媒公司，咪咕公司拥有天然的用户优势。但这些移动用户很难直接转化为咪咕公司的用户。而新浪微博涵盖娱乐明星、体育赛事等在内 60 个垂直领域的巨大粉丝群体，拥有丰富的体育赛事运作经验和明星演艺内容消费人群，其中 2018 年娱乐明星新浪微博的粉丝总人次增至 167 亿次，国内鲜有社交媒体平台的用户能达到这个数量。

咪咕公司还是一家综合性文娱经纪类内容公司，它是国内最大的演艺平台，拥有"咪咕汇""咪咕和 TA 的朋友""咪咕音乐现场"等 7 个演艺品牌。根据咪咕公司当时的数据，咪咕音乐在 2019 年将会举办 250 场线下演艺活动，累计举办了超过 2000 场演艺活动，每场演艺活动将产生几十条现场独家视频内容。此外，咪咕公司称自己已成为目前业内最大的正版数字内容汇聚平台。可见，咪咕公司与新浪微博合作的另一个诉求就是对带有咪咕品牌的版权内容进行曝光，增加品牌知名度。

总体来说，咪咕公司提供文艺体育内容、新浪微博提供社交平台资源，两者一起就体育赛事、演艺内容、IP 孵化等进行深度合作，各取所需。

（二）合作运营

合作关系建立后，咪咕公司和新浪微博便展开了具体活动的合作。在 2018 年 12 月 8 日举办的"音乐盛典咪咕汇"是其中影响力非常大的一次运营活动，根据新浪微博统计的数据，该活动"音乐盛典咪咕汇"的主话题阅读总量达 21 亿人次、话题讨论总量 1000 万人次、视频播放总量 1.64 亿人次、微博故事挑战页曝光量 9.08 亿人次，活动期间热搜和热门话题累计 13 个。

在咪咕公司"音乐盛典咪咕汇"活动中，新浪微博通过资源投入对咪咕公司的支持贯穿了整个活动流程，对其的帮助主要体现在以下几个方面：（1）活动热度助推；（2）活动官方账号涨粉；（3）品牌曝光提升。新浪微博投入的资源主要是流量机制资源和 KOL 资源。而新浪微博获得了用户活跃度、视频内容，这些在一些平台的季度或年度报告中，都是重要的数据。这些数据代表了这段时间内新浪微博又抓住了多少用户的注意力。这也意味着在未来新浪微博能够靠这些数据来吸引更多的 MCN 机构进驻。

（三）冲突摩擦

有优质内容的产出才能实现用户留存，增强用户黏度，这是新浪微博的基本目标，也是其与咪咕公司合作的基本诉求。然而当新浪微博的这一诉求不能得到满足之后，双方的合作开始出现摩擦。合作伊始，咪咕公司承诺，除了会生产即将进行的线下活动的视频内容，还会利用 MCN 矩阵的尾部账号将已购买版权的视频上传至微博的视频库，且这类视频目前已经有一定的库存量。新浪微博在谈合作时，对咪咕公司的这部分工作提出了要求，给出《咪咕 MCN 内容操作流程》，要求每个账号每天、每周、每月满足一定的发布量。但在实际运行过程中，由于咪咕公司的原因，账号上传视频内容进度十分缓慢。新浪微博负责对接咪咕公司的运营人员察觉了咪咕公司对这部分工作的态度，开始采取措施：微博在咪咕公司对该部分工作的梳理、总结和未来计划进行确认之前，停止对于目前咪咕公司整个 MCN 矩阵的平台支持，如不再为接下来咪咕公司的线下活动提供推广资源，之前参与合作的新浪微博侧 KOL 都不再为其进行无偿分发。

咪咕公司在新浪微博的 MCN 矩阵刚刚建立，头部账号数量少，企业属性过强，腰部账号缺乏影响力，尾部账号孵化未完成，且连基本的日常更新都难以保持。如果失去新浪微博的支持，咪咕公司的 MCN 矩阵的发展将很难完成平台粉丝量的增长和年度品牌曝光的工作目标。在 KPI 压力的驱使下，咪咕公司负责新浪微博 MCN 运营的专人不得不在短时间内对微博提出的条件进行回应。

2020 年 12 月，咪咕公司在中国演出行业协会举办的演艺新业态发展委员会成立大会上提出"5G+ 云演艺"的四大核心要素——"4I"，即 interconnected（互联互通）、interactive（多维互动）、intelligent（智能应用）、immersive（沉浸体验）。咪咕公司在"5G+ 真 4K"超高清直播的基础上，增加"5G 云观众""5G 云包厢""5G 云呐喊"等多个创新功能。

思考题

1. 什么叫网红？网红发展可以为几个阶段？每个阶段有什么特点?

2. 主播的角色可以分为几种类型？分别有哪些特点?

3. 何谓斜杠青年？它反映什么样的时代特点?

4. 为什么说这是一个晒图传播的时代?

5. 网红主播应该如何给自己正确定位?

6. 机构平台如何打造自己的网红主播?

7. 网红主播如何打造自己的直播团队?

8. 从用户思维出发的基本营销策略有哪些?

第七章　深度运营：玩转粉丝经济

从传统媒体到新媒体，除了媒体性质转变外，粉丝的影响力也产生很大的变化。在社群媒体快速崛起，人人都能成为网红、传播者的时代，每个人都能创造话题，拥有粉丝。但是，究竟要如何提升自我价值，维护粉丝关系，进而创造粉丝经济，则是一门大学问。网红除了要产出高质量的内容之外，最重要的就是能玩转粉丝经济。粉丝经济是一种通过提升用户黏性并以口碑营销形式获取经济利益与社会效益的商业运作模式。从古至今、从传统媒体到新媒体，粉丝经济一直存在着，只是形态一直在改变而已。粉丝并不局限于特定的人群，所有人皆是粉丝经济的一环。最常见的如买专辑、追星、看演唱会，甚至是看路演、街舞等都能成为架构在粉丝和被关注者关系之上的经营性创收行为。粉丝经济得益于一种情绪资本，粉丝们固定地、持续地追随或支持某一项运动、表演艺术或创作方面的名人及其故事或文本，往往不是出于理性的思考，而是基于情绪。对于明星而言，他（她）受到的粉丝的喜爱，就是一种情绪资本。这种情绪资本越高，这位明星就越容易将这种喜爱转换为经济利益。因此，在这种背景下讨论粉丝经济，就是以消费者为主要受众，规划营销手法，让消费者产生情绪性消费冲动，进而维持艺人的演艺生涯。

第一节　直播电商的粉丝经济

随着直播电商的快速发展，网络购物模式给消费者带来了更多的便利性，也为企业和个人带来巨大经济效益。"直播营销的本质就是粉丝经济。"[1] 直播电商过程中的流量不等于经济效益，收视流量必须转化为粉丝流量才能提升经济效益。"粉丝"这个词也在逐渐发展变化。依据约翰·费斯克的理解，粉丝是指围绕相关的粉都（fandom），通过有组织的传播行为参与到粉丝文化中来满足心理需求的个体及群体的总称。[2] 在"粉丝"这个概念形成之初，它多指对明星的崇拜者或追随者，多被用于娱乐行业。

当前在我们所处的社会发展环境下，粉丝既是指迷恋、崇拜某明星、艺人或事物的人群，也指现代社会的一种消费形式，当代社会中一种普遍存在的文化消费模式。必须看到的是，粉丝早已不仅仅局限于娱乐行业，还蔓延到了包括体育、政治、科技、经济及互联网等各个消费领域，粉丝标签概念及其消费特征已经越来越深入人们的日常生活。

一、粉丝经济定义

粉丝经济作为近年来兴起的一种新的商业模式，对它的定义也成了学界和业界讨论的热点。叶开在 2014 年 6 月出版的《粉丝经济：传统企业转型互联网的突破口》一书中，对"粉丝经济"给出了明确的定义："粉丝经济是基于粉丝参与的品牌社群，在其信任关系之上的社会资本平台和商业经营行为。"该定义的关键词有：粉丝、参与、品牌社群、信任、社会资本和商业经营。也就是说，"粉丝经济"就是拿一帮人的信任去兑现商业价值。

《粉丝力量大》的作者张嫱将"粉丝经济"定义为："粉丝经济以情绪资本为核心，以粉丝社区为营销手段增值情绪资本。粉丝经济以消费者为主角，由消

---

① 蒋先润. 直播营销的本质是粉丝经济[N]. 中国新闻出版广电报,2020-8-3.

② 李康化.粉丝消费与粉丝经济的建构[J].河南社会科学,2016,24(7):72-78.

费者主导营销手段，从消费者的情感出发，企业借力使力，达到为品牌与偶像增值情绪资本的目的。"

综合上述对粉丝经济的定义，本文对粉丝经济做出以下定义。

狭义上，粉丝经济就是指在娱乐行业内由粉丝与偶像或是明星之间产生的巨大合力获得经营性收益的经济行为。广义上，粉丝经济是指架构在粉丝和被关注者关系基础之上的经营性赢利行为，也是指借助提升用户黏性并通过口碑营销方式获得经济及社会效益的一种商业运营模式。

随着粉丝群体内容的外延拓展，围绕粉丝展开的消费模式逐渐成为一种经济模式，粉丝经济应运而生。

在粉丝经济的初始阶段，被关注者多为明星、偶像和行业名人等，比如，在没有进入数字音乐时代之前，粉丝购买歌手的实体专辑，还有粉丝购买演唱会门票、线下粉丝见面会门票和明星所代言或是喜欢的商品等都是粉丝经济的具体行为。

现在，网络突破了时间、空间上的束缚，粉丝经济被宽泛地应用于文化娱乐、销售商品、提供服务等多个领域。商家借助一定的平台，通过某个兴趣点聚集粉丝，给粉丝用户提供多样化、个性化的商品和服务，最终提升消费率，实现赢利。

当前我们所提及的粉丝经济明显更为宽泛，粉丝经济被更多企业和个人运用，被关注者的身份也在不断丰富。粉丝经济已成为一种经济形态，是商业社会的产物。在此之前，粉丝的追捧和拥戴最多使得名人本身变得更加有名，与"利"没有直接的关系。但是在互联网时代，无论是明星、企业还是个人，都可以直接成为万众瞩目的焦点，焦点形成之后带来的吸引力自然就会创造出粉丝个体和群体的连接，而粉丝本身具有的裂变特性，也使得群体本身的消费力和生产力不断扩展。

在市场经济的大环境下，结合互联网，一个忠实且庞大的粉丝群体能够产生巨大的经济效能。粉丝经济概念的产生为社会多个行业指明了客户所在，在相应的品牌和产品推出及销售的过程中，粉丝经济让企业和个人更清晰地区分单纯的消费者和忠实的粉丝用户，并差异化地对待这两个群体，提供更好的服务。

近年来中西方对于粉丝经济的研究和应用都处于不断上升的趋势，粉丝经济本身拥有的强大生命力和经济效益也让人们对它未来的发展有更多的期待。在西方国家，粉丝经济的诞生可以追溯到 20 世纪 90 年代。英国学者马特·西尔斯观察到，媒介工业转型中对于用户的精准投放在不断加强，在从"广播"到"窄播"的过程中，忠实的粉丝变成了最有吸引力的消费者。在当时的主要新闻媒介电视台的塑造中，电视台想要在经济上赢利，不必再像往常一样追求更大数量的普通观众，而是着重培养忠诚度、信任度更高的观众，也就是说努力培养或是迎合一部分观众，使得他们能够成为粉丝，就可以获得成功。在后福特主义的生产条件下，以满足个性化需求为指引，生产者在产品的设计、生产和营销过程中密切注意消费者的反应，以便更好地捕捉变化不定的市场需求，也就是在这个时代，从整个经济社会来看，西方已经逐渐从以市场为主的逻辑中转向了对目标消费者的定位。

当前很多西方的企业都认识到了粉丝对于产品的情感投入是一种极为宝贵的情感资本。对于品牌形象和价值的塑造也在新时代聚焦于粉丝这一忠实消费者与品牌所建立起来的持久的情感联系。

在中国，粉丝经济则有更为清晰和充满活力的表达。虽然粉丝经济是欧美文化东移的结果，但是在我国的经济发展中，粉丝经济展示出了强大的动力和影响力。改革开放之后，我国出现了广义上的粉丝，如邓丽君迷，虽然当时的粉丝还不具备商业色彩，但从在中国大地上出现粉丝的那一刻起，实际上也意味着粉丝经济的初生不再遥远。20 世纪 90 年代后期，中国的粉丝经济与粉丝文化发展伊始，"追星族"一词成为热词，此时的粉丝行为多为自发性的行为，独立个体之间的联系还不强，也就没有相应的计划性和组织性可言。

经过十多年的发展，中国的粉丝经济在大趋势上是与国家发展相契合的，它的发展速度与大众文化商业化的速度也是一致的。随着国家社会的发展和繁荣，粉丝经济也有了更多样化的呈现。可以看到的是，当前中国的粉丝经济主要可以分为两类。一是集中于娱乐文化产业的粉丝经济，无论是《超级女声》《快乐男声》《加油！好男儿》，还是之后的《偶像练习生》和《创造营》，都是将粉丝作用和粉丝经济发挥到极致的节目，围绕还是之后的粉丝这一群体形成的如投票、买专辑、买周边、买相应的产品获得投票权等消费行为就是这一类粉丝经济的主要行为方式。二是依托直播电商发展的粉丝经济，这也是本书主要讨论的问题。在直播电商中，无论是邀请直播明星嘉宾助力还是品牌自身形成明星效应，都是试图用直播间培养或是迎合一部分的普通观众及消费者，使得他们能够在支付之后对于品牌或是个人产生更强的信赖或情感，进而成为忠实的粉丝，再进入下一次消费的环节。

值得注意的是，无论是西方国家还是我国，粉丝经济中的粉丝为了满足个人的情感需求，甘愿在所好对象上花费大量的时间和精力这一点是不变的。他们的无偿劳动是网络新经济的主要价值源泉。当前，用户主导的 Web 2.0 模式大多依靠粉丝（用户）贡献人气、流量和内容，粉丝的"眼球"和"口水"成了网络社群发展壮大的关键因素。

二、粉丝职业化

粉丝，作为对特定话题有较大兴趣的人群或一种特殊的社会群体，具备社会群体的一般特征：

有明确的成员关系；

有持续的相互交往；

有一致的群体意识和规范；

有一定的分工协作；

有一致行动的能力。

从上述特征中不难发现，如今的粉丝呈现出职业化趋向：其有计划、有组织、有群体效应，专业化程度较高，甚至已经逐渐形成粉丝产业。而这正是随着各种选秀节目的发展而逐步出现的，比如《偶像练习生》节目。现在的粉丝是一群特殊的大众文化接受者，年龄集中在 15~31 岁，以女性较多，他们将异乎寻常的热情投入他们所倾慕或崇拜的特定个人明星、名流、团体（流行乐团、球队）、节目 / 作品（电影、电视、音乐作品）等，虽然不一定有很强大的购买能力，但其为偶像消费的冲动却很惊人。

从前几年出现的"蔡徐坤粉丝决战周杰伦粉丝"事件中可以看出职业粉丝的特质和能量。粉丝群体具有强大的可组织性和积极的经济效益，他们对于打榜、做数据、购买相应产品的热情是极其高涨的。虽然在这些粉丝中不乏"水军"，但是总体而言，在社交媒体平台中粉丝职业化的趋势下，粉丝团体性在不断增强，他们可以造成的影响也随之增加。

粉丝不仅是一个庞大的消费群体，同时也是一支具有潜能的经济力量。从2006年全球首个以"粉丝"为主题的节庆正式在中国推出开始，孕育健康粉丝文化，撬动一个潜力巨大的粉丝产业、形成一种新兴的粉丝经济是我国社会和市场所期望的。

在直播电商的粉丝经济中，粉丝职业化的趋势也逐渐凸显。在2020年的"6·18年中大促"期间，李佳琦直播间单场最高销售额达28.58亿元，在此期间，李佳琦直播间共开播23场，最高场观人数超1.13亿，同时最高在线人数超130万。在如此庞大的粉丝数据和经济效益的背后，其实也可以看到职业粉丝的身影。

首先，从微博、微信、小红书等多个社交媒体平台可以看到有很多以主推"李佳琦直播间预告"为内容的用户存在，这些用户中很多最初是粉丝，为了满足更多粉丝和消费者快速、便捷找到相应的直播间商品链接和预告的需求，他们在社交媒体上成为直播间跟金字塔底层大量粉丝和消费者之间的桥梁。这些预告和"安利"者的存在，其实也进一步加强了李佳琦直播间的品牌效应和影响力，一方面满足了粉丝或是普通用户不看直播也可以进行购买的需求，一方面也给予了更多"旁观"的消费者快速进入直播间，快速参加李佳琦粉丝群的渠道。

其次是李佳琦直播间中的粉丝职业化现象，即存在职业粉丝帮助引流、助力购买等行为。在李佳琦的直播中，值得关注的是刷屏和购买之间的关系。李佳琦直播间的观看人数是极其多的，在每一场直播中，评论区也经常会有带有李佳琦专属口号的刷屏出现，如"Oh, my god""买它"等极具李佳琦个人特点的评论会加速粉丝的融入，增强粉丝向心力，也会进一步将李佳琦和其他主播区分开来。而在对淘宝粉丝机制的利用中，李佳琦直播间中对于"钻粉""挚爱粉"等的关注也值得注意，这些"大粉"并不一定是普通的消费者，也有可能是李佳琦团队中的人，但是这些人的存在会对其他粉丝形成一种引导和激励，让直播间的消费行为进行得更为快速。在李佳琦淘宝的专属粉丝群中，也可以看到这些"大粉"对于直播的高度关注，发布商品直播预告、交流分享购买经验、讨论商品的使用感等，都会让更多人对李佳琦的直播间的忠实度提升，也有利于进一步让粉丝群变大。

三、粉丝产业链

在粉丝对于偶像的狂热投入中，往往伴随一系列同样狂热的消费行为。这种行为甚至会扩展到各个经济领域，形成一个新兴的巨大产业——"粉丝产业"。

粉丝产业大致可包括以下几个方面。

（一）粉丝们消费与明星相关的产品

1.粉丝们必买的演唱会门票、数字音乐专辑等，这是最为基本的粉丝消费行为。

2.粉丝们还会购买明星们所喜欢或代言的商品，如很多品牌的手机、电脑、饮料、化妆品等。明星的广告效应也正来自粉丝们的支持。

3.购买与明星相关的东西，比如明星们出的书，明星们喜欢吃的、穿的、用的东西，印有明星头像的衣物等，这些与明星相关的商品未必有足够价值，但粉丝们爱屋及乌，也就一起消费了。

（二）粉丝们因支持明星而进行的一系列消费行为

比如粉丝们因支持明星而产生的吃穿住行消费。粉丝为了追随明星，经常会穿梭于各个地方，这对交通以及各地的餐饮和酒店业将是一个巨大的带动。比如在2022年芒果TV的《乘风破浪的姐姐》选秀活动中，全国各地的铁杆粉丝为了到长沙来看"浪姐"，便付出了很大的花销。机票一张不低于1000元，火车票也在几百元不等。到了长沙以后，为了近距离堵截"浪姐"，他们住进节目录制地附近的酒店。有一些超级粉丝，甚至出高价租下"浪姐"选手对面的别墅，目的就是看自己的偶像一眼。这些别墅的租金自然不是小数。

此外，为了上街拉票，粉丝们穿了印有标语、头像的T恤，做了无数大型的海报。这些海报等物品的费用是粉丝一起凑的，这些一次性消费品，实在是一笔不小的花销。另外，有的节目需要粉丝进行网络投票，这也是一笔不小的消费支出。

（三）因粉丝们的支持而产生的无形资产

这主要是指节目的品牌资产和赞助商的投资。粉丝的关注度在很大程度上决定了电视节目的收视率，而电视节目的收视率，又反作用于上游赞助商企业的广告投资。

（四）粉丝团经济

粉丝们大多数的听歌和阅读行为不是私下孤立进行的，而往往是集体性的，这表现为建立歌友会等，这被统称为"粉丝社群"。

（五）专业粉丝公司和职业粉丝

专业粉丝公司要招一批职业粉丝为各种娱乐活动输送"炮弹"。职业粉丝通过招募粉丝、组织活动、在网上发帖子、举横幅和呐喊等为明星活动造势，进而分享演出后的利益，公司通过会服、会费、荧光棒、外地粉丝的门票、赞助等获取收益。

"职业粉丝"顾名思义就是以粉丝为职业，依靠当粉丝赚钱的人。从事"职粉"的群体以大学生为主，他们的时间相对较多，对明星有兴趣又能赚钱，这样的工作在大学里很受欢迎。此外，也有很多人选择职业粉丝作为兼职工作。他们认为，空闲时间既能抒发情感又能赚到钱是再好不过的事情。

职业粉丝收入是非常可观的。现在一件会服的成本价基本上在40元左右，会员价一般是60元或70元，非会员的价格更高；如果卖出去100件的话，就有六七千元收入。此外，在荧光棒、横幅、灯牌、展板上的利润也非常可观。[①]

在职业粉丝业内部也逐渐分出了等级。等级不同的职业粉丝，收入自然也不等。据相关从业人士透露，举海报、尖叫的"临时工"是按场计算的，一场就几十元；中等"职粉"比较贵，网上的工资一般叫价每天250元；至于高层"职粉"，就不太好说了——报酬往往不一样。

职业粉丝有三大特点。

1. 可提供兼职工作机会，在一定程度上推动了粉丝经济的发展。

2. 运作模式方面：初级的职业粉丝只负责举海报、喊名字，基本上只能算体力活；中级的会去热门网站发帖子、为明星制作个人网页和博客；最高级的与明星和经纪公司都有紧密的联系，一起参与各种活动的举办。这样的粉丝团结构意味着，每个粉丝在成为消费者的同时，又会不遗余力地向其他人推销自己的偶像（产品）。你在这个金字塔组织里的位置越高，就越有可能获利。

3. 职业粉丝也有实体。很多商家看到了粉丝行业的商机，于是社会上也就出现了粉丝网、粉丝公司等。

（六）投票公司

艺人为打造人气，增加票数，往往会借助投票公司。靠积累粉丝投票有点慢，于是就出现了专门用来投票的机器，一次可以放几百张移动手机卡，两小时内一台机器可以为选手投出几千张的支持选票。据某投票公司透漏，曾一次接到20万元的订单为重庆某位美女拉票。可见，投票公司的利润也是惊人的。

（七）粉丝网站

粉丝网为粉丝提供了一个平台，不仅可以让大家聊共同喜欢的艺人，分享一些自己的追星经历，在某种程度上还可以通过销售虚拟物品来获得利益。有的粉丝网提供付费曝光服务，由粉丝网上付费，由粉丝网为艺人提供线上或线下式露出，增加曝光度。

[①] 在日本和韩国，粉丝加入粉丝后援会需要缴纳一定会费，但在中国这往往不被允许。在中国，粉丝后援会不得以任何理由集资。

四、直播电商下的粉丝运营

2020 年 2 月 3 日，中国互联网络信息中心在京发布了第 47 次《中国互联网络发展状况统计报告》。网络直播成为"线上引流 + 实体消费"的数字经济新模式，实现蓬勃发展。直播电商成为广受用户喜爱的购物方式，66.2% 的直播电商用户购买过直播商品。

直播电商获得爆炸式的成功在最初阶段或许带有一定的偶然性，但是直播电商近年来仍旧能够呈现出蓬勃发展的状态，这实际上依靠的就是长久的用户黏性的支撑。直播电商不会昙花一现的关键，也在于对用户或者说消费者的长期培养和管理。在这样的培养和管理的过程中，必须提及的就是直播电商对于专属粉丝社群的建构和运营。专属粉丝社群的建立并不是简简单单地建立一个普通群聊，更强调对于社群中以粉丝作为核心顾客群的长期联系和良好的氛围营造。亮剑互娱于 2018 年 12 月 20 日成立，在运营雪中飞品牌时，以 0 粉丝开播，通过初期早晚班坚持不懈的努力，时刻保持斗志，通过多种方式迅速积累粉丝群体，打造品牌爆款产品，如今亮剑互娱"6 · 18 大促"已在抖音排名第二，公司旗下代运营品牌超过 50 家。在直播运营中，团队目标并不止于眼前的GMV，而是积极挖掘、测试更多爆款产品，创造满足多维受众群体的货盘，从而快速积累粉丝、巩固粉丝基础。除了爆品挖掘，亮剑互娱团队同样重视直播电商的互动营销玩法，组织公司团队培训，参观、学习竞品直播间玩法，坚持与粉丝长久互动磨合，挖掘粉丝经济的更大效益。

每个进入专属粉丝社群中的个体实际上都必须先承认粉丝这个头衔，对于相关的产品、品牌甚至个人要有所了解，或者是在此之前要有过相应的消费行为。运营专属粉丝社群的目标应该是创造更好的消费体验和更好的经济效益回报。对于消费者而言，粉丝是一个极具力量的代名词，成为粉丝群体中的一员同时意味着其对于该产品或是个人有所关注与偏爱，并且主观上会期待可以快速抵达最新消息的"第一现场"，那么专属粉丝社群就会是一个具有主动性的空间，它创造了即时交流沟通的可能，使得在产品消费的全过程中消费者可以在社群中与其他粉丝进行交流和分享。

对于企业和个人而言，专属粉丝社群的运营更具"钱"途，奠定粉丝经济的坚实基础离不开"以粉增粉"策略，要让粉丝参与品牌打造与品牌文化的创建、传播、演进全过程，从而吸引更多的用户。专属粉丝社群的构建，对于原本脱离或是难以直接接触到品牌和个人的消费者而言，能帮助他们增进了解，从而加深忠诚度（见图 7.1，图 7.2）。

粉丝分析	女性居多	31～40岁居多	苹果手机居多	山东、河北、河南	客单价200到500元居多	偏好女装
粉丝团特征	女性居多	24～30岁居多	苹果手机居多	山东、河北、辽宁	客单价200到500元居多	偏好女装
直播间特征	女性居多	24～30岁居多	苹果手机居多	山东、河北、河南	客单价200到500元居多	偏好女装

图 7.1　直播间粉丝分析图（一）

（数据来源：亮剑互娱）

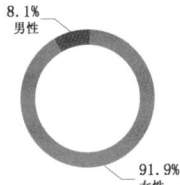

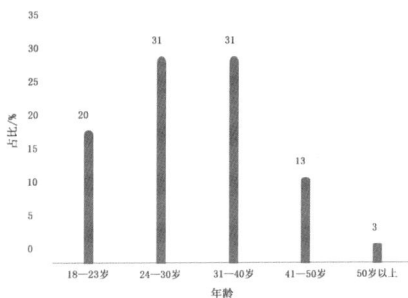

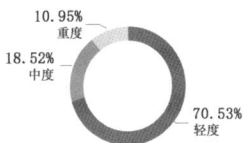

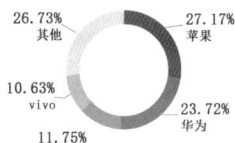

图 7.2　直播间粉丝分析图（二）

（数据来源：亮剑互娱）

和社群经济相比，粉丝经济通过粉丝对品牌主体或者是相关性的向心性依托而获得经营性收益。[①] 与粉丝经济最初形成时相比，当前的粉丝经济更加关注对专属粉丝社群的深度运作，依赖于社交媒体及即时交流平台的不断发展，粉丝和社群的叠加促进了成员之间的互动，加强了成员与主体的互动深入度。无论是品牌方空降粉丝群，还是李佳琦等直播电商界的头号种子自带粉丝群，聚集和积累自己的专属粉丝群，并对其加强运营和管理是十分重要的。越来越多的主体在更多的社交媒体平台出场，在微博中成为 KOL，在微信公众号平台中进行更多的运营和操作，都在表明和凸显粉丝中每一个个体都是主体所关注和聚焦的，每个主体都想通过更多的渠道将更多的个体吸引到他们的专属粉丝社群中，而每一个粉丝都可以通过专属粉丝社群同主体进行联系和沟通，这在一定程度上增强了粉丝对主体的亲近感和忠实度。

直播电商的粉丝运营重点仍旧围绕从普通用户（旁观者）转向重点消费者（粉丝），再到消费行为产生的链条运行：

品牌—直播电商—主播、红人、明星—直播间及专属粉丝社群运营（第一次筛选）—主播、红人、明星的社交媒体（第二次筛选）—重回直播间或是电商销售渠道—价值转换及变现。

五、粉丝经济中的"圈子营销"

"强调时间、历史和因果关系的传统观念正在受到挑战，而推崇空间、现状和相关联系的新型观念正在逐步占据上风。知识的占有曾经意味着对时间、历史和因果之间关系的洞察和了解，如今知悉知识的存贮空间、发展现状并能预言知识的未来趋势则显得尤为重要。"直播电商"需要有一种大数据时代下开放与关联的思维理念，要真正致力于揭示社会现象中的复杂关系，不能一味追求或迷信所谓的因果联系"[②]。依托于互联网成长起来的新经济形态注定会对传统观念、因果关系和常规的生产力发起挑战，也将成为改变传统经济形态的源泉和

①　胡泳,宋宇齐.社群经济与粉丝经济[J].中国图书评论,2015(11):13-17.

②　邵鹏.媒介融合语境下的新闻生产[M].杭州:浙江工商大学出版社,2013:175.

动力。有学者将粉丝经济归为个体经济，但实际上它更偏向于圈子经济。在直播电商的粉丝经济发展中，我们可以看到企业或是个体通过事件、新闻、人物、相关产品等，努力把某一范围内的人群或者一个个小的圈子聚合到一起，形成有特殊中心的并且围绕中心开展的新圈子，以网络或手机为信息媒介，脱离原本的直播电商所依赖的购物平台，借助微博、微信等平台，进行圈子内的信息交流、产品交易、服务贸易等精神与物质活动。这种经营手段，往往伴随大众对流行事物的认可与追捧，形成可以直观接触客户或者潜在客户的信息渠道。[①]

因此，作为圈子营销的粉丝经济，应该算是渠道营销的一种，也可以称之为圈子营销。在粉丝经济兴起之初，百度贴吧的建设和发展就是圈子营销的一大成功案例。百度贴吧成立于2003年，依托于百度搜索创立起来的百度贴吧，是当时全球最大的中文社区。在前"双微时代"，或者说在前社交媒体时代，百度贴吧的成立和成功运营就带有鲜明的圈子营销的特征。百度贴吧拥有超10亿名注册用户，超过810万个兴趣吧。作为网络草根文化与粉丝文化的孕育地，百度贴吧深谙"长尾"的力量，再小众的群体都可以成为一股力量，都可以形成一个粉丝团体。和其他的社交平台相比，百度贴吧的独特属性便在于其圈子群体[②]，或基于兴趣，或依据地区、年龄、血型、星座等，实现了真正意义上的"人以群分"。通过对于圈子的成功塑造，网络社群的力量也在不断增强。

直播电商的圈子营销作为粉丝经济的重要组成部分，更加具有私域流量转化的可能性。圈子拉近了主体与粉丝的社交距离，也让普通的粉丝群体真正有接近和触碰偶像的可能。圈子内的粉丝比起圈外的用户和消费者，拥有更多资源和前沿信息。在直播电商中，我们可以看到专属粉丝社群不再只是一个维系基础业绩的工具，更是一个信息传播的便捷渠道，也是对产品和个人进行形象塑造的利器。随着在各类社交媒体平台中多方面的信息输出，直播电商的粉丝经济也形成了从KOL与社群结合并再次引向电商平台出口的价值转换的闭环，

① 李文明,吕福玉."粉丝经济"的发展趋势与应对策略[J].福建师范大学学报(哲学社会科学版),2014(6): 136-148.
② 周文林. 百度启动贴吧企业平台战略意在"粉丝经济"[EB/OL]. (2014-7-19)[2022-4-27].http://media.sohu.com/20140720/n402474806.shtml.

而如微信公众号、小红书和微博的建设也在打通更多最终通向直播电商经济利益的渠道。

主体在直播电商中的圈子营销，无论是对产品价格、相关服务还是售后都会倾注更多的关注度，这是为了增加粉丝群体对于产品和个体本身的信任感和忠实度，引导他们将对于产品本身的崇拜转向对于某种生活价值的肯定，对于网红个体的认可甚至是对于所处的粉丝社群的认同，如此粉丝也就有更多可能性进行消费，创造更大的商业价值。

在直播电商的圈子营销中，最为突出的两个特征是沉浸式的购物体验和凝聚社群共识的逻辑。圈子营销的本质是将私域流量转换成有效的经济收益，在这根链条中最为关键的一环就是让有购买意向的粉丝或真正做出消费行为。

沉浸式购物体验主要表现在三个层面：第一是通过微博、微信的相关内容的推出，如李佳琦对于产品的试用；第二是通过直播间的直接试用，更为直观、零距离地展现商品；第三是社交网络中个人生活的分享，如李佳琦的个人微博会经常拍摄 vlog（视频博客）等介绍他的生活，而在相关的视频中也会包含一定量的产品的植入。体验感是不可替代的价值，如今线下零售业也引入大量的感官体验元素，开始将实体购物店转变为一种"减压空间"。

凝聚社群的共识，使得不同境遇的人们面对直播间产生新的共同情感，乃是当下直播电商不可回避的文化要求。这主要是对圈子本身具有的相同或相近的生活价值观和审美趣味进行凝聚和塑造。如品牌木墨 MUMO 主要的经营方向是家具、生活起居类产品，在该品牌初始阶段，其淘宝店铺对于产品的分类和定位不太清晰，但是现阶段该品牌将产品线区分为硬家装、软家装、个人服饰及婴幼儿服饰四类，在天猫和淘宝上线了 3 家店铺，共有超 71 万粉丝。在该品牌的直播间里，主播会强调加入微信群的有利之处，并不断强化对品牌概念的传递。木墨 MUMO 品牌的创始人在微信上建立了超过 5 个群聊，主要针对在该品牌消费过的用户，并将群聊分为"家具家装""品牌优惠折扣""书影音"等类别。实际上，在群聊中的粉丝首先是比较认同品牌的产品的；其次在这样的群聊圈子中，品牌方也在潜移默化传达着品牌的价值观念、生活方式观念；而这样的观念传达，也进一步影响群中粉丝的消费行为，增强对于品牌本身的认同感，那么在下一次消费行为发生之前，该品牌相比其他同类型品牌来说就会在消费者心目中有更强的竞争力。与上述品牌可以做对比的就是无印良品 MUJI 的圈子营销，虽然说无印良品 MUJI 并没有在微信中建立相应的粉丝群聊，但是在微信的公众号运营中，无印良品 MUJI 一以贯之地强调品牌所推崇的生活方式。加强凝聚社群共识，结合直播电商的商品展示，加强对于品牌会员制度"MUJI Passport"的运用，将线上和线下门店的展销不断衔接，也是无印良品的整体品牌形象塑造在中国能够成功的重要原因。

第二节　粉丝文化

进入 21 世纪以来，随着互联网的普及，亨利·詹金斯针对新世纪的受众和媒介内容的情况提出了"参与性文化"一词，并且指出："当今媒介技术的不断发展使普通公民也能参与媒介内容的存档（保存）、评论、挪用（复制）、转换和再传播，媒介消费者通过对媒介内容的积极参与而一跃成为媒介生产者。"[①]

在新媒介技术带来的便利之下，当前的粉丝们更加强调表达和行动的自主性，无论是在社交媒体中还是在实际线下活动中，他们都更加敢于抒发自己的情感，表达对于偶像的喜爱，并且自愿加入相关活动。庞大的粉丝族群所聚集发出的力量对社会造成很大的冲击，粉丝频繁的社会活动也创造出独特的粉丝文化／"饭圈"文化。电商直播尤其需要仰赖粉丝的力量，电商主播为了培养粉丝的忠诚度与自身热度，无不竭尽所能在直播过程展现自身优势和吸引力，通过直播内容来强化与粉丝之间的关系，甚至打造直播间特有的粉丝文化潮流，让追星成为一种时尚，让粉丝以关注主播为傲。

---

① 　詹金斯.昆汀·塔伦蒂诺的星球大战：数码电影、媒介融合和参与性文化[M]//陶东风.粉丝文化读本.北京:北京大学出版社,2009:101-113.

一、"饭圈"文化

"饭圈"是粉丝对自己所属的追星群体的统称，又名"粉圈"，是"粉丝圈"的简称。"粉丝"一词的英文单词"fans"可被拆解为"fan"+"s"，"fan"音译为"饭"，"s"一般表示多个，于是粉丝们组成的圈子叫"饭圈"或"饭团"。"饭圈文化"，顾名思义，即粉丝圈的文化，是一种追星文化。在"饭圈"有一种说法，追星的人分为两种，一种是"混圈的"，一种是不"混圈的"。在这里，"圈"指代的就是"饭圈"，所以"饭圈文化"只是追星文化的一部分。

粉丝最初在中国落地时，有部分公众为这一亚文化贴上了"无脑"的标签，但随着"饭圈文化"本身的不断发展以及时代的不断进步，追星、粉丝、"饭圈"作为一种文化现象已经慢慢在原本的偏见和歧视中不断走向成熟，大部分的追星者也有了更为理性的思考。[1] 比起最开始的"乌合之众"，现在的"饭圈"逐渐走向了组织化，粉丝和明星之间的互动无论是从"圈"本身的要求来看，还是从外部社会环境的期待来看，都在不断打造良性的、积极的成长模式。自 2005 年即"追星元年"和"饭圈元年"开始[2]，互联网在"饭圈"发展中起到的作用不可忽视，无论是互联网本身具有的开放属性使得草根登上舞台，被更多人看见和关注，还是由于网络社会的崛起，粉丝不再是造星产业被动收编的对象，而是主动参与的生产者，都体现了互联网的价值。此外，粉丝通过社交网络聚集起来，形成纪律严明、分工明确、行动力极强的粉丝社群，互联网将粉丝由一个个独立的个体连接起来，并且打破时间、空间的影响，在对粉丝的个体行动赋予价值的同时，也让"追星""混圈"有所归属。[3]

"饭圈文化"得以形成并在近年来呈现出欣欣向荣趋势的主要原因有以下几点。

---

[1]　丁佳,刘海荣."脑残粉"不脑残,粉丝群体"守护"偶像共同成长：以TFboys及其粉丝社群为例[J].新闻研究导刊,2017(10):281-282.

[2]　吕鹏,张原.青少年"饭圈文化"的社会学视角解读[J].中国青年研究,2019(5):64-72.

[3]　王艺璇.网络时代粉丝社群的形成机制研究：以鹿晗粉丝群体"鹿饭"为例[J].学术界,2017(3):91-103,324-325.

（一）主体需求

无论追星最开始的出发点是什么，行为本身产生的主观原因就是一种需要，郝园园在对青年亚文化进行解读的时候，认为粉丝的产生主要与两个方面有关，一是娱乐的需要，二是粉丝身份认同的需要。[①]

（二）互联网的发展降低了参与门槛[②]

互联网技术的不断发展打破了原本粉丝进入群体的壁垒，网络社会的发展使得粉丝个体之间的距离感缩小，形成粉丝群体并不断扩大的可能性增加。

（三）社会文化环境的改变

近年来随着我国经济社会的繁荣发展，公众对于文化生活的需求在不断提高，对于粉丝群体来说大环境的和谐和包容也会让参与感进一步增强。

在直播电商中，"饭圈文化"主要可以分成两种形态：一种是基于原本的偶像和明星参与直播形成的"圈"和"饭圈文化"；一种是直播电商企业和品牌进行造星形成的类"饭圈文化"。

在前者中，无论是在哪一个平台进行的直播都天然带有"流量"的标签，由于这些偶像和明星原本就具有一定的粉丝基础，他们参与到直播中，和相关的品牌建立联系，成为代言人或者仅仅只是参与直播环节，都将掀起一场巨大的流量风暴。下面本书主要举两个例子进行更为详细的叙述。

1. 案例一：罗永浩与粉丝的双赢

2020年4月1日晚11点，新晋带货主播罗永浩在抖音完成了直播首秀。数据显示，整场直播持续3小时，支付交易总额超1.1亿元，累计观看人数超4800万。罗永浩创下了抖音当时的最高带货纪录。

直播过程中，罗永浩向网友发送了总额为70万元的红包，并在最后宣传剃须刀时刮去了胡子。小米中国区总裁卢伟冰、搜狗CEO（首席执行官）王小川

---

① 郝园园.青年亚文化现象的重新解读[J].当代青年研究,2014(1):84-88.

② 王康蓓.电商直播中的受众使用与满足分析：以淘宝直播为例[J].传媒论坛,2021,4(4):157-158.

也来到直播间互动，分别推荐各自旗下产品。

罗永浩对所有产品承诺质量和售后保障："早期我们只跟知名品牌合作，尽量保证不出现有问题的产品，万一出问题，也会优先确保消费者权益。"在这场直播中，除了观看人数和交易总额都是"现象级"之外，可以看出几个直播电商中的"饭圈文化"的特征。

一是基础粉丝流量引发狂欢。在罗永浩进军电商直播前，作为锤子手机品牌的创始人，他本人在互联网社交媒体中具有一定的粉丝基础。在之前的相关新闻报道中，"罗永浩欠款6亿元"之后他重出江湖，做直播电商，也在一定程度上吸引了大批对他感到好奇的"路人"进入直播间。值得注意的是，罗永浩直播的时间通常并不是在黄金时段，而是在夜晚10点之后。一方面这个时间段有一些直播即将结束，时间段内的竞争对手较少；另一方面就是罗永浩粉丝的忠实度可见一斑，大量的粉丝愿意进入直播间，哪怕不做出购买行为，也愿意为直播间刷点赞、评论甚至是送礼物。

二是对于公众心理的把握。罗永浩直播间的名字是"交个朋友"，与其他的直播间更为直接的"购物""抢购"等名字不同，罗永浩直播间的定位似乎是想要和在屏幕前的粉丝或是"路人"之间有友好的交流。实际上这样的取名可以使得粉丝或是刚进入直播间的个体有更快融入的机会和氛围，从而对罗永浩及该直播间的相关商品有更强烈的信任感，进而增加真正购买行为产生的可能性。

三是与品牌联合，由品牌背书。在罗永浩的直播间中，有很多品牌的负责人助阵，甚至一些人会以罗永浩好友的身份出场。品牌背书其实是增强消费者对于直播间产品信心的强措施，同时也在对外放出信号，罗永浩的直播间有这个能力，有这个粉丝流量来接纳更多或是更大的品牌——罗永浩从侧面证明了自己的带货实力。

四是多平台联动，发挥粉丝的作用。除了在抖音上进行直播，罗永浩直播间的影响力还延伸到了微博、微信公众号、B站和小红书，有很多粉丝主动对在直播间中购买的产品拍摄"拆箱视频"，进行产品体验或是"安利"，在大量的好评之下，也存在不少的恶评，但是在微博和B站的相关恶评或是踩雷视频中，仍旧有很多罗永浩的粉丝进行控评。而在微博、微信中，也有很多粉丝群出现，粉丝的目的不仅仅是对直播做出预告，更多的是吸引更多人关注罗永浩的直播，并进一步促成消费的转换。

五是注重社会效益。罗永浩及其"交个朋友"团队似乎总是愿意做第一个吃螃蟹的人，引领直播电商行业，为直播电商行业带来新的变化。在 2021 年 8 月 18 日，罗永浩开启了一场支援河南重建的义卖直播，这给带货直播行业赋予不同的意义和新的发展方向。

在这场直播开播前一天，罗永浩就在社交媒体上发布直播预告，在"8·18"全网大促的时间节点上，罗永浩表示此次直播所获得的所有收益都将被用于支援河南灾后重建。此次直播"不走寻常路"，在这个特殊的时间节点，罗永浩及其直播都获得网友们的一致点赞，很多粉丝都在社交媒体中自发为罗永浩"撑腰"造势，并表示为了河南也会去直播间支持。数据显示，这场直播持续了近 14 小时，累计观看 822.96 万人次，在线峰值人数 4.85 万，销量 22.54 万件，最终销售额 1.33 亿元，本场直播的主要参与者不仅仅是罗永浩原本的粉丝，还有在此之前对罗永浩印象一般的"路人"消费者，直播最后的数据与创造的巨大价值无论是在抖音还是在其他平台，都是史无前例的。

在这个案例中，其实就是以明星或是知名人士为主体的直播电商形成一个粉丝场域，在罗永浩的直播间中，粉丝已经不仅仅是消费者，他们更多以罗永浩的"朋友"自居，在大量的粉丝基础上，新粉丝的加入往往会使消费有新增长。

2. 案例二："造星 + 联动"李佳琦直播间的圈粉逻辑

纵观当前全网各个平台的直播电商，有一种"类饭圈化"的直播带货形式不可忽略，那就是"造星"，即原本不是明星或是名人的主播，在强势的流量和销售额的加持下，逐步走到行业的头部，在形成强大的粉丝购买力的同时，又有极强的粉丝黏性，并能够表现出"饭圈式"的粉丝效应。

谈到直播电商近年来的造星行动，不得不提及的就是李佳琦的直播间。实际上在最开始，李佳琦只是美妆品牌的柜员，经由直播主播比拼成为 MCN 机构美 ONE 的主推主播，然后一步步走到了头部的位置。李佳琦直播间能够长盛不衰的重要原因之一，就在于他的直播间对于粉丝的培养以及邀请大批流量明星参与并形成的"类饭圈"的生态。

李佳琦直播间在这两年中不再仅仅依附于淘宝主要节日，如"双 11""双 12"的大促，也不仅仅局限于其他传统节日，如情人节、母亲节等，而是将"造星"和"造节"结合。"造星"的主要目标就是对李佳琦和直播间进行捆绑，无论是从销售业绩还是从相关品牌的专属优惠中都可以看到，在很长一段时间内，李佳琦就是直播一哥，他的身份经过了一定的神化。而"造节"则是与其他明星结合造势，无论是杨幂、刘诗诗、朱一龙等具备大流量的明星的加入，还是和国内官方媒体的联合，如和央视主播撒贝宁、康辉的梦幻联动，都让李佳琦的直播间有了区别于其他直播间的特殊色彩。

在李佳琦的明星直播间中，除了主播李佳琦是明星，参与助阵的明星更是能够给直播间带来更多的关注度，而在此过程中，"类饭圈化"也更加突出。

除了如"买它"这类的网络金句频出，另一火爆全网的文化输出就非"琦女郎"莫属了。所谓"琦女郎"，就是李佳琦直播间内的人气嘉宾，早期的暖萌小助理付鹏、拥有合作款彩妆的爱犬 Never 和它的五口之家都曾获此殊荣。但在广大网友心中，与"琦女郎"头衔最符合的可能要数女演员金靖了。自 2020 年起，通过不断上综艺、上春晚、上直播，一顿猛如虎的操作，人们对"戏精本精"金靖的爱与日俱增，更造就了"李佳琦 × 金靖"这对超人气 CP（情侣）。

明星一直以来是直播行业"to be or not to be（生存还是毁灭）"式的问题，是否需要请明星？明星是否真的可以给直播带来人流？什么样的明星才是名副其实的流量明星？李佳琦的直播间或许给出了标准答案。

通过 O'Ratings 对于"琦女郎"金靖直播数据的监测，我们可以从中获得启发，从而对于这一问题做出尝试性的解答。O'Ratings 捕捉到"琦女郎"金靖分别于 2021 年 2 月 27 日、3 月 20 日和 6 月 8 日 3 次登陆李佳琦直播间。O'Ratings 通过计算金靖空降的直播单场人气指数并将其与当月李佳琦直播间平均人气指数进行对比之后发现：李佳琦直播间在 2 月、3 月、6 月间的平均人气指数分别是 2.09、1.72 和 1.54，虽然整体平稳但有所下滑；而金靖参与的单场直播人气分别是 0.60、1.50 和 2.26，呈上升趋势，可以说是上演了一出逆袭大戏。此外，数据也有力地说明了"在线拆CP"之举绝对没有影响两人的人气，反而让两人的名气更上一层楼。由此可见，明星对直播间并不一定是单向的流量导入，相反直播间也可能反为明星提供人气积累，可以借助科学的计算来推测明星与直播间两者之间流量的走向。[①]

李佳琦×金靖这对CP也在多平台不断吸粉，在微博中甚至有两人的超话，金靖每一次出现在李佳琦的直播间都可以在微博上掀起一场风暴，在抖音等短视频平台中也有大量两人在直播中的金句剪辑片段，在大量的评论和"按头安利"中，普通的消费者涌入直播间，更多的人慕名而去，"买它"而回。

以销售立足的李佳琦和其粉丝的关系，如今也已经非常类似于明星和粉丝的关系。他的粉丝们自发地组织、建立和管理粉丝群聊，设立微博超话，开设后援会、个站、反黑站，进行应援等，并形成了"粉圈"典型的排他性特征。想加入其微博粉丝群，就必须回答关于李佳琦的系列相关问题，管理员以此来判断加入者对李佳琦的了解程度。为了区分粉丝与非粉丝以及提高群内粉丝的凝聚力和维持良好的生态，申请加入群聊者必须关注李佳琦超话，并达到"铁粉"的等级。在小红书、微博、微信等平台中，也有大量的粉丝用个人账号在为李佳琦的直播助力，他们会在每次直播前编辑好直播预告，发布内容并非简单的文字，通常都有清晰的图文表述以及工整的排版，承担这些工作的初衷不都是谋取利益，而是对李佳琦的"爱"。同时，当李佳琦直播出现"翻车"事故引起负面舆论时，很多粉丝会出来维护"自家哥哥"，这一切和明星粉丝的行为如出一辙，他们会在知乎、豆瓣等贴吧类的平台中回帖，会在微博评论区控评，自愿充当"水军"。

二、注重粉丝的参与感、体验感和尊重感

直播带货作为视频直播技术的一个应用场景，既具有其他类别直播的共性，

[①] 文中数据出自独立第三方监测服务商O'Ratings，O'Ratings监测了从2020年04月1日0点0分到2021年6月30日23点59分，全网各直播平台的直播节，通过五大指标对各直播节目进行评价。五大指标分别是：收视率（live-streaming ratings，又称收视点）、观看人数峰值（peak viewers）、行业占比（market share，又称市场占有率）、带货指数（sales index）和互动指数（engagement index）。

也拥有电商独特的一面。从电商的角度来看，直播带货的本质是内容营销。在传统电商行业中，消费者面对的是货品；而在直播的场景中，"人对货"转变为"人对人"。这意味着原本隐藏在品牌和企业背后的人格特质越来越成为影响消费决策的显性因素，"人"越发成为重要的节点，如格力电器的微店店名为"董明珠的微店"。人际关系理论在直播带货中发挥着越来越重要的作用。正是由于直播电商同时包含着内容属性和商业属性，主播与粉丝的关系较单纯的直播而言也变得更加复杂。[①]

在当前的直播电商中，粉丝化是品牌营销的一大利器。在具体的表现上，主播和粉丝之间的关系又有不同的呈现。两者之间的关系总体来说，可以根据关系的紧密程度分为四种模式。

（一）"线上导购—顾客"关系

这个模式实际上是将消费关系中最基础的关系由线下转移到了线上，体现了直播电商中最为基础的、最常见的关系。在大多数的直播电商中，主播与消费者也停留于这层关系上，主播在直播间营造一个购物的场景，对相关的商品进行陈列，并进行解说，这在一定程度上增强了消费者的体验感。

从一个普通消费者进入直播间的那一刻起，实际上就等同于在线下实体消费时走进了门店，无论是主播对于产品的解读，还是消费者点击链接、询问产品具体详情，都是双方的一种互动。在直播间中消费，比起线下的实体消费增加了匿名性这一特点，消费者真正能够获得平等的对待，并且在直播间中的对谈可以延伸话题，让消费者有更好的参与感，得到尊重。

总体来说，"线上导购—顾客"的关系模式使得直播内容更偏重产品的展示和销售，粉丝到直播间观看的目的也更加明确且单一：纯粹为了解决消费需求。因此，在直播间的互动中，主播很少会聊到与产品无关的话题，哪怕有一定的互动也都是针对产品的介绍。主播与粉丝之间的情感不深，粉丝忠诚度不高、流动性强。主播对粉丝购买意向有一定的影响，但粉丝自身的实际需要、货品

---

① 周懿瑾,黄盈佳,梁诗敏."粉与被粉"的四重关系：直播带货的粉丝经济探究[J].新闻与写作,2020(9):29-35.

的性价比等是更为重要的购买影响因素。他们之间可能会存在短暂的情感互动或者共鸣，但情感在购买决策中所占的比重不高。我们也很难将这种关系模式下的消费称为粉丝经济。

（二）基于产品的"意见领袖—粉丝"关系

如果一个主播持续将好的产品推出，粉丝能够在直播间中不断"蹲守"、复购，此时主播与粉丝之间的连接就更进一步，形成基于产品的"意见领袖—粉丝"关系。

在这种关系中，主播的个人魅力并不是吸引粉丝最重要的因素，其所销售产品的优越性和独特性反而成为关系的核心。我们以主播烈儿宝贝为例。

烈儿宝贝带货比起竞争对手李佳琦来说其实并没有很大的价格优势，因此她更加关注与挖掘产品的独特性。目前直播产品同质化严重，在历年"双11""双12"头部主播的直播间中，货品的品类和品牌高度相似，如美妆品牌一定会有欧莱雅、雅诗兰黛等。对于粉丝来说，价格会成为他们评判的唯一标准，但对于主播来说这不是长久之计，头部主播则更需要打造差异化的直播间以吸引消费者的长期购买。通过长期与年轻消费者的接触与互动，烈儿宝贝以原创设计为切入点，满足年轻消费者对差异化、个性化的产品的需求。2021年，她发起成立"原力焕醒——LRKS+全球原创设计师焕新平台"，旨在深挖全球原创设计力量，打造更多时尚品牌、潮流产品。一方面，烈儿宝贝坚持性价比，并不是一味追求便宜，而是在品质与成本之间达到一个更合理的平衡点；另一方面，她超预期地去实现增值价值，即便是一件售价两三百元的衣服，也有纯正的原创设计，具有可靠的品质保障。这既强化了直播间的差异化特征，也给用户带来更有品质感与辨识度的产品。

作为基于产品而形成的意见领袖，相较李佳琦与粉丝的关系，烈儿宝贝和粉丝的关系稍显疏远，其实用价值大于情感价值。虽然粉丝对烈儿宝贝较为信任，但各社交媒体平台上很少有烈儿宝贝的粉丝聚集，多数用户只在需要购买时点进直播间，而不会对她本人付出过多情感。在这样的消费中，实用、价格等理性的购买因素依然占据主导，情感在其中的比重并不高。为提升主播形象，扩大意见领袖的影响力,增加粉丝的信任感,2018年烈儿宝贝受邀参加了雅加达亚运火炬传递,成了火炬手。此后在公益直播这条路上,烈儿宝贝深度参与扶贫带货等一系列活动,成为央视好物推荐官,最高光的时刻是,她的直播间邀请了钟南山院士,这也是钟南山唯一一次进入直播间。烈儿宝贝通过一系列公益直播活动,不断提升其影响力、公信力。

(三)基于内容的"意见领袖—粉丝"关系

基于内容的"意见领袖—粉丝"关系构建有两种路径:一是在原本基于产品的意见领袖开始在直播间中带入内容,增强情感因素,减弱销售的属性,不断提高直播的观赏性、社交属性,增强粉丝社群归属感;二是原本基于内容的意见领袖通过直播进行产品销售。我们在书中提到的李佳琦属于第一类,罗永浩则属于第二类。

在原本纯粹的直播带货中加入内容,可以增强销售转化率和粉丝黏性。李佳琦这类的头部主播在直播带货中加入综艺内容,比如明星名人访谈或者是和小助理的互动等,来增加直播的可观赏性。这使得观看直播带货变成粉丝日常娱乐的组成部分:李佳琦具有特点的话语、他和小助理之间的友谊、他的狗狗、他对于所有女生的呵护,都打造了非常典型的陪伴式场景。每晚8点,大家涌入直播间和李佳琦聊聊天,排忧、休闲、消遣,顺便买几支心爱的口红。对很多粉丝而言,李佳琦提供的情感价值大于产品的实用价值,"在场式"的陪伴体验给予粉丝一个日常的情感空间。

这种基于情感的互动并不仅限于头部主播,在真正的直播中,头部主播与粉丝间的互动关系是个体与整个社群的关系,很难针对个体粉丝。但中小主播的粉丝量较少,反而可以在直播间的场景中针对个体粉丝进行一对一的情感回应和互动。他们的直播并不是单向的输出,而是在与粉丝用户双向地分享商品和生活。主播能够叫出每个老粉丝的名字,记住他们的产品偏好并关心他们的生活;而反过来,老粉丝能够指挥主播在直播间的行动、同主播开玩笑、关心主播的销售和生活。

在这种双向交流的过程中,主播与粉丝建立了人际亲密感,变成了异时空的朋友，双方可能有着相似的烦恼，相互吐露一些生活际遇和人生感悟。这种沟通和互动有高度的情感投入，使粉丝将主播当成一个现实生活中的朋友来喜爱、信任。这不仅可以促进销售，还能使得粉丝参与更多的生产性劳动，如点赞、评论、分享等，能够提升直播间的曝光率。例如在淘宝莉贝琳sisy的直播中，店主稻花妈妈每天晚上都会在直播间中和粉丝们进行交流，而不只是带货，粉丝中不乏有人"目睹"了店主开店、结婚、生子整个过程，他们会与店主有更强的共鸣。店主"稻花妈妈"也会推出"好物精选""莉贝琳的世界"等带有圈子式的直播和相关的vlog，并且在店主的微博中，粉丝的留言都会有很好的回复和应答。

同时，情感氛围好的直播间不仅能构建主播与粉丝之间的关系，还能够加强粉丝与粉丝之间的联系。比如在抖音蜀中桃子姐的直播间中，有很多来自四川的粉丝，他们想念家乡的味道，有和主播以及其他粉丝一样的乡土情怀，他们会自发为新粉丝提供选择建议，享受利他互惠的快感，并且由此对群体产生强烈的认同感和归属感，这反过来也增加了直播间的粉丝黏性。

高频率、长时间的直播会培养粉丝的观看习惯，使粉丝将观看直播作为一种消遣方式，并将自身情感寄托其中。部分粉丝观看的目的已经不是获知商品详细信息，而是获得精神上的愉悦和放松。粉丝越是习惯于把观看作为宣泄、交流和获取愉悦的一种生活方式，越会将自身的情感寄托于直播间，从而使主播与粉丝之间的情感关系得到不断强化。

另一种基于内容的"意见领袖—粉丝"关系建构路径是主播原本在某些新媒体平台上通过内容输出、社群运营和粉丝构建起了较强的关系，转而通过产品销售来实现关系的变现。比如李子柒的视频吸引了大量粉丝的认同和喜爱，而这种情感又转化为其店铺的销量。上文中提及的罗永浩直播间"交个朋友"也是一样，罗永浩在进入直播电商领域前就已经在多个平台中积累了大量的粉丝，他的直播也更强调社群福利、老友福利，实际就是让原本的粉丝流量真正变现。

总的来说，基于内容的"意见领袖—粉丝"之间的关系更进一步，双方的情感联结更加紧密，粉丝的忠诚度较高、流动性降低；情感开始逐渐超越实用，成为购买决策的重要影响因素。粉丝购买不仅是因为对产品的需求，与秀场直播类似，这样的消费行为很大程度上还是一种对主播的打赏，只是在呈现方式上是购买实物、互利互惠。

（四）"偶像—粉丝"关系

这是主播和消费者之间最为紧密的一类关系，粉丝不仅仅局限于消费者这一角色，更是社交媒体平台中的一种力量，成为推动主播价值实现的重要因素。

在"饭圈文化"中，粉丝往往为了让自己的偶像有更高的商业价值、获得更高价值品牌的青睐而过量购买明星代言的产品，大量传播偶像参演的电视剧或综艺以提高收视率。通过消费劳动和传播劳动，明星的个人价值被进一步提升，能在市场上获得更多的品牌资源和内容资源，从而增值其名人资本。也就是说，粉丝通过主动参与和消费，再生产了偶像的个人价值。直播带货中，这一逻辑同样存在。头部主播常常会请明星（尤其是流量明星）来直播间坐镇，在很多流量明星的直播间评论区中经常会出现"你不买我不买，哥哥别墅怎么靠大海""为了哥哥买它"这样的表达，这足以证明明星的粉丝不仅为了自己的情感来观看直播，还会为了再生产偶像的商业价值进行更多的消费和传播活动，无论是否真正认同产品本身，更多的粉丝会自愿形成共识——只要消费就可以提升自己偶像的价值。在直播电商中，流量明星的效应不仅仅体现于将本人请到直播间做客，在直播时提及品牌由谁代言都足以引发一波热购。

此外，明星自己成为主播也能带来类似的粉丝效应。比如刘涛入驻淘宝成为"刘一刀"后，她的粉丝"淘米"为了支持偶像，几乎场场观看、场场购买。"刘一刀"和淘宝的合作，不仅仅是明星本人的成功跨界，也是粉丝的一场狂欢，他们对偶像的喜爱有了一个出口，并且购买的产品带有了"偶像钦点"的属性。

三、粉丝文化中的情感资本

在直播电商的粉丝文化中，不可绕开对情感资本的讨论。而在进行情感资本的讨论之前，必须明确"信任代理"的概念。信任代理（trust agent）指代理人为被代理人的利益将其所享有的代理权转托他人而产生的代理，故又称复代理、转托代理。那么对于粉丝而言，就是将自己的部分思考主权让渡给自己所信任或崇拜的对象，例如我们所讨论的偶像、明星、意见领袖。除去思考主权的让渡，在当前的直播电商中，更重要的是决策权的让渡，也就是说，粉丝们通常会无条件信任在直播间的主播、明星、偶像，并且认为他们值得托付情感以及金钱，这个消费状态对消费者而言确实可以减少大量的思考、选择、决策的时间，从而提高购物效率，对品牌或是主播而言，这个状态则是直播电商最为理想的状态，粉丝的力量和流量转换为经济效益的效率将大大提升。在社会发展迅猛的今天，粉丝的积极意义被更多地发掘，粉丝的作用与号召力被更多的人士和行业所重视，粉丝的概念也超出传统的娱乐范畴，向更广阔的领域蔓延。

如今，不是只有明星偶像才拥有粉丝，一个在品牌化程度上发展较好的产品或服务，也同样可以实现聚拢粉丝的效应。对于一些较大的品牌或是机构的粉丝来说，他们实际上是出于对产品本身的信任来进行选择。而对于目前直播电商中的大多数由个人发展起来的品牌IP（如李子柒、美食作家王刚）粉丝来说，对于机构品牌的粉丝来说，他们信任的就不仅仅是产品本身，而更多的是对于IP主的信任，对于品牌所传达的生活态度或是立场的信任。[1] 衡量这种社交信任关系的公式可以被表述为：

社交信任关系回报 =（相关性 + 时效性 + 空间性）× 信任系数[2]

其中，相关性指品牌或个人发布的内容与粉丝本身属性或特质的相关程度，如女性会比男性更信任李佳琦直播间中的产品，因为李佳琦直播间中的美妆产品符合女性的审美需求；时效性指与主播形成关系的时间与互动频率，比如说在一个平台上关注一个主播或一个品牌越久，就越容易与其形成一种类似"老友"的关系，对于直播中展现的产品也就自然更加信任；空间性指与主播或品牌

---

① 魏武挥. 罗辑思维的粉丝经济[EB/OL].(2014-5-25)[2022-4-27].http://www.tmtpost.com/49651.html.

② 李文明,吕福玉."粉丝经济"的发展趋势与应对策略[J].福建师范大学学报(哲学社会科学版),2014(6):136-148.

的空间距离，这也是无数主播和品牌在不断努力的点，他们想方设法拉近与粉丝之间的距离，让粉丝可以获得归属感；而信任系数则由关系强度的权重系数转化而来，信任系数包括社会大环境的信任感（法律、制度约束）、直播平台的权威性和可靠性、购物环境（直播间氛围）。网络经济遵循的是回报递增原理，网络用户就是网络价值的基础，当网络用户增多时，价值也就随之膨胀，而这种价值的急速膨胀又会吸引更多的用户，产生复合效应，从而为粉丝经济的发展营造越来越广阔的空间。在直播电商中同理，当直播间的观看人数增加时往往意味着商业价值的增长。

在当前的直播电商中，许多品牌和都认识到，粉丝对于产品的情感投入其实是一种宝贵的情感资本。品牌和主播的价值就在于粉丝（消费者）与品牌和主播所建立起来的持久的情感联系。此外，粉丝为了满足个人的情感需求，甘愿在其所好的对象上花费大量的时间和精力。他们的无偿劳动是网络新经济的主要价值源泉。当前，用户主导的Web2.0模式大多依靠粉丝（用户）贡献人气、流量和内容，粉丝的"眼球"和"口水"成了网络社群发展壮大的关键因素。

无论是依赖个体号召力的粉丝经济（如明星或网红）、以品牌为核心的粉丝经济，还是以文化生产为主的粉丝经济（如内容IP），都体现出情感导向、关系依赖和用户参与的特点。

（一）情感导向

粉丝是对主播和消费对象投入最多情感的群体，不同于普通消费者更多基于实用功效做理性决策，多个相关研究都表明粉丝的情感承诺显著影响他们的消费决策。粉丝在消费中或许不是那么理性，他们在迷恋对象上投入了很多的时间、精力和情感。关于迷恋对象的每个消费元素在粉丝心中都有特殊意义，比如明星偶像所代言的产品、推荐过的产品，甚至是明星和偶像在相关的影像资料中使用过的任何可购买的产品，都会是粉丝的购买目标。无论明星和偶像本身对这些产品是否带有引导购买的倾向，粉丝都会通过购买与"爱豆"有关的产品来佐证自己的热爱，甚至可能将一些品牌符号奉为一种信仰。在整个消费过程中，粉丝都在倾注自己的情感，并且不要求回报。粉丝基于情感关系的消费甚至可能带来"边际效用递增"的馆藏式消费行为[①]。

（二）关系依赖

粉丝经济极大地依赖社会网络中的关系与连接。这种关系不仅是明星包括KOL、品牌、平台与粉丝之间一对多的中心化依赖关系，更是粉丝之间，明星、品牌、平台各主体之间的相互交叠关系。比如粉丝之间的关系对消费行为的影响甚巨，无论是粉丝社群还是品牌社群，个体的消费、忠诚度很大程度上受到社群之间的情感和归属感的影响。KOL也往往是沟通粉丝和品牌之间的桥梁，影响消费者对品牌的感知和购买。

（三）用户参与

在不同类型的粉丝经济中，粉丝的积极参与都是显著特征。例如与品牌的产品共创、参与KOL的内容制作和传播、参与明星的打造等。这个互动也是直播电商增值的重点，在粉丝社群的积极参与下，双方都创造出更丰富的价值。

直播间的情感互动更有赖于粉丝和主播、品牌等的共同努力，而不仅仅是粉丝单向的付出。由于主播与粉丝的心理距离较近，粉丝情感又与经济回报直接挂钩，主播必须提供给粉丝相应的价值，在直播中往往体现为更高价值的内容信息、更多的互动、给予粉丝更多的掌控权等。这就要求主播约束自己的肢体动作和语言表达，甚至是为了迎合粉丝的需要来进行表现，积极构建互动的氛围。

情感、关系与消费之间的连接越来越紧密，也形成了更加直接的商业模式。在中国娱乐市场，明星无法获取粉丝的直接经济回报，只能通过片酬、品牌代言费用等方式获得回报。因此，明星粉丝表达情感往往通过购买明星代言或者传播明星的内容产品来间接实现。而直播电商中传统的网红或KOL也常通过广告或自创品牌来完成粉丝的间接变现，这也是私域流量转换为更大范围的流量的方式，比如母婴大咖年糕妈妈、一栗小莎子等都是依靠着在社交媒体平台中

---

① 李康化.粉丝消费与粉丝经济的建构[J].河南社会科学,2016,24(7):72-78.

的粉丝群基础，在之后的品牌建立和产品销售环节实现了快速的增长。

在视频直播的商业模式中，粉丝们使用虚拟礼物给主播打赏，主播直接面对粉丝贩卖内容信息或情感，以实现自身和平台的赢利，其产品属性更为明显。同时，这也意味着在视频直播时代，情感和关系被更加直接地货币化了。无论是在秀场直播中粉丝通过消费虚拟礼物与主播建立社会关系、表达情感，是在游戏直播中通过游戏竞猜、组队、抽奖等方式增加与主播的互动和情感连接，还是我们现在讨论的直播电商，其购买行为实际上就是变了形的"打赏"。其部分消费并非出于对产品真正的认可，而是出于对主播的无条件支持，继而采取行动。在这些不同类型的直播中，我们都可以看到用户与主播的互动越多，关系和情感越紧密，消费的可能性就越大。

粉丝在直播电商中投入情感的过程中，实际上也是一个阶段性的过程，具体体现为：游离—观望—心动—粉丝（见图7.3）。

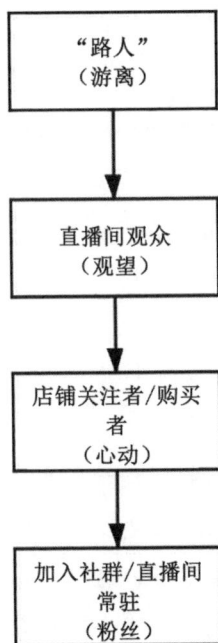

图 7.3　直播电商中的消费者变化状态

在游离状态下，消费者对于主播或是产品并没有多少了解，也就谈不上情感投入。成为直播间观众是比较容易的。无论是通过平台的推广，还是说直播平台之外的社交媒体平台推荐，作为普通消费者的个体进入直播间的渠道很多，也会因为很多因素产生观看兴趣。

接着，消费者由"游离"转向"观望"的状态，如果说主播或是产品有较强的吸引力，那么观众很有可能会进行消费，也是在这个阶段，直播间的影响最大，因为线上销售中有一个缺点就是消费者无法真实触摸、感受产品本身，那么就需要依靠主播通过展示、解说、答疑来告知观众产品的可买性。在这个阶段，其实消费者的情感付出是有所保留的，付出在于"我"信任"你"所以购买，保留在于"我"将依据产品真实情况考虑如何评价直播间、主播和品牌。

然后，"观望"引发"心动"。店铺关注者或购买者也是主播和品牌最看重的消费者类型，平台进行消息推荐、直播提醒都是希望消费者能够再次点开直播，再次进行消费。对于消费者来说，在这个阶段开始"心动"，情感投入会有明显变化，经过多次的直播观看、产品购买和在其他社交媒体平台对于主播、产品的评价浏览，都在为个体做出是否要再次购买的决策提供支撑。对于直播主和品牌来说，只有保持每一场直播真实、可靠，每一件产品货真价实，才有可能让重点消费者真正由"心动"成为"粉丝"。

在最后一个阶段，消费者已经从普通的购买者成了粉丝。无论是因为主播的吸引还是基于产品本身，成为粉丝是一个过程的终止，更是另一个购买环节的开端。加入社群意味着作为粉丝的个体能够聚集，比起其他的普通消费者有更强大的情感支撑，与此同时，投入更多情感也就理所应当。

在直播电商中粉丝的情感资本体现上，最明显的是抖音、快手等短视频平台。而在具体的情感资本的展现上，目前来看主要有两种形式：一种是短时间的情感冲突导致的消费骤增；另一种是长时间的情感积累和培养，进而产生消费行为。

在目前的直播电商中，我们可以看到情感资本持续有效是品牌和主播所追求的，但是也有不少主播为了获得短时间的巨大利益，利用情感消费粉丝们。在抖音、快手等短视频平台，充斥着一群替网友解决情感问题的主播，日常生活中错综复杂的矛盾纠纷，他们都能分分钟搞定，因此吸引了大量中老年观众。这种家庭琐事与情感纠纷，最容易吸引中老年群体的注意，曲折跌宕的故事情节与大团圆的故事结局又能满足中老年群体的心理需求。随着受众群体画像日益精准，不少情感主播在直播中设置陷阱，进行虚假宣传与情感裹挟，引诱缺少网络判断能力且信任主播的中老年群体在直播中购买假货，甚至直接骗取他们的财物。在主播的情感裹挟下，一些从来不在电商平台购物的中老年人，也开始在情感直播间下单。而这种利用中老年群体需求，卖惨带货、演戏炒作的行为就是为了追求经济利益利用情感资本扰乱直播空间，不仅仅主播、品牌和直播平台会受到巨大影响，消费者的权益会受损，直播电商行业的信任度也会受到巨大冲击。

在对于粉丝情感资本的良性培养中，直播电商领域也有较好的成绩单，我们用以下两个例子详细分析。

1. 案例一：乡土情怀与粉丝购买力

在抖音和快手等直播平台中有不少以乡村生活为主题的内容发布者，其中也有不少开设了属于他们的直播间。在全网的影响力上，有两位主播值得关注，分别是李子柒以及蜀中桃子姐。实际上李子柒的主要战场并不是短视频平台，通常她发布的视频内容都比较长，并且内容更新的时间间隔也比较长，一般首发在微博和B站中。但是值得注意的是，每当李子柒发布新的视频时，短视频平台中都会有大量的相关内容出现，并且在抖音中，李子柒及其品牌也有相应的直播间，且直播间在抖音上的产品销量也很可观。相较于李子柒，蜀中桃子姐更接地气。蜀中桃子姐主要扎根短视频平台，发布的内容也多为在乡村的日常生活，与李子柒的不同之处在于，蜀中桃子姐的内容中有更多的家庭对话，视频的时长较短，更符合短视频平台的"生存法则"。蜀中桃子姐在抖音中也有专属直播间，每天都会由蜀中桃子姐和丈夫包立春在直播间坐镇直播。

无论是李子柒还是蜀中桃子姐，这些主播都用自己的内容在不断构建着与粉丝之间的情感联系。在他们的粉丝中，大多数关注者都是早已脱离乡村生活的年轻人或是在城市中打拼远离家乡的人们。李子柒和蜀中桃子姐的作品所展现出来的乡土人情、田园生活都是这个快速发展的时代缺乏的，也是大多数粉丝所不了解的，他们在内容的体现上会因此努力拉近与粉丝之间的距离，让乡土不再遥远，让平静、富足的生活状态触手可及。

在李子柒和蜀中桃子姐的直播中，双方对于情感资本的维持也有所不同：李子柒会更加注重利用李子柒本人的影响力，关联其微博等社交媒体账号与粉丝进行互动；而蜀中桃子姐则会将直播的背景放在乡村生活中，在现实的拍摄环境中进行直播，在直播中也更多利用蜀中桃子姐和包立春的交流来维持和粉丝之间的情感，在直播间中时刻关注评论区，并进行答复。

在李子柒和蜀中桃子姐的直播中，粉丝的情感资本和购买力都呈正向增长，这两个品牌在构建的过程中，也在不断强调对于乡村生活的回归，对于单纯的生活方式的追求，这也是一种对情感的加强和凸显。

2. 案例二："虚拟扮演"和信任积累

在当前的直播电商中，除了真实的、现实的情感积累，还有一种是"虚拟扮演"带来的粉丝情感付出以及信任积累，这里以抖音内容主播毛光光为例。

毛光光在抖音中爆火，得益于一系列小短剧的走红。毛光光在现实中的本职工作是一个"柜哥"，本身在生活和工作中有许多和顾客、领导之间的故事，他把这些故事重新编排，并一人饰多角，用更多有趣、幽默的说法和比较夸张的表情、动作和妆容来重新演绎。虽然"毛光光"所呈现的很多都是关于购物时顾客和导购之间的关系，其中不乏虚构成分，但是故事背后也会让很多粉丝关联自己的生活，并且有所共鸣。此外，毛光光在视频中也会给粉丝科普一些产品的功能和有效性。毛光光本身的专业知识以及在视频中有理有据的表达，为粉丝在购买时做决策提出了一些建议。

毛光光在每周两条内容输出的基础上，也在试水直播带货，并且获得了比较不错的成绩。在最开始，毛光光主要聚焦于私域流量的转换，将原本的"朋友圈"变现。[1] 在 2021 年 7 月的青岛保税仓直播中，毛光光直播间的销售额超 1 亿元，并且在直播前后，毛光光都拍摄了相应的短视频解释了直播产品、直

---

[1]　吕嘉禾.粉丝经济视阈下私域流量运营逻辑探析：以"一条"为例[J].新媒体研究,2021,7(11):61-63,68.

播间售前售后安排以及他本人的社交媒体账号，这也进一步拉近了与粉丝之间的距离，并且让粉丝更信任主播。毛光光用虚拟的故事抓住了粉丝的眼球，也用他在内容和直播中展现出来的直率提高粉丝的信任度，让毛光光更为真实、可靠。

思考题

1. 何谓粉丝？什么叫粉丝经济？

2. 为什么说直播营销的本质就是粉丝经济？

3. 职业化的粉丝有什么特点？

4. 在职业粉丝业内部有哪些等级？

5. 粉丝产业主要包括哪几个方面？

6. 如何经营粉丝机构？

7. 如何进行圈子营销？

8. 何谓"饭圈"？什么叫"饭圈文化"？

9. 主播和粉丝之间的关系可以有哪几种？

10. 粉丝情感的投入过程可以被分为几个阶段？

后　记

　　2020年新冠肺炎疫情席卷全球，许多民众为了防疫减少外出购物，更多地依赖网络购物。受新冠肺炎疫情影响，我国的农产品严重滞销，而网络购物对于农产品的贩售并没有起到太大作用，因为网购零售平台上充斥着大量的商品，很多农产品无法"走到"消费者眼前，因此，必须要有新的营销手段，才能吸引民众注意，提升购买意愿。于是，各地政府开始尝试将电商直播作为宣传手段，市长、县长纷纷走进直播间路演带货，为滞销的农产品找到新的销售渠道。举例来说，从2020年2月开始，山东省就有近10个县的干部先后加入直播带货营销活动中，在直播中贩售紫薯、扒鸡、鸡蛋等农产品，并创下高额的销售业绩；云南省红河州的县级领导，在3小时直播卖红米的过程中，吸引了将近70万的观看人数，销量超过10万斤；山西省在"五一"期间要求17个市（县、区）的43名县领导加入直播带货活动，宣传当地的农产品；四川省仁寿县的副县长更是在柑橘林里开启直播，15分钟内就销售了1万斤的柑橘。

　　随着淘宝、快手、抖音等互联网公司、机构的大量资本的涌入，2021年直播创业公司如雨后春笋般出现，中国直播产业进入了飞跃式发展的新阶段。互联网掀起"万物皆可带，全民皆可播"的热潮，直播卖货所带来的可观利润也吸引更多的卖家投入直播卖货领域，但有很多的初学者对于直播卖货并不是很了解，也无从入手，为了提供给初学者一个学习管道，使其可以轻松、快速掌握直播卖货的关键技能，邵鹏副院长就有了写一本关于直播电商且偏向实操、接近市场的直播电商教材的想法。非常感谢邵院长给了我这个机会，让我能够一起参与这本书的写作。

写作过程中我倍感压力，一个难点在于直播卖货的营销模式快速多变，刚写完一个案例内容分析，它就有可能已经变成一种旧的案例，市场上又出现新的创意。为了保持图书内容的案例能够鲜活适用，必须花很多时间观看直播卖货，搜集更多的案例，并整理、归纳找出一个通用的模式。当然收看直播电商的过程中也有很多的乐趣，例如一边做书稿的案例笔记，一边把商品加入自己的购物车，完成多次购物体验。整理完案例后，不由自主地买了很多东西，通过沉浸式体验更可以感受到直播电商卖货的魅力。

本书写作过程中面临的另一个难点就是缺乏与直播电商相关的文献资料。在这里要非常感谢亮剑互娱，在本书撰写的过程中，亮剑互娱提供了非常多的第一手资料与数据。亮剑互娱作为抖音全国顶级官方 DP（显示接口）服务商，拥有成熟电商主播批量孵化经验、多平台资源和创作者的完整变现链路，为本书的撰写提供了丰富的直播电商案例和直播实操经验技巧。

作为直播电商初学者学习的入门图书，本书分为七个章节，由浅入深：第一章率先梳理直播电商行业，帮助从业者对电商行业直播的历史发展脉络有更清晰的认知；第二章从产业链的结构与逻辑出发，对直播电商上游供应端、中游平台端、下游需求端进行细致梳理，明确从业者在行业中的职责与定位；第三章则致力于提升电商直播从业者的工作实践能力，以实践案例支撑具体的内容输出；第四章聚焦用户分析与精准营销，唯有了解用户、精准定位才能真正实现从数字化、信息化到智能化、智慧化的转变；第五章对电商直播目前的商业模式进行梳理，帮助从业者根据其参与的行业特征选择最佳的商业模式；第六章则聚焦当下最火热的个人形象 IP，帮助直播电商从业者实现自身角色打造；第七章关注粉丝和用户群体的深度运营，讲述主播究竟要如何提升自我价值，维系粉丝关系，加强粉丝对其的情感与认同，进而创造粉丝经济。7 个章节穿插了大量的直播电商案例和数据，让初入直播电商行业的从业者可以了解直播带货完整的商业链与学习链，帮助初学者增强个人能力、洞悉产业发展与现况。

通过本书分析，我们可以发现直播电商比传统电商更具有行销优势，包括销售链路缩短、转化率提高，满足买卖双方的需求等。对网络卖家来说，原本的电商形态是"无人货架＋客户"，而直播卖货的手段改变了以往的单向传播，用户通过与直播间主播的双向互动，提高了购买意愿；对用户而言，之前是通过网络平台在网页上找货，是以需求为导向的购物，但现在则是在浏览直播间主播的商品介绍时，被推荐"种草"，决策链路变短，在直播间冲动性购物的次数增加了。直播带货爆发式的增长，带来了相当可观的利润，不过各大电商平台纷纷参与竞争，高度竞争下，又产生许多问题与发展困境，大量的商家、主播投入直播电商产业，但并非每个人都能从中分到一杯羹，直播电商市场被淘宝直播、抖音、快手的头部主播所垄断，红利逐渐消失，流量成本攀升，最终商家们又选择斥巨资买流量，这也成为直播电商现在发展所遇到的重要瓶颈。如何在有限的市场中，提高流量，创造无限价值，成为电商在选择营销手段时所需考虑的重点问题。

新冠肺炎疫情期间，直播带货在提振经济上发挥了积极的作用，但作为一种新兴的商业模式，我们也要看到它存在的不足与隐患，包括：第一，消费主义文化所引发的无序消费或过度消费，直播电商所提供的购物形式与场域，容易促使部分消费者产生非理性消费与冲动性购物的行为，消费者购物不再出于满足个体生存需求，更多出于享乐需求；第二，消费者的审美个性被重塑，消费者在收看直播带货视频的同时，消费者的主体性与选择权正在逐渐消失，取而代之的是直播主播所灌输的消费认知；第三，大数据与平台演算法对消费者行为的控制，通过历史浏览数据、用户购买行为、浏览时长等信息，大数据的算法技术能够推送用户感兴趣的主播或直播间，过滤掉不感兴趣的内容，实现精准营销，但长期下来，同质化的内容很容易让用户的消费行为受技术或资本的控制；第四，政策规范不完善与监管缺位导致行业乱象频出，包括商品质量问题、商品售后不力、主播夸大商品功能、数据造假、买粉刷流量现象层出不穷等，就连知名头部主播也曾出现上述问题，如李佳琦直播不粘锅"翻车"、叶一茜被质疑数据造假、罗永浩因带货"花点时间"而为产品质量致歉。

为解决直播电商迅速发展带来的社会问题，国家纷纷制定相关法规来维护消费者权益，如：2020年6月，中国广告协会发布《网络直播营销行为规范》；2020年8月，中央网信办等八部门召开工作部署会议，研究制定主播账号分级分类管理规范，明确直播行业打赏行为管理规则。

2021年年底，直播电商行业最热门的话题就是主播逃税问题。2021年12月20日，浙江省杭州市税务部门发布消息，薇娅因偷逃税被追缴税款、加收滞纳金并处罚款共计13.41亿元。但是早在该知名主播被揭漏税务问题之前，其他头部主播也因同样问题而"坍塌"。事件爆发后，舆论针对直播电商的金钱流做大量讨论，包括主播如何将直播带货所获取的佣金、所得转换为企业经营所得进行虚假申报，这些讨论揭露了直播电商行业所潜藏的弊端。头部主播被封杀对整个直播电商行业造成了冲击，让直播电商的整体交易量下滑，电商平台很难在短时间内把这个缺口补上；同时，事件过后相关监管部门也开始加强对电商直播行业税务问题的管理，这也影响了过去直播电商行业的变现与运营模式。

直播电商平台必须重新思考、布局产业生态链，并减少对头部主播的流量依赖。电商直播作为新经济、新业态，其运行必须符合法律规定，唯有坚守法规、加强自律、保障消费者权益，才能长久发展。

在本书的最后，我要向许多人表达我的谢意。我要感谢的人，首先是我的导师清华大学新闻与传播学院金兼斌教授。金老师一直以来都是我在学术道路上的学习榜样，金老师在他的著作中就曾提到做学术工作，除了要发表论文，教材的写作也同等重要，这提醒我必须强化自己撰写教材的能力。要感谢浙江工业大学人文学院邵鹏教授，是他让我有机会能够参与这本书的写作，和邵老师讨论这本书的写作框架、相关理论和案例以及写作方法的过程让我受益良多。要感谢浙江工业大学党委宣传部陈曼姣老师，陈老师参与了本书的写作，她对于直播电商产业有独到的见解，能够很好地分析直播电商相关案例，完善本书内容。也非常感谢亮剑互娱在经费上、数据上、案例上的支持，亮剑互娱提供的资料让本书的知识点能有相对应的具体数据和案例，而理论与案例的结合可以让读者更有效地理解各章节的知识点。还要感谢浙江大学出版社顾翔编辑协助本书的出版，在写作与最后自我审查的过程中，容易产生盲点与疏忽，感谢顾编辑的耐心阅读和对书稿问题的指正，这让本书更加完善。最后，感谢浙江工业大学人文学院的学生郑琪琦、王锦婷、骆祝菁、张晓蝶、陈慧、杨琳、祁梓嘉协助整理书稿的文献与搜集案例。

浙江工业大学人文学院　游淳惠

2022 年 2 月 22 日